中小企業の情報開示

Voluntary Disclosure by
Small and Medium Sized Enterprises in Japan

藤井一郎 著

悠光堂

目次

第1章　序 ……………………………………………………………… 7

第2章　中小企業のディスクロージャーの重要性 ……………… 11
　第1節　中小企業の視点からの考察 ……………………………… 12
　　1　中小企業の資金調達の概要 ………………………………… 12
　　2　融資審査の概念 ……………………………………………… 18
　　3　不確実性の増大（発展的中小企業の観点から）………… 24
　　4　不確実性の増大（中小企業の問題性の観点から）……… 41
　第2節　金融機関の視点からの考察 ……………………………… 45
　　1　金融機関の現状 ……………………………………………… 45
　　2　金融庁における地域密着型金融の推進 ………………… 54
　　3　狭義のリレーションシップ・バンキング ……………… 60
　　4　広義のリレーションシップ・バンキング ……………… 72
　第3節　会計の視点からの考察 …………………………………… 74
　　1　財務会計の機能 ……………………………………………… 74
　　2　無形資産の増大（知的資産会計）………………………… 76
　　3　財務数値の適正化 …………………………………………… 80
　　4　金融庁公表の参考事例 ……………………………………… 82

第3章　先行研究サーベイ ………………………………………… 95
　第1節　全体像について ………………………………………… 97
　第2節　情報開示へのモチベーションとコスト ……………… 98
　　1　情報開示に対する誘因 ……………………………………… 99
　　2　情報開示に対するプロプリエタリコスト ……………… 104
　　3　経営者の会計手続き選択について ……………………… 105
　　4　報酬契約における研究について ………………………… 106
　　5　債務契約における研究について ………………………… 108
　　6　本節から得られたインプリケーションと残された課題 …… 110

第3節　開示情報の拡張（ボランタリー・ディスクロージャー）……… 112
　　1　財務内容を中心とした研究 ………………………………………… 112
　　2　資金調達を目的とした研究 ………………………………………… 117
　　3　情報開示コストに着目した研究 …………………………………… 119
　　4　モラル・ハザードに着目した研究 ………………………………… 123
　　5　その他の研究 ………………………………………………………… 126
　　6　本節から得られたインプリケーションと残された課題 ………… 127
　第4節　知的資産情報の開示 ……………………………………………… 130
　　1　知的資産情報の拡充化 ……………………………………………… 131
　　2　財務内容を中心とした研究 ………………………………………… 133
　　3　情報開示コストに着目した研究 …………………………………… 134
　　4　情報の非対称性やモラル・ハザードに着目した研究 …………… 136
　　5　本節から得られたインプリケーションと残された課題 ………… 139
　第5節　非規制企業の情報開示 …………………………………………… 140
　　1　融資審査手法の研究 ………………………………………………… 141
　　2　融資審査内容の研究 ………………………………………………… 144
　　3　融資審査を行う金融機関組織および行員についての研究 ……… 145
　　4　本節から得られたインプリケーションと残された課題 ………… 149
　第6節　おわりに …………………………………………………………… 151
　　1　残された課題（まとめ） …………………………………………… 151
　　2　残された課題（今後の研究） ……………………………………… 152

第4章　中小企業の情報開示に及ぼす作用因 …………………………… 155
　第1節　研究目的 …………………………………………………………… 156
　第2節　仮説の設定 ………………………………………………………… 157
　　1　課題1について ……………………………………………………… 157
　　2　課題2について ……………………………………………………… 158
　　3　課題3について ……………………………………………………… 159
　第3節　研究方法 …………………………………………………………… 160
　　1　質問調査票の構成 …………………………………………………… 160
　　2　データ ………………………………………………………………… 161

第4節　仮説の検証と結果 …………………………………………… 164
　　1　情報開示への心理的抵抗感 ……………………………………… 164
　　2　心理的抵抗感への影響要因 ……………………………………… 167
　　3　情報開示への影響要因 …………………………………………… 178
　第5節　考察 ………………………………………………………………… 186

第5章　企業の開示目的および心理的抵抗感と情報開示との関係 ……… 189
　第1節　研究目的 …………………………………………………………… 190
　第2節　仮説の設定 ………………………………………………………… 191
　第3節　研究方法 …………………………………………………………… 192
　第4節　仮説の検証と結果 ………………………………………………… 194
　　1　課題1および課題2の検証方法 ………………………………… 194
　　2　課題3について …………………………………………………… 204
　第5節　考察 ………………………………………………………………… 215

第6章　企業の内部プロセスと外部プロセスが心理的抵抗感および
　　　　情報開示目的に及ぼす影響 ……………………………………… 217
　第1節　研究目的 …………………………………………………………… 218
　第2節　研究方法 …………………………………………………………… 218
　　1　質問調査票について ……………………………………………… 219
　　2　重回帰モデルを使った検証 ……………………………………… 220
　第3節　心理的抵抗感に対する影響要因の検証 ………………………… 221
　　1　被説明変数の設定 ………………………………………………… 221
　　2　説明変数および仮説の設定 ……………………………………… 222
　　3　データの抽出 ……………………………………………………… 229
　　4　仮説の検証と結果 ………………………………………………… 236
　第4節　情報開示の目的に対する影響要因の検証 ……………………… 240
　　1　被説明変数の設定 ………………………………………………… 240
　　2　説明変数および仮説の設定 ……………………………………… 240
　　3　尺度 ………………………………………………………………… 244
　　4　データを用いた検証と結果 ……………………………………… 244

第5節　考察 …………………………………………………………… 247

第7章　金融機関への接触に及ぼす作用因 ………………………… 253
　第1節　研究目的 ……………………………………………………… 254
　第2節　課題 …………………………………………………………… 256
　第3節　研究方法 ……………………………………………………… 258
　第4節　検証確認と結果 ……………………………………………… 258
　　1　課題1について ………………………………………………… 258
　　2　課題2について ………………………………………………… 262
　　3　課題3について ………………………………………………… 265
　　4　追加的検証 ……………………………………………………… 270
　第5節　考察 …………………………………………………………… 272

参考文献 …………………………………………………………………… 276

第1章　序

第1章　序

　本書は「中小企業が地域金融機関への積極的な情報開示には、どのような属性が必要か」を研究課題に、中小企業を対象とした質問紙調査をもとにした実証研究により、情報開示に至るまでのプロセスを解明し、中小企業自らが情報開示への積極的な動因を持つことに焦点を当てるとともに、地域金融機関が行うべき行動について展望を試みたものである。

　中小企業の資金調達において、間接金融が依然大きな割合を占め、またその資金供給側の担い手として地域金融機関の役割が大きいことは言うまでもない。また、円滑な資金調達には、中小企業と地域金融機関の間に存在する「情報の非対称性」をいかに縮小するかが重要であり、そのためには、中小企業が適切な情報開示を地域金融機関に対して行なうことが欠かせない。しかし、適切な情報開示は容易なことではない。この点について、本書は主として3つの視点を持つ。

　第1に、中小企業が情報開示を行なうためには、情報開示を行なうことによる利点（誘因）と、情報開示を抑制するなにがしかの抵抗感とが存在するのではないかという観点である。

　第2に、中小企業自身に情報開示についての促進要因や抑制要因が存在するのではないかという観点である。

　第3に、融資審査の前段階である中小企業が行う情報開示プロセスにおいても地域金融機関は一定の役割が存在するのではないかという観点である。

　2003年に金融庁から地域金融機関に対して「リレーションシップバンキングの機能強化に関するアクションプログラム」が公表された。このプログラムをスタートとしてリレーションシップバンキング（所謂リレバン）の推進が本格化されたと考えられ、2014年においても引き続きリレバンの重要性が謳われている。

　その一方で、中小企業を取り巻く環境は激変しており、新事業展開のようなイノベイティブな取組みや海外進出で新たなビジネスモデルを模索する企業が増加している。また、経営者の高齢化に伴う事業承継により経営の意思決定者が変更したり、事業主体をNPO法人のような新しい企業形態を選択する動きも活発化してきた。

　このような中小企業の取組みや意思決定者の変更などは、地域金融機関にとって「情報の非対称性」の拡大要因となるため、中小企業、地域金融機関

ともに情報開示の重要性はますます高まる傾向にある。

　本書では、情報開示の動因や誘因を念頭に置き、情報開示に至るまでのメカニズムを解明していく。中小企業の資金調達や情報開示については、専ら金融機関を分析主体とした研究が多いが、本書での分析主体は中小企業である。つまり、中小企業が積極的に情報を開示していくためには、どのような促進要因や抑制要因が存在し、それらの要因に影響を及ぼす中小企業内部の属性や地域金融機関の属性はどのようなものかを解明することが、本書の主たる関心事である。

　中小企業の情報開示の促進にあたっては、情報開示を強要させたり、強いインセンティブを付与すれば解決するような課題ではない。情報開示を抑制させる要因を冷静に見つめ、克服するための課題を解明しなくてはならない。本書は、情報開示に大きく影響を及ぼす要因を明らかにすることを通じて、今後の中小企業の資金調達の円滑化に寄与するとともに、日本経済の中心的存在である革新的な中小企業の更なる発展の一助となることを最終的な目的としたい。

　本書は、筆者が2004年に多摩大学大学院経営情報学研究科に提出した修士論文ならびにその後在籍した筑波大学大学院ビジネス科学研究科（博士後期過程）時代に発表した複数の論文を基に作成されたものである。発行にあたり、昨今の中小企業の動向や地域金融機関の施策の変化を加えるとともに、既存の論文を見直した。10年以上の年月を費やしたことになるが、この間には多くの方々のご指導やご協力がなければ到底拙著の出版にこぎつけることができなかったであろう。

　まず、修士論文の主指導をお願いした秋山純一名誉教授（多摩大学）から受けた厳しくかつ親身な指導がなければ、その後の博士課程に至る研究はなかったであろう。決して形而上的になるのではなく、中小企業と金融機関両者の赤裸々な姿を深堀する研究姿勢を深く学ばせて頂いた。修士課程では、近藤隆雄名誉教授（多摩大学、明治大学）からリレーショナルマーケティングとリレーションシップバンキングの関連性を、青山浩一郎名誉教授（多摩大学）からマクロ的な金融システムについて貴重なご指導を頂いた。

　博士後期過程では、主指導である小倉昇教授（筑波大学、のちに青山学院

第1章　序

大学）から、具体的な課題をいかに解明していくべきか、またその研究成果をどのように社会的に活用していくかという研究者としての根本的な姿勢を常に暖かくご指導頂いた。筆者が研究指導者を探しあぐねている中、快くご指導を引き受けて頂いた日のことは一生忘れない。また、筆者が慣れない質問紙調査を一つずつ内容を精査いただくなどいくらお礼を言っても足らない。西尾チヅル教授（筑波大学）からは、マーケティングの観点から分析結果についての指導を、津田和彦教授（筑波大学）からは、分析手法について指導を頂いた。椿広計教授（筑波大学、数理統計研究所）からは、慣れない統計分析について丁寧にご指導いただいた。

　本研究を進める過程で、学会や外部の研究会で発表する機会を得、鯖田豊則教授（東京国際大学）から多くのコメント、アドバイスを頂いた。また、実叔父となる故宮田亘朗名誉教授（香川大学）からも金融についてアドバイスを頂いた。

　現在所属している東海大学経営学部では西崎信男教授の公私にわたるお付き合いに深く感謝している。

　また、経営コンサルタントとしての経験が大きく役にたっている。株式会社みどり合同経営の澤田兼一郎専務取締役からは、常に中小企業の視点から深いアドバイスを頂いた。また、犬飼あゆみさん、三谷利恵さんからも実務的なアドバイスを頂いた。

　中小企業診断士の諸先輩方からは、故工藤南海夫氏の中小企業の生きた実態をもとにしたアドバイスを頂いた。

　悠光堂の三坂輝氏には、常に温かくそしてときには厳しく筆者の執筆を見守って頂いた。心より御礼を申し上げたい。

　最後に、母昌子、姉林久仁子、そして、もっとも厳しい読者であった妻恭子と長男悠太郎に心から感謝したい。そして、研究活動にはいるため、東京三菱銀行（現三菱東京UFJ銀行）の退職を無言で賛成してくれた亡き父昭に本書を捧げたい。

第2章　中小企業のディスクロージャーの重要性

第1節　中小企業の視点からの考察

1　中小企業の資金調達の概要

　本書での中小企業とは、中小企業基本法第2条第1項の規定に基づく「中小企業者」をいう。具体的には、概ね下記の表に示す。資料によっては、定義に沿わないものがあるが、その旨は注記を参考にされたい。[1]

図表 2-1-1-1 中小企業者の範囲

	中小企業者（下記のいずれかを満たすこと）	
	資本金	常時雇用する従業員数
①製造業・建設業・運輸業 　その他の業種（②〜④を除く）	3億円以下	300人以下
②卸売業	1億円以下	100人以下
③サービス業	5,000万円以下	100人以下
④小売業	5,000万円以下	50人以下

　はじめに、企業数[2]および常用雇用者数[3]を確認する（図表2-1-1-2）。2012年2月1日時点での、非一次産業の中小企業の企業数は約385万社（全体の99.7％）、常用雇用者数は約2,433万人（同62.7％）となっており、中小企業の企業数や中小企業に雇用される従業員の割合が高く、中小企業が経済社会に対して及ぼす影響は強いということが言える。

　さらに、産業大分類別[4]の中小企業の企業数としては①卸売業、小売業、②宿泊業、飲食サービス業、③建設業の順、大企業は①卸売業、小売業、②製造業、③宿泊業、飲食サービス業の順で、全体に占める割合が高い。特に建設業は、大企業の割合が低いものの、中小企業の割合が非常に高い。

　また、中小企業の常用雇用者数としては、①製造業、②卸売業、小売業、③建設業、大企業の常用雇用者数としては①製造業、②卸売業、小売業、③宿泊業、飲食サービス業の順で、全体に占める割合が高い。なかでも、製造業に携わる常用雇用者の割合は、中小企業・大企業ともに高くなっている。

　本稿では、中小企業の全体像とともに、企業数や常用雇用者数の構成割合

第1節　中小企業の視点からの考察

図表 2-1-1-2 産業大分類別企業数および常用雇用者数（民営、非一次産業、2012 年）

産業大分類	企業数	構成比	大企業	構成比	中小企業	構成比	中小企業比率
鉱業, 採石業, 砂利採取業	1,678	0.0%	2	0.0%	1,676	0.0%	99.9%
建設業	467,410	12.1%	291	2.7%	467,119	12.1%	99.9%
製造業	431,512	11.2%	2,044	19.3%	429,468	11.1%	99.5%
電気・ガス・熱供給・水道業	684	0.0%	27	0.3%	657	0.0%	96.1%
情報通信業	44,840	1.2%	508	4.8%	44,332	1.2%	98.9%
運輸業, 郵便業	74,561	1.9%	245	2.3%	74,316	1.9%	99.7%
卸売業, 小売業	923,588	23.9%	3,917	37.0%	919,671	23.9%	99.6%
卸売業	227,107	5.9%	1,508	14.2%	225,599	5.9%	99.3%
小売業	696,481	18.0%	2,409	22.7%	694,072	18.0%	99.7%
金融業, 保険業	30,437	0.8%	253	2.4%	30,184	0.8%	99.2%
不動産業, 物品賃貸業	326,079	8.4%	276	2.6%	325,803	8.5%	99.9%
学術研究, 専門・技術サービス業	186,280	4.8%	550	5.2%	185,730	4.8%	99.7%
宿泊業, 飲食サービス業	544,261	14.1%	718	6.8%	543,543	14.1%	99.9%
生活関連サービス業, 娯楽業	383,571	9.9%	512	4.8%	383,059	9.9%	99.9%
教育, 学習支援業	103,988	2.7%	121	1.1%	103,867	2.7%	99.9%
医療, 福祉	195,320	5.1%	232	2.2%	195,088	5.1%	99.9%
複合サービス事業	3,477	0.1%	1	0.0%	3,476	0.1%	100.0%
サービス業（他に分類されないもの）	145,844	3.8%	899	8.5%	144,945	3.8%	99.4%
非1次産業計	3,863,530	100.0%	10,596	100.0%	3,852,934	100.0%	99.7%

産業大分類	常用雇用者数	構成比	大企業	構成比	中小企業	構成比	中小企業比率
鉱業, 採石業, 砂利採取業	17,709	0.0%	1,761	0.0%	15,948	0.1%	90.1%
建設業	2,796,698	7.2%	413,238	2.9%	2,383,460	9.8%	85.2%
製造業	9,936,942	25.6%	4,247,936	29.4%	5,689,006	23.4%	57.3%
電気・ガス・熱供給・水道業	193980	0.5%	166,959	1.2%	27,021	0.1%	13.9%
情報通信業	1,397,665	3.6%	547,325	3.8%	850,340	3.5%	60.8%
運輸業, 郵便業	2,917,805	7.5%	964,253	6.7%	1,953,552	8.0%	67.0%
卸売業, 小売業	8,514,215	22.0%	3,441,971	23.8%	5,072,244	20.8%	59.6%
卸売業	2,774,603	7.2%	868,141	6.0%	1,906,462	7.8%	68.7%
小売業	5,739,612	14.8%	2,573,830	17.8%	3,165,782	13.0%	55.2%
金融業, 保険業	1,170,231	3.0%	1,025,982	7.1%	144,249	0.6%	12.3%
不動産業, 物品賃貸業	808,922	2.1%	209,970	1.5%	598,952	2.5%	74.0%
学術研究, 専門・技術サービス業	1,025,197	2.6%	332,271	2.3%	692,926	2.8%	67.6%
宿泊業, 飲食サービス業	3,580,266	9.2%	1,299,681	9.0%	2,280,585	9.4%	63.7%
生活関連サービス業, 娯楽業	1,613,054	4.2%	395,118	2.7%	1,217,936	5.0%	75.5%
教育, 学習支援業	445,519	1.1%	107,033	0.7%	338,486	1.4%	76.0%
医療, 福祉	1,265,110	3.3%	175,811	1.2%	1,089,299	4.5%	86.1%
複合サービス事業	160,491	0.4%	156,625	1.1%	3,866	0.0%	2.4%
サービス業（他に分類されないもの）	2,938,800	7.6%	966,049	6.7%	1,972,751	8.1%	67.1%
非1次産業計	38,782,604	100.0%	14,451,983	100.0%	24,330,621	100.0%	62.7%

出所：中小企業白書 2014 年版　付属統計資料より作成
資料：総務省「平成 24 年経済センサス－基礎調査」再編加工

が高かった、(a) 卸売業、小売業（以下、流通業）、(b) 製造業、(c) 建設業の具体的な事例と共に検証をすすめる。なお、宿泊業、飲食サービス業については、その構成割合は高いものの、中小企業者の定義で、宿泊業がサービス業、飲食店、持ち帰り・配達飲食サービス業が小売業に含まれるため、ここでは取り上げない。

次に、中小企業の資金調達構造について、産業大分類別（流通業・製造業・建設業）に資金調達構造を確認する（図表2-1-1-3）。ここでは資金調達構造を、①短期借入金（金融機関借入金＋その他）、②長期借入金（金融機関借入金＋その他）、③社債、④受取手形割引残高、⑤営業債務（企業間信用：支払手形、買掛金）、⑥その他（引当金などの残高）、⑦資本とした上で、⑧総合計を100％とした構成比率で表す。また、借入金総額は①〜④の合計、自己資本の占める割合は⑦／⑧×100（％）とする。

中小企業実態基本調査が始まった2003年度と2011年度を比較すると、流通業および製造業では借入金総額の割合および営業債務が減り、自己資本の割合も増えている。特に、製造業ではその傾向が強い。建設業では、自己資本の割合が若干増えているものの、借入金総額の割合が増えている。いずれの業種も借入金の内訳を見ると、短期借入金から長期借入金の割合が増加する傾向が見られる。

また、2011年度の借入金総額の割合は、いずれの業種も35〜40％で、さほどの違いは見られない。しかし、自己資本の割合をみると、製造業と流通業とを比較すると10ポイントほどの差異がある。流通業では、製造業・建設業と比較し、営業債務（企業間信用）の割合が比較的高いことが一因ではないかと考えられる。

次に、中小企業と大企業の資金調達構造の違いを検証する（図表2-1-1-4）。2012年度の金融保険業を除く全産業の数値では、自己資本の占める割合は、中小企業が大企業よりも低い。また、借入金総額の比率は、中小企業が高くなっている。⑤営業債務や⑥その他（引当金などの残高）は、大きな差異はなかったが、中小企業は大企業と比較し、借入金が資金調達構造において大きなウエイトを占めていることが確認できた。

第1節　中小企業の視点からの考察

図表2-1-1-3 産業別資金調達構造推移

2003年度

	①短期借入金	②長期借入金	③社債	④受取手形割引残高	⑤営業債務	⑥その他	⑦資本	⑧借入金総額
流通業	①18.1	②24.8	③0.9	④0.0	⑤25.0	⑥10.2	⑦21.1	⑧42.9
製造業	①15.4	②24.3	③1.0	④0.0	⑤16.2	⑥10.7	⑦32.4	⑧39.7
建築業	①14.5	②20.9	③0.7	④0.0	⑤16.3	⑥15.9	⑦31.7	⑧35.4

2011年度

	①短期借入金	②長期借入金	③社債	④受取手形割引残高	⑤営業債務	⑥その他	⑦資本	⑧借入金総額
流通業	①13.8	②26.5	③1.1	④0.0	⑤21.5	⑥9.9	⑦27.3	⑧40.2
製造業	①11.6	②24.7	③1.2	④0.0	⑤13.0	⑥11.0	⑦38.5	⑧36.3
建築業	①10.3	②26.6	③0.6	④0.0	⑤13.5	⑥16.9	⑦32.2	⑧36.8

①短期借入金　②長期借入金　③社債　④受取手形割引残高　⑤営業債務　⑥その他　⑦資本　⑧借入金総額

(単位：％)

出所：中小企業庁「中小企業実態基本調査」より作成
(注1) 各項目の構成比率は、分母を負債＋純資産として算出した。
(注2) 営業債務（企業間信用）は支払手形＋買掛金、その他は引当金、リース債務などの残高とする。
(注3) 流通業は、卸売業、小売業、宿泊業、飲食サービス業（2003年度は飲食店・宿泊業）を合算した数値を表す。

図表2-1-1-4 資本金別資金調達構造推移（全産業：除く金融保険業）

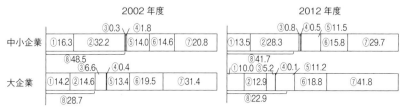

①短期借入金　②長期借入金　③社債　④受取手形割引残高　⑤営業債務　⑥その他　⑦資本　⑧借入金総額

(単位：％)

出所：財務省「法人企業統計調査　時系列データ」より作成
(注) 大企業（資本金1億円以上）、中小企業（同1億円未満）とする。

　また、中小企業でほとんど利用されていないが、大企業では③社債が利用されていた。中小企業は大企業と異なり、株式市場等を通じた資金調達が困

難であり、一般的には、銀行等の金融機関を通じて行う間接金融が多いと考えられる。

2002年度と2012年度を比較すると、中小企業、大企業共に、借入額総額の比率が低くなり、自己資本の比率が高まっている。また、その傾向は、中小企業と大企業で大きな違いは見られなかった。借入額総額の比率が低くなったことは金融機関から借りることが難しく、借入金が増えなかったことが考えられることから、金融機関の貸出態度についても検証したい。

まず、貸出態度判断DIを確認すると、①1990年代前半のバブル崩壊、②1997年のアジア通貨危機を端とした金融危機、③2008年リーマンショックの3つの谷がある（図表2-1-1-5）。第1の谷であるバブル崩壊では、大企業の落ち込みが著しいが、第2、第3の谷では、企業規模に関わらず落ち込みが見られた。建設業、流通業では、中小企業と大企業・中堅企業に対して、貸出姿勢の回復の度合いに差があり、中小企業では緩やかな回復度合いに留まっていると見られる。

その一方で、金融機関の貸出スタンスでは、大企業や中堅企業と比較しても、中小企業に対する積極性が確認できる（図表2-1-1-7）。

図表2-1-1-5 貸出態度判断DIの推移（「緩い」-「厳しい」）

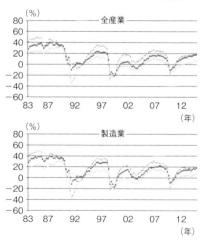
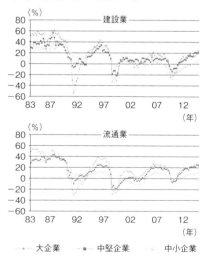

第1節　中小企業の視点からの考察

出所：日本銀行「全国企業短期経済観測調査（短観）」より作成
(注1) 大企業（資本金10億円以上）、中堅企業（同1億円以上10億円未満）、中小企業（同2千万円以上1億円未満）とする。
(注2) 2004年3月調査から調査対象企業等の見直しを行ったことにより、2003年12月調査以前と2004年3月調査以降の計数は連続しない。
(注3) 流通業は、卸売業/小売業の数値とし、宿泊・飲食サービスは含めていない。

図表2-1-1-6　資金需要判断DIの推移（「増加」-「減少」）

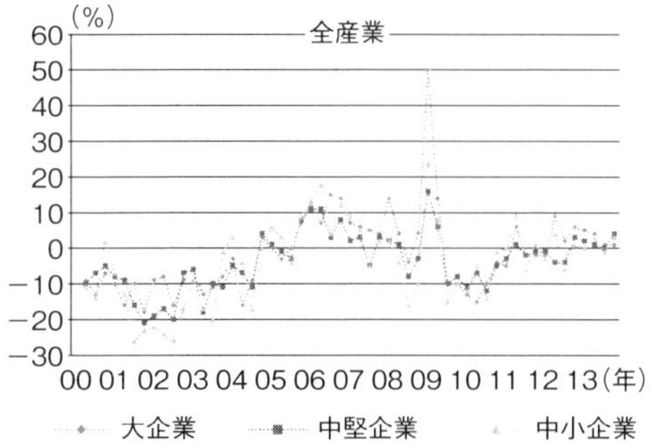

出所：日本銀行「主要銀行貸出動向アンケート調査」より作成
(注1) 本調査は、日本銀行と取引のある国内銀行および信用金庫のうち、貸出残高の上位50先の協力を得て実施。国内銀行および信用金庫の貸出残高全体に占める調査対象50先の貸出シェアは約75％を占める。調査対象先は3年ごとに見直しを実施。
(注2) 「大企業」は、資本金10億円以上、かつ常用従業員300人（「卸売業」、「サービス業」は100人、「小売業」、「飲食店」は50人）超。「中小企業」は、資本金3億円以下または常用従業員300人以下（卸売業は資本金1億円以下または常用従業員100人以下、小売業、飲食店、サービス業は資本金5,000万円以下または常用従業員50人以下＜サービス業は100人以下＞）の法人および個人企業。「中堅企業」は、大企業、中小企業以外の法人とする。

図表 2-1-1-7 貸出運営スタンス DI の推移（「積極化」-「慎重化」）

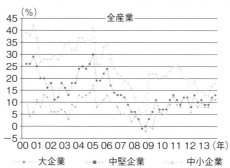

出所：日本銀行「主要銀行貸出動向アンケート調査」より作成
（注1）調査対象先や大企業、中堅企業、中小企業の定義は、図表 2-1-1-6 と同様とする。

2　融資審査の概念

　本節では、中小企業が主として資金調達を行っている金融機関が行う融資審査についての概念ををもとに、中小企業と金融機関との間に存在する情報の非対称性がもたらす問題と、非対称性の拡大要因について述べる。

　金融機関の審査を的確に定義した先行研究・論文は少ない。審査は金融機関ごとに蓄積されたノウハウが中心であり、表出化することが困難であるからであろう。数少ない論文では、応用ミクロ経済学や情報の経済学をベースに発展させた日向野の優れた研究がある。日向野（1986）は村上（1969）の理論をもとに、金融機関の審査能力を新しい情報に対して「生産する能力全体」としてとらえた。[5] また、Mester（1992）は、銀行の定義を投資マーケットにおける情報の不完全性によって生じる非経済性を軽減する「情報の専門家」とし、投資家（広義の預金者）と借り手をつなぐのに必要な情報を生産する「生産者」であることを強調している。

　実務的には、A. Sanders（2001）による与信担当者が5つの重要なファクターを分析し、それぞれに主観的なウエイトを与え、最終的な与信判断を行っているとの考え方が分かりやすい。具体的には、5つの「C」として、借り手の特徴（Character）、資本（Capital）、能力（Capacity）、担保（Collateral）、景気循環もしくは経済状態（Cycle、Condition）に分類されている。

また、日本の研究では山中（1997）が詳しい。山中によると、企業の審査は、まず企業を構成する「人」「物」「金」の三要素を通じて、企業内容を把握することが基本となる。企業調査と一般に言われるものである。次に企業調査により把握した内容をベースとして、金融機関として当該企業に貸出すべきか否か、貸出を継続すべきか否かの融資判断がなされる。したがって、審査は企業内容を把握する企業調査と、それを基礎に貸出の意思決定を行う融資判断の二段階に分けられるといえよう。山中は、企業調査にあたり必要な情報は「顧客情報」と「市場情報」としている。それらをもとに、まず個別企業の内容把握のために企業の三要素である「人」「物」「金」を調査し「財務分析」と「実態調査」を行う。そして企業をとりまく外部環境の調査分析（いわゆる業界調査）を行うとしている。また、融資判断においては、当該企業調査の段階で検討された企業経営力の強弱がベースとなるが、当該貸出金の資金使途、企業経営力から見ての返済能力、担保条件等貸出内容自体の検討が必要となろう、としている。

　このような金融機関の融資審査は、中小企業と金融機関の間に存在する情報の非対称性を削減する機能をもつ。

　完全競争市場では、売り手も買い手も取引する内容や商品の質について十分な情報をもち、すなわち完全情報下で取引を行う。しかし、現実には、全ての情報をもっているわけではない。融資においては、契約通りの返済が重要だが、金融機関は、企業の収益状況や経営者について完全な情報をもっていない。つまり、金融機関と企業は同じ情報をもっているわけではないのである。このように、すべての取引当事者が同じ情報をもたない不完全情報の状況を情報の非対称性があるという。[6]

　情報の非対称性がもたらす問題としては、契約前の機会行動として逆選択が行われ、契約後の機会行動としてはモラル・ハザードが生じることが言われている。（Milgram and Roberts, 1992）

　逆選択とは、情報を保有していない当事者が公開情報のみに基づいて取引を行った場合、好ましくない情報を秘匿した当事者を取引相手に選んでしまうリスクが生じることを言う。情報非保有当事者はこのリスクによる損失を回避しようとして、結局好ましくない情報を秘匿している当事者を前提として取引条件を設定せざるを得ない。結果的に望ましい（情報を秘匿していな

い）当事者とは取引が成立せず、望ましくない（情報を秘匿している）当事者のみが取引相手として残り、市場参加者全員の効用は悪化する。（廣住, 2003）

　逆選択の問題がひどくなると、売り手が市場に供給する量と買い手が需要する量とを等しくさせるような価格が存在しなくなる可能性がある。それぞれの買い手にサービスを提供するコストがどれだけかかろうとも、売り手はそれを観察できない。このため、全ての買い手に同じ価格を適応しなければならない点が問題となる。ところが、一定の価格を支払う意思を見せるのは、自らの私的情報に照らしてその価格が有利だと思う買い手だけである。そのような人々は提供コストが最高となる買い手である可能性が高い。財の販売に管理費用がかかれば、売り手は収支を均衡させようとして価格を上昇させ、結局はその財をもっとも高く評価する買い手さえも買わなくなってしまうだろう。収支均等価格を少しでも低くすると、サービス提供コストが価格を上回る人々だけが集まる。このように市場機能は完全に停止する。

　中小企業と金融機関との関係では、倒産確率の低い企業は安全な投資を行うため、低い金利で調達できれば、借入により、投資を実行するが、高い金利では投資効果が見込めず、借入を断念する。一方、高い金利でも借入を行う企業は、リスクの高い投資を行う倒産確率の高い企業となる。よって、リスクの低い中小企業は借り入れを行わず、リスクの高い中小企業が金融機関の融資先を占めることになってしまう。

　モラル・ハザードとは、本来保険業界の用語であり、保険加入後に、加入者が損害防止努力を低下させるなど、保険会社のコストを増やすように自分たちの行動を変える傾向を指す。経済学において、この用語は、契約の下で当事者間の利害が異なるため発生し、相手が契約事項を遵守しているかわからないために存続する、非効率な行動をいうようになった。（Milgram and Roberts, 1992）

　リスクの大きな投資計画ほど企業に高い期待利潤をもたらす。逆に企業がリスクの高い貸し出しを行うほど貸し手にとっての期待利潤は低くなる。よって、貸し手が収益を確保しようとすれば、借り手が安全な投資計画を行うように監視しようとする。しかし、監視のための費用が大きく、貸し手が借り手を常に正確にモニターできないならば、借り手は、投資からの期待利

潤を大きくするために、リスクの大きな投資を行おうとするインセンティブを持つかもしれない。さらに、貸付利子率が上昇するとき、企業の期待利潤は低下するが、その利潤の減少を相殺するために、企業はよりリスクの高い投資を行おうとするかもしれないのである。(藪下，1995)

このような問題を引き起こす中小企業と金融機関の間に存在する情報の非対称性は、中小企業の不確実性の高まりにより拡大すると考えられる。その中でも、重要であるのは、金融機関にとって事前に判断できる不確実性かどうかである。

Knight (1921) は、測定可能性をもとに、測定が可能な不確実性と測定不可能な不確実性を厳密に分類し、前者をリスク、後者を(真の)不確実性と説明している。

前者のリスクについては、2タイプの確率的状況を説明している。1つは、先駆的確率という数学的な組み合わせ理論に基づく確率であり、代数学や幾何学などの定理の正しさに匹敵する正確性をもつ。2つ目は統計的確率であり、これは、経験データに基づく確率であり、先駆的確率ほどの厳密さはないものの、年月が経つにつれて統計作業が次第に整備されていくので統計的確率の大多数は十分信頼できる。不確実性とは、推定であり、リスクと違い確率形成の基盤となるべき「状態の特定と分類」が不可能でありかつ推定の基礎となる状況があまりにも特異であることが特徴である。すなわち、その状況が未経験の事柄か、大数の法則が成立しない特殊例であるために確率を形成できない。

Knightは、不確実性の例証として企業の意思決定をあげている。企業が直面する確率的状況は、数学的な先駆的確率でもなく、経験的な統計的確率でもない。それは、先駆的にも統計的にも確率を与えられない推定なのだという。

より具体的に不確実性の拡大について考えてみよう。

中小企業が融資を受けてから、事業を行い(新規投資も含む)、事業成果を評価したうえで、融資を返済し、再度事業を行うというP⇒D⇒C⇒Aプロセスをもとに、不確実性の拡大と逆選択、モラル・ハザードの発生の関係について述べる。

まず、中小企業が融資を受けるP段階では、金融機関から、山中の言う

企業調査と貸出金の資金使途および返済能力などのいわゆるいわゆる融資判断を受ける。この段階で、中小企業の実態や事業計画・投資計画が、金融機関から見て測定可能なリスクであれば情報の非対称性は拡大しない。ところが、測定不可能なリスク、すなわち（真の）不確実性が拡大すると逆選択を起こす可能性が高まる。金融機関の測定不可能なリスクとは、これまで行われた、多くの中小企業に対する融資判断の積み上げ、いわゆる審査能力を超えた内容だと推測される。例えば、既存事業の拡大や、既存事業に近接した事業範囲の拡大に伴う運転資金や設備資金であれば、ある程度事業や投資のリスクは測定可能と考えられる。しかし、新しい製品・商品を新たなマーケットで販売する多角化戦略や、既存の製品・商品でも全く未知の市場であったり、既存の市場がターゲットでも、非常に革新的な製品・商品であればリスクの測定は難しくなるであろう。また、いかに収益を獲得していくか、すなわちビジネスモデルの観点においても、それまでの中小企業のビジネスモデルから大きく跳躍した仕組みであれば、やはりリスクの測定はより困難になると思われる。

　続いて融資を受けた後のD⇒C⇒Aの段階について考えてみる。この段階では、実際に事業計画を遂行し、収益を確保できるのかという事業遂行能力に対する不確実性と金融機関の意向に沿った投資を行い返済を的確に行えるのかといった経営者の信頼性に対する不確実性の二面がある。いずれの不確実性の拡大もモラル・ハザードの要因となるが、事業遂行能力の不確実性は、融資前における逆選択の要因ともなる。

　事業遂行能力については、中小企業の経営資源が金融機関のリスク測定能力を超えて変化する場合は不確実性が拡大し、逆選択問題、モラル・ハザードいずれも発生する可能性が高くなる。また、経営者についての信頼性については、経営者の交代のようなその資質に対する調査をゼロから行わなければならない場合に不確実性が拡大し、モラル・ハザードが発生する要因となるであろう。

　このような観点から、約10年間を振り返り、中小企業の不確実性がどのように進展しているのかを次節以降で検証していく。検証は、過去の中小企業研究の積み上げが参考になる。

　中小企業についての研究を網羅した書籍に（財）中小企業総合研究機構が

編集を行っている「日本の中小企業研究」[7]がある。10年ごとにレビューを行い、日本での中小企業研究の発展と変遷を詳細に分析している。三部立てとなっており、第1に総論的研究として、理論・本質論的な研究を、第2に、環境・市場の変化と中小企業に関する研究として、生産技術のほか10以上のテーマでの研究を、第3として、中小企業の業種・業態別研究として製造業や商業などの7区分での過去10年間の研究を概観した上で、各々執筆者がコメントを付している。

この研究概要の丹念な検証で、中小企業研究の趨勢を知るとともに、研究対象である中小企業そのものの動向も窺うことが可能になるであろう。

まず、本質論的研究として、有田（2003）は1990年代の研究を調査し、その上で、この10年、主として中小企業の問題性の認識と貢献性の認識、または問題性と積極的評価論を巡って展開されてきたと説明している。

2000年代の研究としては、三井（2013）が、この年代の研究の1つの特徴として、中小企業の問題性論と中小企業発展性の主張との統一をはかる議論が前面に出てきたとする。その典型として、黒瀬（2012）の研究を上げている。

ここで、政府が行う中小企業に対する課題対策から、中小企業の実態を検証したい。戦後の経済復興と高度経済成長の過程では、大企業と中小企業との間に生産性、営業所得、賃金等の格差が顕在し、問題となっていた。そうした、いわゆる「二重構造問題」[8]を背景に、1963年7月に中小企業基本法が制定された（図表2-1-2-1）。基本理念は「企業間における生産性等の諸格差の是正」であった。中小企業は、いわば大企業との格差に見られる弱い立場という認識であったため、中小企業問題の総合的な解決が求められていた。

1964～68年白書では、中小企業の低生産性、資金調達難等の構造的な問題の大きさや要因を、大企業との比較で説明していたが、1969年白書では、その記述に変化が見られ、大企業との格差が縮小していること、中小企業の活動領域の広がりの可能性が示唆されていた。また、1980年代においては、1985年のプラザ合意を契機とした大幅な円高の進行により、産業構造の変革が加速したという記述が見られた。1980年代後半では、円高の定着をきっかけに中小企業の海外展開も飛躍的に増加した。さらに、1990年代に入り、バブル崩壊後の厳しい情勢や80年代の構造変化により、中小企業のダイナ

第2章　中小企業のディスクロージャーの重要性

ミズムが失われているのではないかという懸念が高まり、開廃業率の長期的な趨勢や中小小売業の集積である商店街や、中小製造業集積の衰退が原因と考えられていた。そこでは、中小企業の成長・発展段階や取り組む経営課題により、不足する経営資源、直面する課題の内容等が多様であることが示されている。

　同時期の、1999年12月、中小企業基本法が大幅に改正された。そこでは、中小企業施策の基本理念は「独立した中小企業の多様で活力ある成長発展」と位置付けられ、いわゆる中小企業を発展性のあるプラスの側面に注目してきたと思われる。(図表2-1-2-1)。しかし、黒瀬の「中小企業は発展性と問題性の統一物である」という複眼的中小企業論の立場をとる研究も進められているように、中小企業問題が解消したわけではない。そこで、中小企業白書をベースに、(1) 1994～2003年（中小企業基本法改正を挟んだ10年間）、(2) 2004～2013年（直近10年間）の2フェーズに分けて、中小企業の実態を発展的中小企業と中小企業の問題性の観点から検証したい。

図表2-1-2-1 中小企業基本法の新旧比較

	旧中小企業基本法	新中小企業基本法
基本理念	①中小企業の経済的社会的制約による不利の是正 ②中小企業者の自主的な努力の助長 ③企業間における生産性等の諸格差の是正 ④中小企業の生産性及び取引条件の向上 ⇒中小企業の成長発展、中小企業の従事者の経済的社会的地位の向上	中小企業が、創意工夫を生かして経営の向上を図るための事業活動を行うことを通じて、 ①新たな産業の創出 ②就業の機会の増大 ③市場における競争の促進 ④地域における経済の活性化 の役割を担う ⇒独立した中小企業の多様で活力ある成長発展

出所：参議院「立法と調査 No.287（2008.10）」P.41 より抜粋

3　不確実性の増大（発展的中小企業の観点から）

　本節では、発展的中小企業の不確実性の進展について確認していく。
　発展的中小企業とは、既存商品や既存市場の枠組みから、広がりが見られる企業と考えられる。そこで、①革新的な製品開発・サービスへの取組である新分野・経営革新、[9] ②既存の企業の枠組みに収まらないものとしてコミュ

ニティ・ビジネス、③マーケット市場や市場環境が異なるため日本国内とは異なる経営戦略が必要となる海外展開、の切り口で確認する。また、発展的中小企業の中には、スタートアップ企業も含まれるが、2013年版の中小企業白書によると、スタートアップする企業が今後目指す事業展開の特徴として、「地域需要創出型」[10]と「グローバル成長型」[11]があり、②コミュニティ・ビジネス、③海外展開の切り口で分けて整理できると考えられる。

　中小企業白書では、その年度の中小企業の課題を分析しているため、ある論点に絞り検証すると、中小企業の変貌が、把握できると考える。時系列で毎年記載があるわけではなく、記載年度は点在しているが、逆にピックアップすることにより、大きな変化の流れが把握できるのではないかと推測される。

　また、中小企業の課題に対する支援に留まらず、中小企業がチャレンジする姿勢に対しても、金融支援（補助金等）やアドバイザー派遣等を通じた支援等が実施され、中小企業白書に記載されている。そこには、他社の先行事例となる前向きな取組みについては積極的に支援をしようとする国の政策誘導的な要素もある。また、国が支援するような、先行事例となるような新しい取組は、不確実性が高まる可能性が高いため、あえて支援がなされているとも考えられる。そこで、施行された法律や支援策等についても、併せて検証を進める。

① 新分野・経営革新

　まず、過去とりあげられた研究の視点について、前出の「日本の中小企業研究」（注16）から主だった点を記載したい。天野（2003）は1990年代のイノベーションについての研究を概観し、次のように述べる。

　1990年代のマクロ的な経済環境の変化のなか、中小企業の経営も変容しつつある。第1に、かつての日本の国際競争力の源泉とされた下請分業体制が多かれ少なかれ縮小を余儀なくされており、中小企業が大手企業からの安定した受注を期待することが難しくなってきた。中小企業が技術革新によって自ら製品や事業の幅を広げ、販売先や流通チャネルの獲得努力を行い、主体的に経営戦略を策定する必要が、以前と比べると格段に高くなったことを意味している。中小企業が生存し続けるためには、経営の自己革新が不可欠になってきたのである。

第2章　中小企業のディスクロージャーの重要性

　その上で、1990年代の環境変化の大きさを想像されるがごとく、この10年間で中小企業の経営は本質的な変容を遂げており、その変化のあり方が実に多様なことが既存研究からも示唆されるとする。1990年代は、おそらく多くの産業においてイノベーションなくして企業経営が成立しない時代となった。多数の実証研究において、経営革新を行う能力を持ち、実行している企業とそうでない企業の間に業績面の明確な格差がその証左であると主張している。既存中小企業の経営者の役割はベンチャー型企業のそれとかなり近くなり、事業創造こそが中小企業経営者に求められる役割とされるようになった。

　このように、天野によると、1990年代は、中小企業のイノベーションの重要性が叫ばれ始めた萌芽期ではないかと主張している。

　一方、2000年代に入ると、高橋（2013）は、イノベーションの定義を中小企業基本法の「経営革新」と定めた上で、2000年代のイノベーション研究について総括した。高橋は、国立情報学研究所・GeNii（学術コンテンツポータル）およびCiNii（論文情報ナビゲーター）書籍、論文の本数を調査している。まずは、中小企業に限らず、広くイノベーションを扱う文献（理系の文献を含む）が、1980年代では85冊・398本に過ぎなかったものが、90年代では、121冊・790本と倍増し、2000年代に入ると835冊・7305本と激増している。このうち、中小企業をキーワードに含むものに絞ると、80年代が7冊・3本、90年代が15冊・20本、2000年代が100冊・160本となり、やはり急速に増加していることがわかる。

　このようなイノベーション研究進展の背景には、20世紀最後の10年に、いわゆる「産業の空洞化」問題が叫ばれ、新産業創出が待望されたことがあろう。新産業創出の前提となるのがイノベーションであり、その担い手とみなされたのが中小企業であった。政府も、1999年に抜本改正された「中小企業基本法」において、そのような立場を明確にしている。

　さて、中小企業白書での新分野・経営革新についての記載を確認し、発展的中小企業の検証を進めていく。

　まず、（1）1994～2003年、（2）2004～2013年の2フェーズでの、中小企業に対する課題を確認する。また、ここでは企業単体での取組と、大

企業と比較し、中小企業単体では不足する資源について外部補完をするような取組（連携や取引関係等）に分けて検証する。

　まず、企業単体の取組について、第一フェーズにあたる1994年版中小企業白書では、構造変化（国際的環境の変化、下請分業構造の変化、既存市場の成熟度の兆候、中小企業の「人」をめぐる環境の変化など）への対応という課題に対し、多角化、業種転換、新製品開発、新サービス開拓による新分野進出や、組織面の強化（経営資源の補填のためのネットワーク形成、世代交代など）、下請企業においては、提案型企業への脱皮、取引企業の分散化、自社製品の開発が提起されている。取組がなされている企業も若干見受けるが、まだまだ、問題提起を行っていて、今後の広がりが求められている段階ではないかと考えられる。さらに、2000年版同白書では、(a) 不確実性の増大、[12] (b) 多様性と創造性の重要性の増大、(c) 少子高齢化の進展と環境・エネルギー制約の増大、(d) 情報化の進展、を課題として取り上げている。またそれらに対応して、細分化された専門分野（いわゆるニッチ分野）での高い技術力を背景に国際市場の一定割合を占有するなど、極めて高い競争力を有する中小企業（いわゆるオンリーワン企業）や、大企業への企画提案型企業に加え、自らの知識、ノウハウを的確に活用しつつ新たな事業を開始する中小企業などが出現するようになってきたと述べられている。

　第二フェーズにあたる2009年版白書では、大企業の大規模な研究開発に対する時間、人材、資金の投資による実現との違いを明確にした上で、改めて中小企業のイノベーション（革新）の考察がなされた。ここでは、中小企業のイノベーションの特徴を3つ挙げている。

A) 経営者が、方針策定から現場での創意工夫まで、リーダーシップをとって取り組んでいること。
B) 日常生活でひらめいたアイディアの商品化や、現場での創意工夫による生産工程の改善など、継続的な研究開発活動以外の創意工夫等の役割が大きいこと。
C) ニッチ産業におけるイノベーションの担い手となっていること。

　A) では経営者自身が発展的中小企業の根源であること、B) ではあら

たまった研究開発ではなく、日々の改善活動・創意工夫がイノベーションにつながること、C) では大企業が取り組まないニッチ産業で中小企業がイノベーションを発揮できる市場の存在が確認できた。これらの特徴を検証すると、発展的な中小企業の特徴と重なる部分が推測される。

4年後の2013年版白書では、新事業展開した企業の特徴が述べられており、従業員規模が小さいほど、新事業に自社の経営資源を集中し、機動的に主力事業を転換させている一方、従業員規模が大きいほど、主力事業を維持しながら新事業に進出し、事業分野を拡大させている傾向にあるとの分析がなされた。また、事業転換や多角化した企業のスタート当時の業績では、好転と悪化がほぼ同じ割合となっており、業績がよい企業が新たな収益源確保のために新事業展開している割合と、業績が悪化している中で、現状打破のために新事業展開を実施した企業の割合が、ほぼ同じだった。このように、多角化や新事業への転換のようなイノベーティブな事例が財務内容の良い会社が行う特殊な事例ではなく、中小企業全般で、新事業の取組の広がりが見られたことになる。

つまり、新事業や経営革新に対する取組が中小企業に求められ、その取組を実施する企業の出現が見られた第一フェーズから、第二フェーズではその取り組む企業の広がりが確認できる段階となったと思われる。

次に、このような多角化や新事業への転換に対して、どのように外部補完を行うために連携などを行っているのか、取引体制の変貌について検証する。

第一フェーズにあたる1997年版白書では、戦略的な連携による外部経営資源の活用について述べられている。従来、他社との連携の目的は「既存事業の売上増加」「生産の効率性」であったが、「新製品開発」「事業多角化」「物流効率化」を目的とした連携への増加が確認できた。ここでは、従来の既存の取組に対する補完を外部にサポートしてもらうという段階から、新しい取組（新商品開発や、新しいマーケット市場の模索など）に対する補完への移行が伺える。

また、1998年版白書では、産学官連携について、大企業と比較し、中小企業の取組の割合が少ないことが述べられている。実際に連携している

企業では、大企業、中小企業ともに一定の効果が得られているものの、「連携すべき大学等の情報が入手できない」ことが問題とされており、地域共同研究センターや大学等からの情報発信の整備が求められている段階にあった。

　第二フェーズにあたる 2005 年 4 月に、「中小企業の新たな事業活動の促進に関する法律（以下、中小企業新事業活動促進法とする）」が施行されている。ここでは、後述する新事業に対する支援も包括的になされているが、新たに異分野の中小企業がお互いの「強み」を持ち寄り連携して行う新事業活動（「新連携」）の支援がなされるようになった。いわゆる、異業種連携である。その後の六次産業化[13] の広がりなどを勘案すると、水平連携に留まらない広がりが見られるようになってきた段階と言えるだろう。2008 年版白書では、中小企業新事業活動促進法の新連携の取組について、取引関係や資本関係のない中小企業と連携している例が多く、同一都道府県内の連携が中心と述べられている。2007 年 12 月末で、相談件数としては累計で 18,007 件、認定件数 408 件、事業化達成件数は 270 件となっており、一定の成果が伺える。

　また、2014 年版白書では、IT を活用した外部資源活用として「クラウドソーシング」[14] が取り上げられている。2013 年度の国内クラウドソーシング市場規模は 246 億円を見込み、2017 年度には 1,474 億円になると試算されている。急激な広がりをみせており、新しい取引体制が確認できた。
　このような積極的な取組を実施しようとした企業が行う企業連携や、取引構造の変貌は、リスクを回避する要因ではあるものの、金融機関にとっては、測定が難しい不確実性につながると考えられる。

　また、中小企業の新事業／経営確認や連携の取組に対して、政策的に支援がなされている。第一フェーズにあたる 1995 年 4 月に「中小企業の創造的事業活動の促進に関する臨時措置法」が施行され、「創造的事業活動：創業や研究開発・事業化を通じて、新製品・新サービス等を生み出そうとする取り組み」に対し、金融・税制面で支援がなされた。その後、新事業創出促進法（1999 年 2 月）が施行され、(a) 新たな事業を開始しようとする個人や中小企業、(b) 中小企業者の新技術を活用した事業活動、(c)

地域産業資源を活用した事業活動に対し、補助金や保証制度の特例等支援が進められた。さらに、中小企業経営革新支援法（1999 年 7 月）も施行され、中小企業者が、新商品の開発または生産、新役務の開発または提供、商品の新たな生産または販売の方式の導入、役務の新たな提供の方式の導入その他の新たな事業活動を行うことにより、経営の相当程度の向上を図る計画を作成し、認定されることで各種支援制度を受けることが可能となった。

2005 年版白書では、上述の法律による中小企業の取組数が述べられている。中小企業の創造的事業活動の促進に関する臨時措置法では 2004 年 12 月末で 10,838 件、中小企業経営革新支援法では 2004 年 12 月末で 16,551 件となっている。中小企業経営革新支援法では計画期間終了時の付加価値達成割合は概ね 3 ～ 4 割の企業で達成しており、各種支援策の活用も見られた。

第二フェーズでは、2005 年 4 月に中小企業支援 3 法を統合した中小企業新事業活動促進法が施行された。前述のように、ここでは異業種連携についての支援もなされるようになった。2013 年 2 月には、2012 年度補正予算で「中小企業・小規模事業者ものづくり・商業・サービス革新事業（ものづくり、商業・サービス）」が募集された。ここでは、中小製造業の革新的なモノ作りやサービス提供等にチャレンジする事業者に、試作品開発や設備投資に対する補助金を授与し、企業の積極的な活動を支援している（企業単独、複数事業者の事業の申請も可となっている）。

このように政策面での後押しもあることから、大きく中小企業の活動する分野についてイノベーションが求められているが、このことは未知への挑戦といった側面にもつながっており、不確実性を拡大していくと思われる。

② コミュニティ

まず、「日本の中小企業研究」から主だった内容を確認していく。岡室（2003）は 1990 年代の小規模企業の研究を、工業集積における小零細企業の機能と存立条件、零細小売業の存立条件、自営業者の生活実態と自営業者の減少の 3 項目に分けて分析を行っている。それらの研究に対する残された課題として、「小零細規模の多様性を十分に考慮し、これまでの研究

で見落とされてきたタイプの企業ないし事業主を正当に認識し研究対象に加える必要がある」ことを指摘している。

　2000年代に入ると、高橋（2013）では、小企業が多くの研究分野に関係しており、消滅直前や停滞する側面に焦点を当てれば、それは低賃金労働や低生産性の象徴となり、問題性論の対象となる。誕生直後、もしくは発展途上にある場合は、それは経済社会の革新の担い手であり、積極性評価論の視点が適用される。安定した小企業に目を向ければ、社会的分業の重要な担い手であり、またニッチ市場における高収益企業となる。その上で、2000年代の小企業研究の特徴として、多くの文献で、小企業に対して積極的な評価を与えていることだと主張する。そのなかでも、女性経営者に注目するとともに、コミュニティ・ビジネス、社会起業家、そしてNPOなど従来の企業の概念で捉えられない新しいタイプの企業や組織も増えてきていると説明している。

　また、堀（2013）は「日本の中小企業研究（2000 〜 2009）」の中で、「中小企業と社会的責任」というテーマを取り扱った研究のレビューを行っている。ちなみに、1990年代の研究をまとめた「日本の中小企業研究1990-1999」では、「中小企業と環境保全」というテーマで取り上げており、大きく内容も変えている。これは、2000年代に入って、中小企業は環境保全のみならず多様な社会的課題に対応しなければならなくなったことにあると説明している。またその研究の方向性として、「中小企業経営にとっての社会的責任」「社会的責任をめぐる中小企業の連携」に加えて「社会的企業の役割とその支援」に注目している。

　「社会的企業の役割とその支援」とは、特定の社会的課題に注目しその解決をミッションに掲げる「ソーシャル・ビジネス」「社会的企業」の出現に注目し、その経済的・社会的役割を考えるものである。社会的課題の解決をビジネスの手法を用いて行う「社会起業家」と呼ばれる人々が多く現れているし、地域社会におけるさまざまな問題の解決に取り組む企業等は「コミュニティ・ビジネス」と呼ばれて注目されている。また、今後の課題として、多様化する社会的課題の解決のためには、社会的企業のいっそうの登場を期待するとともに、社会的企業のスタートアップを支援する政策的支援ツールを検討しなければならない。また、社会的企業が行う「社

会的事業」の継続と発展のために、人材および資金の継続的な供給が必要であると主張している。したがって一方では、社会的課題の解決をビジネスの手法をもって行う「社会起業家」育成のための教育プログラムの開発が進められる必要があるだろうし、教育機関や行政機関、産業界が連携した社会起業家育成支援の仕組みづくりをどう進めていくのか、がひとつの重要な政策テーマになるであろう。もう一方で、社会的企業が継続的に事業活動を営める資金循環の仕組みが必要である。従来から存在する投資家による出資や金融機関からの融資だけで十分だろうかと問題提起をした上で、マイクロファイナンスや相互金融、私募債の発行など、他の金融手段の活用も検討しなければならないと主張している。

また、コミュニティ・ビジネスについての調査・研究に、2008年4月経済産業省より公表された「ソーシャルビジネス研究会報告書」がある。[15] 本報告書によると、主な対象事業体分野としては、「地域活性化・まちづくり」「障害者・高齢者・子育て等支援、保健・医療・福祉」「教育・人材育成」「環境保全・保護」等の分野が上位にあがっている。特に、「地域活性化・まちづくり」の割合が高かった。ここでは「地域活性化・まちづくり」の分野の中で、地域商店街の活性化やコンパクトシティへの取組にしぼって検証を進めたい。

中小企業白書をもとにしたコミュニティ・ビジネスについての記載では、(a) コミュニティ・ビジネスに取り組む新しい企業体の存在、(b) 地域活性化・まちづくりに対する取組として地域商店街活性化などをとりあげていく。

まず、コミュニティ・ビジネスに取り組む業種・業態に関して、中小企業の取組が期待されている内容について記述したい。第一フェーズにあたる1994年版白書では、2020年に65歳以上の高齢者人口が総人口の1/4以上になると推計されることから、今後ますます高齢者を対象とした製品、サービスへのニーズが増加するため、(イ) 医療・介護等の医療・福祉分野、(ロ) 高齢者の健康で快適な生活に資する分野への中小企業の取組が期待されていた。

第二フェーズにあたる2004年版白書によると、経済のサービス化と

ニューサービスの登場が述べられ、IT関連と生活関連のサービスを中心にサービス業の市場が拡大してきている。ここでは、介護やシルバー人材センターなどの高年齢化に関するもの、マンガ喫茶、ペット関連サービスなど趣味・レジャー関連といった生活に身近な業種の多さが特徴となっている。すなわち、第一フェーズで期待された高年齢化などに対するサービスについての取組などが確認できた。

さらに、それらを取り組む企業体として、2004年版白書では「コミュニティ・ビジネス（地域貢献型事業）」が、従来の行政（公共部門）と民間営利企業の枠組みだけでは解決できない、社会的貢献性の高い事業であると同時に、ビジネスとしての継続性も重視され、いわゆるボランティアとは異なる性質を持つという定義が確認された。特徴は下記となっている。

> A) 地域住民が主体であること。
> B) 利益の最大化を目的としていないこと。
> C) コミュニティの抱える課題や住民のニーズに応えるため、財・サービスを提供すること。
> D) 地域住民の働く場所を提供すること。
> E) 継続的な事業または事業体であること。
> F) 行政から人的、資金的に独立した存在であること。

1998年に施行された特定非営利活動促進法により、非営利組織の法人格取得が容易になったことが追い風となっていること、1995年1月の阪神・淡路大震災を契機として、地域コミュニティの重要性の認識が進み、コミュニティ・ビジネスの存在感が増してきたとされた。

次に、2012年版中小企業白書によると、個人向けサービス[16]の需要が上昇傾向にあり、また女性企業家の起業分野でも個人向けサービス業[17]の割合が4割を占めている。これらは、（営利）企業の枠組みに留まらず、NPO（非営利活動団体）や法人格を持ったNPO法人、認定NPO法人で取り組むケースも多く、またその事業体数も増加している。そうすることで、機動性を生かし、柔軟かつ、きめ細かな活動を通じて、地域社会や生活のニーズに応えるサービスや商品の提供の実施が実現している。これらの存在は無視することができないほど、広がりが見られる。

第一フェーズでは、コミュニティ・ビジネスが期待されている段階であったが、第二フェーズでは、その取組が拡大している。コミュニティ・ビジネスに取組んでいる NPO などに対する融資は、専ら、株式会社のように利益追求を行う主体とは違い、利益の最大化を目的にしないことや、意思決定プロセスの複雑化などを鑑みると、金融機関にとって非常に不確実性が高まっていると考えられる。

　次に、「地域活性化・まちづくり」に対する取組としての地域商店街活性化に関するものについて検証したい。第一フェーズにあたる 1998 年版白書では、中小小売業の今後の課題として、消費者ニーズの変化、モータリゼーションの進展、大型店の出店増などの変化から、(a) 顧客対応（マーケット・イン型経営）の必要性、(b) 外部資源（情報化、チェーン化など）を活用した競争力の強化が述べられている。また、中心市街地の活性化としては、（イ）商業集積全体としてのテナント・ミックスの構築、（ロ）交通アクセス、アメニティ機能の向上などが挙げられ、タウンマネージメントの取組例が報告された。1998 年 7 月に施行された「中心市街地における市街地の整備改善及び商業等の活性化の一体的推進に関する法律」に基づき、「タウンマネージメント機関（TMO）」[18] が中心となり、統一的なコンセプトによる町並み整備や街の中核となる複合的商業施設の整備等が実施された。

　第二フェーズにあたる 2005 年版白書では、1998 年に施行された中心市街地活性化法の実施状況として、市町村が作成する基本計画は全国で 652 件、TMO 構想（中小小売商業高度化事業構想）の認定済み構想数は 356 件、TMO 計画（中小小売商業高度化事業計画）の認定済み計画数 195 件が挙げられている（2005 年 1 月末現在）。そこでは、郊外における新たな商業集積が形成された、TMO の組織運営不足（事業資金・運営スタッフ等）、個店運営（商店主の意識不足による魅力ある店舗の未整備）などの問題が顕在化され、進捗状況や成果にはばらつきがあった。

　2006 年版白書では、総人口減少（人口が増加しているのは大都市を中心とした一部地域のみ）の局面が顕在化したため、継続的な自治体財政とコミュニティ維持の観点から、なるべく都市機能をまちの中心部に集め、

既存インフラの活用とメンテナンスコストの抑制を図る「コンパクトシティ」の議論がなされている。ここでは、商業販売額の推移を確認した上で、旧来の「大規模事業者と中小小売業者との競合の構図」から「中心市街地と郊外という立地場所による競合（ロードサイドビジネスが好調となっている）」への変化が確認でき、コンパクトシティ構想実現のためには、商業と他の都市機能との相乗効果が求められている。また、これらの実施のために「まちなかのにぎわいをつくり、あるい支えるビジネス（にぎわいビジネス）」として、(a) まちの魅力（まちの魅力を高めるビジネス）、(b) 生活支援（まちの居心地を高めるビジネス）、(c) 経済活力（まちの活力を高めるビジネス）、(d) 交通利便（まちの利便性を高めるビジネス）、の4分野が挙げられている。4分野においては、コミュニティ・ビジネスでの対応が求められている。

このように、2フェーズ、20年間の中小企業が、(a) 営利企業の枠組みに収まらない企業体を持ったコミュニティ・ビジネスの増大が見られること、(b) コンパクトシティ構想の中で中心市街地の活性化が期待されており、その活躍の中心としてコミュニティ・ビジネスが注目されていること、(c) 国の法律も同様の動きで整備がなされてきたこと、が確認できた。

ここまでをレビューすることで、中小企業を支援する前提として、中小企業が存在する地域を活性化することの重要性を把握することとなってきた。その一方で、地域を活性化させるためには、中小企業だけではなく新たなNPOのような主体への拡がりも出てきており、事業主体の変更という新たな不確実性の拡大が見受けられる。

③ 海外展開

まず、「日本の中小企業研究」から主だった内容を確認していく。松永（2003）の研究レビューでは、人・物・金・情報を通じたグローバリゼーションと中小企業に関する研究について整理してきたが、その対象は主として製造業に限られ、サービス業や商業について触れることはほとんどなかった。すなわち研究の蓄積もあまりあるとはいえないと主張している。

一方、寺岡（2013）では中小企業の経営行動やそれをとりまく経営環境が「グローバリゼーション」あるいは「経済のグローバル化」という用語

で語られ始めたのは、1985年のプラザ合意による米国政府による円高誘導政策以来である。とはいえ、こうした用語で中小企業への研究視覚が「グローバリゼーション」で頻繁にとらえられるようになったのは、1990年代以降であり、2000年代にはいって定着した感がある。

グローバリゼーション下での中小企業をめぐる、あるいは中小企業性業種における実態とその課題ということでは、多くの報告書や論文が2000年代に発表されてきた。この背景にはグローバリゼーションの流れが定着し、中小企業がそうした経済環境に対応せざるを得ないという共通認識が研究者の間において形成されたことがある。グローバリゼーションの流れに晒されているのは、機械・金属など加工組み立て型産業だけではなく、日本の伝統産業もまたその例外とはなりえていないと主張している。

このように、中小企業の海外展開の取組は、ここ数年で開始されたのではない。そこでは、国際分業の中での活躍、人件費削減、逆輸入（日本へ輸出するため）といった目的をもった行動の一環であり、一定の効果があった企業も多く見られた。また、国内需要の減少局面下、当初コストダウンを目標として海外事業展開を開始した後、現地での販路拡大を目指す企業も見られるようになった。また、海外展開では製造業が主とされてきたが、他業種の拡がりも見られるようになった。ここからは、①、②と同様に約20年間の白書での記載を通して、上記のような流れを確認したい。

まず、白書に記載された海外展開の目的や展開状況について確認する。第一フェーズにあたる1994年版白書では、中小企業が海外展開する目的として、国際競争力の低下した分野の補填が挙げられた。しかし、海外の現地国で活用することが困難な水準の技術や高度な機械設備の投資を行い失敗した例も少なくなかった。また、現地法人の設立や、現地法人の経営管理面、現地のパートナー選定などの問題点が指摘された。

さらに詳細な分析が、1995年版白書でなされていた。[19] そこでは、1985年のプラザ合意後の円高等を背景として、海外直接投資件数が急激に増加したが、1988年度をピークに減少したことが挙げられていた。海外生産拠点への進出考慮要因としては、小規模・中小企業では、「賃金コスト差」という回答が多かったが、大企業では「現地市場の将来性」を挙げる割合が多かった。また、海外進出のきっかけも、小規模企業が自発的に海外進

第1節　中小企業の視点からの考察

出した割合（75％前後）、現地企業の依頼・要請による割合（17％前後）が高く、親企業の要請・示唆によるもの（6％前後）が低かった。中小企業は、大企業と小規模企業の中間位の水準となっているが、大企業では、自発的に海外進出した割合（65％前後）、現地企業の依頼・要請による割合（11％前後）が小規模企業と比較し低く、親企業の要請・示唆によるもの（15％前後）が高かった。このように、大企業よりも、小規模・中小企業の方が、外部からの働きかけもなく、自社での生き残りをかけ、リスクをとって、果敢に挑戦する姿が伺える。

さらに、1998年版白書では、海外進出済中小製造業では2割程度の企業で海外展開について撤退が見られた。[20] 外部からの働きかけがない状態で、海外進出したものの、(a) 人件費上昇による採算悪化、(b) 進出先での需要不足、(c) 国際戦略上必要なくなった、など各種理由で撤退している。反面、海外展開した8割の企業は、海外展開を維持していることが確認できたことになる。

第二フェーズにあたる2004年版白書では、大企業・中小企業ともに、1994年度から1996年度にかけて、海外現地法人の設立・資本参加が増加しているが、アジア通貨危機が起こった1998年以降の設立が大きく減少している状況の記載があった。

2008年版白書では、製造業に留まらず、海外への進出が非製造業にも広がりを見せていることが挙げられていた。ここでは、業種別の割合が提示され、2006年段階で海外展開を実施している企業の内、製造業が46.1％、非製造業53.9％（その内卸売業23.3％）であった。このように、中小企業の海外展開は非製造業のウエイトが高くなってきた。2014年版白書でも、海外子会社を保有する中小企業数の業種別推移として、サービス業や情報通信業の増加が著しいことが掲載されている。

次に、海外展開での成功のポイントを確認する。第一フェーズにあたる1994年版白書では、過去からの円高の進展による国際競争力の低下、アジア地域の発展による競合や分業が進んでいることが記載されていた。また海外展開は、通常国際競争力の低下した分野の補填のため行われるため、多くの中小企業が、国際競争力があると考えている「多品種小ロット」「高精度の部品製造・加工」「新製品の開発」などは一般的に海外展開の利

点が少ないと考えられた。事実、現地国で活用することが困難な水準の技術や高度な機械設備の投資を行って失敗した例も少なくないと言われていた。このように、海外展開の成功のポイントが模索されていた段階であった。

　第二フェーズにあたる2004年版白書では、中小企業の直接投資の成功と失敗を分析していた。そこでは、現地法人が利益を上げるためには、市場の大きさや進出先での法律や税制度を考慮した上で、進出市場に製品を浸透させることの重要性が記載されていた。このように、海外展開の成功事例・失敗事例が示された。

　さらに、2006年版白書では、国際展開によって中小企業のビジネス全体が高度化・自立する例として、以下3つを挙げている。

> A）販路の拡大による国内外における売上増加
> B）事業構築全体の効率化による生産性の向上
> C）「自立した中小企業」への脱皮

　A）では、海外での新しい販売ネットワークへの参入として、国内では関係を持てなかった新たな取引先の開拓（二次下請から一次下請への変化）や、現地で欧米を含む世界中の進出企業との取引開始、「国際企業」としてのブランド化の進展で、国内営業での強みとなることが挙げられている。B）では、低付加価値工程・製品を海外へ移行し、国内では高付加価値商品に特化すること、また海外で陣容拡大、得た利益を国内事業で再投資し、国内事業のイノベーションにつなげることが挙げられている。C）では、海外において、新たな取引関係の構築や製品開発を通じて、下請から自前の経営力を有する企業への変換や、従業員の国際化・キャリア形成で、海外赴任の経験が、後継者・幹部社員育成に効果があるとされた。

　①〜③の切り口による2フェーズの変化をまとめると、以下になる。
　①新分野・経営革新では、(a) 新事業や経営革新に対する取組が中小企業に求められ、その取組を実施する企業の出現が見られた段階から、その取り組む企業の広がりが確認できる段階となったこと、(b) 企業間の連携として、水平展開や産学官連携などの取組がはじまった段階だったが、連携が異業種への広がりや、既存の体制からの変貌が確認できたこと、(c)

政策の後押しもあり、未知の分野へのイノベーションに対する取組が求められていること、が確認できた。

②コミュニティとしては、(a) コミュニティ・ビジネスに取り組む新しい企業体の存在として、NPOなどに代表される既存の企業の枠組みに留まらない事業体の拡がりが確認できたこと、(b) 地域活性化・まちづくりに対する取組である地域商店街活性化に関するものは、施策等の後押しもあるが、まだまだ成果が限定的となっていること、が確認できた。

③海外展開については、第一フェーズ以前より取組は見られているが、第一フェーズの段階より、人件費削減のため必要に迫られて海外展開を取り組んだ企業が、そのコスト削減を生かした製品を日本国内への輸入に留まらず、販路を現地に求めるような動きが確認でき始めたこと、また第二フェーズの段階では、製造業だけにとどまらず非製造業の海外展開の割合が増加していること、が確認できた。

これらから、(a) イノベーションのような未知の分野への取組、(b) 企業の枠に留まらない事業体の拡がり、(c) 製造業に留まらない海外展開への取組の拡がりが確認できた。これらは、既存の事業の取組から広がりを見せることから、中小企業の不確実性が高まっていると言えるだろう。

上記と不確実性の増大および融資プロセスについて取りまとめたものが、図表2-1-3-2である。①新分野・経営革新、②コミュニティ、③海外展開のすべてで、P段階の逆選択が増加していることが確認できた。

また、①新分野・経営革新については、不確実性の増大と融資プロセスでは、第一フェーズではPのプロセス段階で、逆選択の発生の可能性がある事象が多かったが、第二フェーズでは、Pのプロセス段階のますますの拡大に加えて、D⇒C⇒Aのプロセス段階で、逆選択の発生の可能性がある事象が見られるようになり、不確実性としては増大していることが確認できた。②コミュニティ、③海外展開については、不確実性の増大と融資プロセスでは、いずれの事業も、D⇒C⇒Aのプロセス段階で、逆選択の発生の可能性がある事象が見られるようになった。

このように、融資プロセスの段階で確認しても、不確実性が増大していることが示された。

図表 2-1-3-2 発展的中小企業の概要

カテゴリ / フェーズ	①新分野・経営革新	
	イノベーションにおける中小企業の存在価値（企業単体での取組）	外部補完／取引体制の変遷（企業連携等による取組）
第一フェーズ（1994〜2003年）	・構造変化に対し、多角化、業種転換、新商品開発・新サービス開拓による新分野進出等が提起されており、今後の拡がりが求められていた（1994年度、P：逆選択） ・高い競争力を有する企業、企画提案型企業、自らの経営資源を的確に活用し新たな事業展開を進める企業の姿が見られるようになってきた（2000年度、P：逆選択）	・既存の取組に対する補完を外部にサポートしてもらうことから、新しい取組（新商品開発や新市場の模索など）に対する補完への移行が伺える（1997年度、D⇒C⇒A：逆選択） ・産学官連携については、まだまだ取組が少ない（1998年度、D⇒C⇒A：逆選択）
第二フェーズ（2004〜2013年）	・中小企業のイノベーションの特徴として、①経営者が発展的中小企業の根源であること（P：逆選択、D⇒C⇒A：モラルハザード）、②日々の改善活動がイノベーションに繋がること（D⇒C⇒A：逆選択）、③ニッチな市場でイノベーションを発揮できる市場が存在すること（P：逆選択）が示された（2009年度） ・新事業展開した企業の特徴として、従業員規模が小さいほど機動的に主力事業を転換しているのに対し、従業員規模が大きい規模ほど、主力事業を維持しながら新事業に取組、多角化していることが示された（2013年度、P：逆選択、D⇒C⇒A：逆選択） ・業績のいい企業だけ新事業に取り組むのではなく、業績が悪い企業も現状打破のため、新事業に取り組む姿が確認できた（2013年度、P：逆選択）	・2005年の中小企業新事業活動促進法施行により、異業種連携が見られるようになってきた（2008年度、D⇒C⇒A：逆選択） ・クラウドソーシングの拡がりが示された（2014年度、D⇒C⇒A：逆選択）

カテゴリ / フェーズ	②コミュニティ	③海外展開
第一フェーズ（1994〜2003年）	・地域の課題として、高齢化社会に対するサービスについて、中小企業等の取組が期待されている段階であった（1994年度、D⇒C⇒A：逆選択） ・地域商店街活性化については、「タウンマネージメント機関（TMO）」の取組が期待されていた（1998年度、D⇒C⇒A：逆選択）	・海外展開の目的としては、国際競争力の低下した分野の補てんが挙げられ、現地法人の設立・管理面などの問題が指摘されていた（1994年度、D⇒C⇒A：逆選択） ・大企業よりも、小規模・中小企業の方が、外部からの働き掛けもなく、自社の生き残りをかけ、リスクをとって海外展開に挑戦していることが確認できた（1995年度、D⇒C⇒A：逆選択） ・2割程度の中小企業が、海外展開の撤退を実施していたことが確認できた（1998年度、D⇒C⇒A：逆選択）
第二フェーズ（2004〜2013年）	・経済のサービス化とニューサービスが確認できた（2004年度、D⇒C⇒A：逆選択） ・個人向けサービスや、女性起業家について、NPO（非営利活動団体）など従来にない組織体での取組が広がりをみせている（2012年度、D⇒C⇒A：モラルハザード） ・地域商店街活性化については、TMOの課題が顕在化され、成果のばらつきが見られた（2005年度、D⇒C⇒A：逆選択）また、コンパクトシティーの議論がなされた（2006年度、D⇒C⇒A：逆選択）	・中小企業の海外展開は、製造業に留まらず、非製造業のウエイトの高まりが見られた（2008年度、P：逆選択、D⇒C⇒A：逆選択） ・海外子会社を保有する中小企業の業種として、サービス業や情報通信業の増加が著しく増加している（2014年度、P：逆選択、D⇒C⇒A：逆選択）

※（　）の年度は、中小企業白書の掲載年度を表す。
出所：中小企業庁「中小企業白書」（各年版）より作成

4　不確実性の増大（中小企業の問題性の観点から）

　本節では、不確実性の増大として、中小企業の問題性の観点から検証したい。中小企業問題では、前節で述べたように、従前の大企業との経営資源面での格差問題は、さほど大きな課題となっていないことがうかがわれる。その一方で、現在では人口減少・高齢化社会の到来により、経営者の高齢化が喫緊の大きな課題となっている。そこで、本節では、事業承継について確認していくこととする。

　まず、「日本の中小企業研究」から主だった内容を確認していく。戸田（2003）は、1990年代における数多くの中小企業研究の成果を、中小企業経営の動態的側面であるライフサイクルの視点から整理した。具体的には、創業段階、成長段階、成熟段階、衰退段階の4段階に分けている。事業承継については、成熟段階で後継者へのバトンタッチ問題を「経営者交代」として紹介しているのみである。

　一方、安田（2013）では、中小企業のライフサイクルを語る重要な柱となる中小企業の世代交代、事業承継というテーマが本格的に中小企業研究の俎上に載せられたのは2000年代に入ってからと説明している。大きな背景には、自営業者の高齢化がこの10年間急速に進展し、事業承継、廃業といった決断が不可避になってきたということがある。これに加え、2000年代に入り中小企業政策が初めて事業承継問題を正面から取り上げたことも無視できないと主張している。

　政策転換の先駆けは、2001年8月に取りまとめられた中小企業庁「事業体の継続・発展のために－中間報告－」である。本書は、事業承継を第二創業の大きな契機と捉え、積極的に政策的対応をしていくべきであるとしている。

　こうした位置づけを得ることによって、事業承継は単なる財産相続の問題ではなく、企業の経営資源を次世代にいかにして伝えるかという問題に転化したと主張している。

　次に、中小企業の事業承継について、中小企業白書の記載により、前節同様、2フェーズでの変化を確認したい。

　第一フェーズにあたる1994年版白書では、1993年12月当時の経営者の高年齢化としては、70歳以上の経営者が20年前に2％だったのが、10年前

に5％、現在7％となっていることが挙げられ、世代交代の問題提起がなされていた。特に小規模企業では、10年前に4％であったものが、現在は9％になるなど、高齢化がさらに進んでいた。また、一般に経営者は経験の蓄積により、状況判断力、調整力、信用力等を高めていく一方、高齢化により環境変化に対応する積極性が低下していく傾向も挙げられており、急激な環境変化の現状への対応力が懸念された。そのため、世代交代に直面している中小企業は多いが、計画的に5年以内に世代交代を行う予定がある企業が約4割程度で、後継者が決定していない企業が約5割弱となっており、後継者の選定に苦慮している姿が伺える。廃業を検討する企業の中には、後継者不足を理由としている企業もあり、世代交代が中小企業の事業の継続性に影響を与えていることを示唆していた。

　第二フェーズにあたる2004年版白書では、70歳以上の自営業主は、1979年に6.3％であったのに対して、2002年には17.5％となっており、高年齢化の更なる進展が伺える。ここでは、経営者を補佐する人材（いわゆる右腕的存在）が存在していないことが多い中小企業では、経営者の意思決定プロセスとして、「意見調整を行わず、代表者の意見を重視すること」も多いため、経営者の能力の衰えが、そのまま企業の存続まで影響を与えている可能性を示唆している。そうして、経営者の年齢別に、企業の従業員成長率を示したうえで、経営者の年齢が高い企業ほど成長率が低くなり、60歳を超えるとマイナスに転じていると示した。こうして経営者が適切でなくなるだけで、企業の有用な経営資源が無駄（倒産や廃業）になってしまうのは、日本経済の損失であるため、経営者の高齢化を迎える企業に適切な対応が必要とされた。さらに、経営者の交代の動向を確認すると、2003年の調査では経営者の交代率が過去20年間で最低であった。これらの原因としては、(a) 20年前の経営者交代理由で4割を占めた「先代経営者の他界」が15％ほどに減ってきていること、(b) 20年前には、経営者の承継相手は「先代社長の子息・子女」が80％、「親族以外」が6％程だったが、現在は「子息・子女」が4割程度、「親族以外」が4割弱を占めるようになってきたこと、が挙げられる。つまり、経営者の子供の承継意識が変化しているため、子息・子女が会社を継がなくなり、後継者確保に時間がかかるようになり、経営者の交代が遅れる要因になっていると推測された。

次に、2005年版白書では、中小企業の事業承継で増加している親族以外に対する承継では、(a) 代表者や親族名義の不動産を企業で使用していることが多く、継続して担保の提供が受けられない可能性があること、(b) 経営権の確保のために過半数の株式取得が望まれるが、子供や親族と比べて資金的な負担が大きい、などの問題が大きいとされた。このような問題のため、事業の継続には、M&Aによる事業の売却の検討も一案だと示された。

2006年版白書では、現時点で経営者が55歳以上となっている中小企業全体の内、財務的には経営継続可能であるにも関わらず、「適当な後継者がいないために廃業したい」もしくは「現時点で後継者がおらず最終的に後継者が決まらなければ廃業する」といった廃業の可能性がある割合が0.6〜4.4％程存在することが示唆された。また、多くの中小企業の経営者は主要株主を兼ねており、経営と所有の分離が十分に行われていないこと、金融機関の借入に対する個人保証が多いことも、事業を第三者に継承する場合に障害となる可能性を示した。

また、2013年版白書では、依然、経営者の事業承継問題が提示されていた。経営者の高齢化が企業の業績悪化につながるおそれの指摘がなされたが、事業承継による経営者の世代交代は業績推移として、「良くなった」と回答する割合が、「悪くなった」と回答する割合を上回った。また、事業承継時の現経営者の年齢が若いほど、承継後の業績が向上する傾向も見られた。さらに、経営者の交代によって、事業の再生や情報技術の活用による経営革新、地域や社会への貢献を果たしている企業の事例も示された。また、事業承継に関する主な施策として、(a) 後継者難への対応、(b) 相続税・贈与税負担への対応、(c) 個人保証への対応、(d) 親族以外の後継者への自社株式の引継ぎに向けた対応、が実施されており、従来の親族内の承継から、親族外への承継に向けた方向性が明確に示されている。

また、2014年版白書では、地域が抱える課題として「人口減少」「少子高齢化」「商店街・繁華街の衰退」が提起されている。その内、「商店街・繁華街の衰退」では、「経営者の高齢化による後継問題」を感じている事業者が多く存在している。ここでも、少子化や職業選択の多様化により、事業を引き継ぐ意欲を持った後継者を、親族内で確保することが難しくなってきているとされている。近年では、親族・内部昇格だけでなく、従業員規模10人

第2章　中小企業のディスクロージャーの重要性

未満の企業についても、外部招へいによる事業承継の増加が見られる。2013年度税制改正により、事業承継税制が拡充され、(a) 親族外への承継も納税猶予の対象、(b) 手続きの簡素化など、制度の大幅な改善が図られ、施策としての後押しがなされている。

　第一フェーズと第二フェーズを比較した場合、第一フェーズでは、経営者の高年齢化が見られ始め、その弊害が懸念された段階であったが、第二フェーズでは経営者の高齢化の進展が予想以上に進んでおり、また、第一フェーズの段階と比較し、承継者が親族以外の比率が増えていることもあり、事業承継自体の問題の拡がりがある。事業承継に関する施策が整備されてきているものの、なかなかスムーズに進んでいない状況が伺える。そのため以前よりも、(a) そもそも事業承継自体がスムーズに進んでいないこと、(b) 継承者が誰になるのか決まっていないという会社そのものの不確実性の拡がり、といった複数の不確実性が高まっていると言えるだろう。

　上記と不確実性の増大および融資プロセスについて取りまとめたものが、図表2-1-4-1 である。中小企業の問題性の観点で、事業承継を検証した場合、不確実性の増大と融資プロセスでは、いずれの事象もD⇒C⇒Aのプロセス段階で、モラル・ハザードの発生の可能性があり、不確実性としては増大していることが確認できた。

図表 2-1-4-1 中小企業の問題性の概要

	④事業承継
第一フェーズ （1994～2003年）	・70歳以上の経営者の割合が増加しており、世代交代の問題提起がされた。また、後継者の選定に苦慮する姿も伺えた（1994年度、D⇒C⇒A：モラルハザード）
第二フェーズ （2004～2013年）	・経営者の高年齢化の更なる進展が確認できた。経営者の交代率も過去20年間で最低の水準であった。また親族外承継の割合が増加した（2004年度、D⇒C⇒A：モラルハザード） ・親族外承継の問題では、不動産担保・株式取得負担が挙げられ、整備が求められた（2005年度、D⇒C⇒A：モラルハザード） ・事業承継に関する施策も実施されているが、なかなかスムーズに進んでいない状況が伺えた（2013年度、D⇒C⇒A：モラルハザード）

※（　）の年度は、中小企業白書の掲載年度を表す。
出所：中小企業庁「中小企業白書」（各年版）より作成

第2節　金融機関の視点からの考察

1　金融機関の現状

　中小企業の資金調達の状況を確認するにあたり、まず金融機関[21]数や国内店舗数、職員数の推移から確認する。金融機関数では、預金保険対象金融機関数の推移を確認すると、1990年代の後半から、信用金庫（以下、信金と略す）および信用組合（以下、信組と略す）の大幅な減少が見られる（図表2-2-1-1）。一方、都市銀行、地方銀行など国内銀行では、ほとんど増減が確認できなかった（第二地方銀行については、1971年度末に71機関あったが、2012年度末には41機関）。

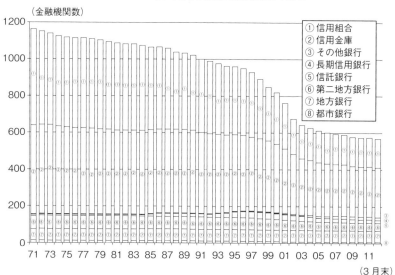

図表2-2-1-1 預金保険対象金融機関数の推移

出所：預金保険機構HP「預金保険対象金融機関数の推移」より作成
(注1) 都市銀行は、みずほ銀行、三菱東京UFJ銀行、三井住友銀行、りそな銀行、埼玉りそな銀行とする。信託銀行やその他銀行等については、預金保険機構HPの対象

金融機関一覧表を参考にされたい（2014 年 7 月現在）。
(注 2) 第二地方銀行は第二地方銀行協会加盟の銀行で、1991 年度までは相互銀行を含む。1987 年度までは相互銀行の計数とする。

　金融機関数では増減がそれほど見られなかった国内銀行について、国内銀行の国内店舗数および職員数に着目して、更に確認をすすめる（図表 2-2-1-2）。国内銀行の国内店舗数の 01.3 月末〜 13.3 月末の増減率では、都市銀行が約 13％の減少、第一地方銀行が約 5％の減少、第二地方銀行が約 24％の減少、信託銀行が約 37％の減少、国内銀行全体では約 12％の減少となっており、全ての業態で減少傾向にあった。その中でも、第二地方銀行の減少が大きいことが確認できた（4,000 支店から 3,061 支店）。

　また、国内銀行の職員数は、07.3 月末を底に増加が見られるものの、01.3 月末〜 13.3 月末の増減率では、都市銀行が約 19％の減少、第一地方銀行が約 11％の減少、第二地方銀行が約 27％の減少、信託銀行が約 13％の減少、国内銀行全体では約 17％の減少となっており、全ての業態で減少傾向にあった。また、職員数の減少は、店舗数の減少よりも、より大きかった。

　このように、金融機関数、国内店舗数、職員数の減少傾向から、中小企業が金融機関と接する機会が減少しているのではないかと考えられる。そのため、金融機関と企業の接し方にも変化が見られるのではないかと推測される。

第2節　金融機関の視点からの考察

図表2-2-1-2 国内銀行支店数および職員数の推移

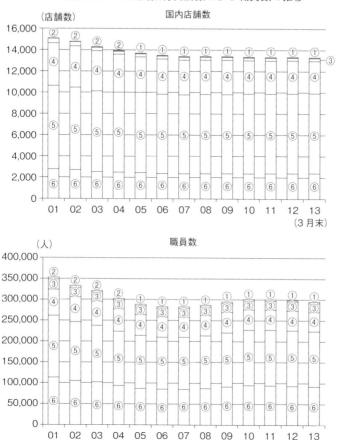

①その他　②長期信用銀行　③信託銀行　④第二地方銀行　⑤地方銀行　⑥都市銀行

出所：(一社) 全国銀行協会HP「全国銀行財務諸表分析」より作成
(注1) 国内店舗数は、本支店と出張所の合算とする。出張所は店舗外現金自動設備を含めない。
(注2) 職員数は事務系職員、庶務系職員、出向職員および在外勤務者の在籍総数。ただし、長欠・休職者を含め、嘱託・臨時雇員を除く。
(注3) 01.3月末は、全国銀行、第二地方銀行および長期信用銀行の係数には、東京相和銀行、

新潟中央銀行、関西さわやか銀行、新生銀行、あおぞら銀行を含まない。02.3月末は、全国銀行、第二地方銀行および長期信用銀行の係数には、東京スター銀行、石川銀行、中部銀行、新生銀行、あおぞら銀行を含まない。05.3月末以降、その他は新生銀行、あおぞら銀行の合算とする。

(注4) 13.3月末の都市銀行は、みずほ銀行、三菱東京UFJ銀行、三井住友銀行、りそな銀行、みずほコーポレート銀行、埼玉りそな銀行とする。ちなみに、2013年7月1日にみずほ銀行とみずほコーポレート銀行は合併し、みずほ銀行としている。

次に、金融機関の貸出動向を確認する。分析にあたっては、各金融機関の貸出残高等を貸出主体別・産業別に比較して推移等を確認する。

金融機関による中小企業向けの貸出残高は、長期的に見れば右肩下がりで推移してきたが、2005年から緩やかな増加が見られた後、ほぼ横ばいの推移が見られる（図表2-2-1-3）。業態別に見ると、政府系金融機関では2008年後半より減少傾向から増加に転じて一定の水準で横ばいが見られる。また、国内銀行および信用金庫・信用組合においても、2005年6月以降増加に転じ、その後横ばいとなっている（図表2-2-1-4）。

図表2-2-1-3 金融機関別中小企業向け貸出金残高の推移

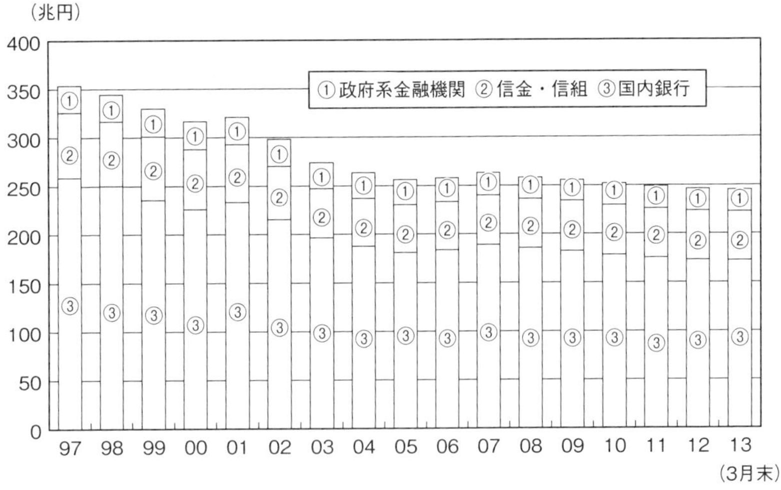

出所：中小企業白書各年版「付属統計資料：金融機関別中小企業向け貸出残高」より作成

第2節　金融機関の視点からの考察

図表2-2-1-4 金融機関別中小企業向け貸出金残高の推移
（1997年3月を100とした場合）

出所：みどり合同経営作成
（注1）国内銀行は、日本銀行　貸出先別貸出金〈業種別・設備資金新規貸出〉「国内銀行」より、個人向け、地方公共団体向けを除く数値とする。
（注2）信金・信組は、下記数値の合算とする。
信金：日本銀行　貸出先別貸出金〈業種別・設備資金新規貸出〉「信用金庫」より、個人向け、地方公共団体向けを除く数値とする。
信組：（一社）全国信用組合中央協会HP　信用組合の係数「全国信用組合主要勘定」の「貸出金」とする。
（注3）政府系金融機関については、中小企業白書各年版「付属統計資料：金融機関別中小企業向け貸出残高」の数値とする。

　2010年版および2011年版中小企業白書によると、2008年度第1次補正（緊急総合対策）で緊急保証制度[22]　6兆円、セーフティネット貸付[23]等3兆円の合計9兆円だった中小企業の資金繰り対策事業が、2009年度第2次補正（緊急経済対策）では緊急保証制度36兆円、セーフティネット貸付等21兆円の合計57兆円の規模まで広がりを見せている。景気対応緊急保証制度の単月の推移を確認すると、制度開始後の2008年12月には高水準（3兆円超える）

であったものの、その後の利用は1兆円程度の水準に留まる。また、セーフティネット貸付の月次推移も2009年12月には約9,000億円であったが、その後4,000～7,000億円の水準であった。2009年12月に「中小企業者等に対する金融の円滑化を図るための臨時措置に関する法律（以下、中小企業金融円滑化法と略す）」が施行され、その後は資金需要としては、新規借入よりも既往債務の月々の返済負担軽減にシフトしており、借入残高を維持するような動きと見られる。

　次に、中小企業の主な貸出先である国内銀行での業種別の貸出残高および貸出シェアの推移を確認する（図表2-2-1-5）。最近10年の推移を確認すると、製造業、建設業、流通業、サービス業の貸出シェアが落ち込むものの、不動産業では増加が見られる。また、貸出用途別は、運転資金が3分の2、設備資金が3分の1を占める。特に設備資金では、不動産業のシェアが広がりを見せている。

第2節　金融機関の視点からの考察

図表2-2-1-5 国内銀行（中小企業向け）業種別貸出金残高の推移

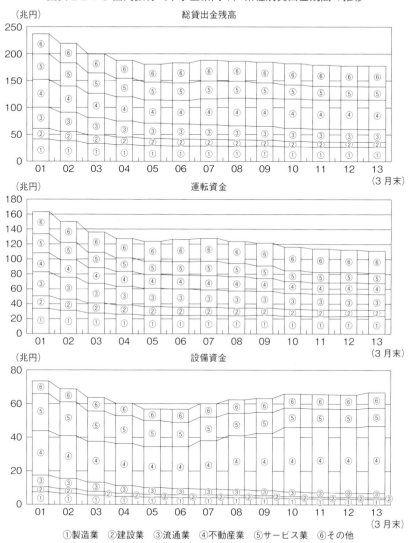

①製造業　②建設業　③流通業　④不動産業　⑤サービス業　⑥その他

出所：日本銀行「貸出先別貸出金」より作成

（注1）国内銀行は、日本銀行　貸出先別貸出金＜業種別・設備資金新規貸出＞「国内銀行」より、個人向け、地方公共団体向けを除く数値とする。

第2章　中小企業のディスクロージャーの重要性

(注2)「運転資金」は、設備資金以外の資産を全て含む。そのため、総貸出残高から設備資金を差し引いたものが運転資金となる。
(注3) サービス業には、飲食店、宿泊業、医療・福祉、教育・学習支援業、その他サービスを含む。

　さらに、貸出（債権）を分類別で確認する。金融機関が保有する債権は、①銀行の自己査定に基づく債権区分、②金融再生法開示基準[24]による債権区分、③リスク管理債権[25]における区分の3通りで区分される（図表2-2-1-6）。一般的に不良債権と呼ばれる数値だが、2002年3月期をピークに減少傾向にある。全体で見ても、延滞債権、貸出条件緩和債権の減少が確認できる。これらは、後述する金融庁の施策が大きく影響している。

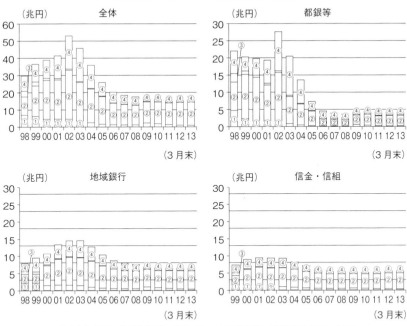

図表2-2-1-6 リスク管理債権額の推移

①破綻先債権　②延滞債権　③3ヶ月以上延滞債権　④貸出条件緩和債権

出所：金融庁HP「平成25年3月期における金融再生法開示債権の状況等（ポイント）（平

第2節　金融機関の視点からの考察

成25年8月9日)」表6リスク管理債権額等の推移より作成
(注1) 計数は、億円を四捨五入し、10億円単位にまとめた。
(注2) 都銀等は、都市銀行、旧長期信用銀行、信託銀行の合算とする。04年4月に普通銀行へ転換した新生銀行および06年4月に普通銀行へ転換したあおぞら銀行を含む。
(注3) 地域銀行は、第一地方銀行、第二地方銀行の合算とする。03年3月期以降埼玉りそな銀行を含む。
(注4) 全体の数値は、都銀等+地域銀行+信金・信組の数値の合算とする。

　また、金融機関からの資金調達には、担保・保証の有無も重要なポイントとなる。国内銀行の貸出金の担保内訳を確認すると、信用／無担保の割合が高水準で推移しており、中小企業にとっては資金調達において、より信用／無担保での借入をする必要が出てきていることを示している（図表2-2-1-7）。これらは同時に、金融機関にとっては、不確実性が高まってきていると考えられる。

図表2-2-1-7 国内銀行の貸出金の担保内訳

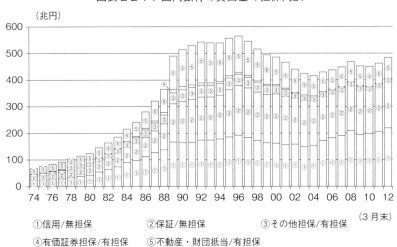

①信用／無担保　　②保証／無担保　　③その他担保／有担保
④有価証券担保／有担保　　⑤不動産・財団抵当／有担保

出所：日本銀行「預金・貸出関連統計：貸出金の担保内訳」より作成
(注1) 中小企業だけではなく、大企業・中堅企業も含めた数値である。
(注2) その他担保／有担保とは、預金担保等とする。

2　金融庁における地域密着型金融の推進

　中小企業の不確実性に対応するためには、金融機関の審査能力の向上が不可欠である。金融機関の審査能力向上への取組みは、金融庁の施策、すなわち金融庁が金融機関に対して求めるものの推移と密接に関連する。そこで本節では、金融庁の施策に着目し、主たるものをとりあげたい。

　2000年代に入り、不良債権問題が顕在化し、急速な正常化が求められるようになった。そのような要請を受けて、まず主要13行[26]を対象に、2002年10月「金融再生プログラム」が公表され、2007年3月までに不良債権比率を2002年10月の半分とすることを目標とした。一方で、本プログラムを中小・地域金融機関にそのまま適合することは適切でないとされた。[27]

　2003年3月金融審議会から報告された「リレーションシップバンキングの機能強化に向けて」では、中小・地域金融機関（地方銀行、第二地方銀行、信用金庫、信用組合）は、(a) 営業地域が限定されており、特定の地域、業種に密着した営業展開を行っている、(b) 中小企業または個人を主要な融資対象としていることから、貸出の中心は、長期継続的なフェイス・トゥー・フェイスの関係に根ざして融資判断が行われるリレーションシップ貸出（以下、リレーションシップ・レンディング）となっており、これを軸としたビジネスモデル（リレーションシップ・バンキング。以下、リレバン）になっていると想定している。

　これら中小・地域金融機関の特性を考慮して、2003年3月金融庁から「リレーションシップバンキングの機能強化に関するアクションプログラム―中小・地域金融機関の不良債権問題の解決に向けた中小企業金融の再生と持続可能性（サスティナビリティー）の確保―」が公表された。基本的な考え方は、(a) 情報の非対称性の解消、(b) 中小企業金融再生、(c) 健全性確保・収益性向上等であった。推進体制としては、2003年8月末までに各金融機関に「リレーションシップバンキングの機能強化計画」の提出を求め、半期ごとに実施状況を金融庁に報告し、当局がとりまとめ公表することとされた。2005年3月までの2年間を「集中改善期間」と設定し、中小・地域金融機関がリレーションシップ・バンキングの機能を強化し、中小企業の再生と地域経済の活性化を図るための各種取組を進めることによって、不良債権問題

第2節　金融機関の視点からの考察

も同時に解決することが求められた。
　具体的な取組は下記のとおりである。

Ⅰ　中小企業金融再生に向けた取組
　(a) 創業・新事業支援機能等の強化
　(b) 取引先企業の経営相談・支援機能の強化
　(c) 早期事業再生に向けた積極的取組
　(d) 新しい中小企業金融への取組の強化
　(e) 顧客への説明態勢の整備、相談・苦情処理機能の強化
　(f) 進捗状況の公表
Ⅱ　各金融機関の健全性の確保・収益性の向上等に向けた取組
　(a) 資産査定、信用リスク、管理の厳格化
　(b) 収益管理態勢の整備と収益力の向上
　(c) ガバナンスの強化
　(d) 地域貢献に関する情報開示等
　(e) 法令等遵守（コンプライアンス）
　(f) 地域の金融システムの安定性確保

　2004年12月金融庁から「金融改革プログラム」が公表され、地域金融機関は「活力ある地域社会の実現を目指し、競争的環境の下で地域の再生・活性化・地域における起業支援など中小企業金融の円滑化及び中小・地域金融機関の経営力強化を促す観点から、関係省庁との連携及び財務局の機能の活用を図りつつ、地域密着型金融の一層の推進を図ること」とされた。前述のアクションプログラムに対する実績等の評価を行った上で、これを承継する新たなアクションプログラムを作成することとされた。2005年3月の金融審議会第二部会リレバンのあり方に関するWGによると、「集中改善期間」の金融機関の取組は一定の評価が得られたものの、(a) 地域密着型金融の本質が必ずしも理解されていない、(b) 金融機関の計画が総花的で取組姿勢や実績にばらつきがある、(c) 事業再生への取組、目利き能力等が依然として不十分である、(d) 利用者に対する情報開示が不十分である、といった評価であった。
　その承継プログラムとして、2005年3月金融庁より「地域密着型金融の

機能強化の推進に関するアクションプログラム（平成17〜18年度）」が公表された。アクションプログラムでの基本的な考え方は、(a) 地域密着型金融の継続的な推進、(b) 地域密着型金融の本質を踏まえた推進、(c) 地域の特性や利用者ニーズ等を踏まえた「選択と集中」による推進、(d) 情報開示等の推進とこれによる規律付け、であった。具体的な取組は下記のとおりである。

Ⅰ　事業再生・中小企業金融の円滑化
Ⅱ　経営力の強化
Ⅲ　地域の利用者の利便性の向上
Ⅳ　進捗状況の公表

　推進体制としては、本アクションプログラムに基づき、2006年度までの「重点強化期間」内で、地域密着型金融の機能強化を確実に図るために、各金融機関に対し、2005年8月末までに「地域密着型金融推進計画（計画期間17〜18年度）」の提出を求めた。ここでは、各金融機関が自らの経営判断の下で、可能な限り、数値的な目標を含む、具体的かつ分かりやすい目標を盛り込むこととされ、金融庁も本計画のフォローアップは、可能な限り金融機関の自主性を尊重するとともに、地域経済の特性に配慮し、画一的な基準による評価とならないよう留意することとされた。

　2007年4月金融審議会から「地域密着型金融の仕組みについての評価と今後の対応について―地域の情報集積を活用した持続可能なビジネスモデルの確立を―」が公表された。「緊急時対応」として始まったアクションプログラムという時限的な枠組みではなく、通常の監督行政の恒久的な枠組みの中で推進すべき段階に移行することが適当とされた。

　これを受けて、2007年8月金融庁から「中小・地域金融機関向けの総合的な監督指針」が改定された。ここでの基本的な考え方としては、中小・地域金融を巡る諸環境の下、地域を基盤とする中小・地域金融機関が生き残っていくためには、その本質を十分理解した上で、地域密着型のビジネスモデルを確立、深化していくことが必要であるとされた。各金融機関がこのような取組がコストのかかるものであることを認識した上で、それに見合う収益につながるよう、顧客や地域のニーズを的確に把握し、「選択と集中」を徹底・

第2節　金融機関の視点からの考察

深耕することが求められた。また具体的な取組は下記のとおりである。

> Ⅰ　ライフサイクルに応じた取引先企業の支援の一層の強化
> Ⅱ　事業価値を見極める融資手法をはじめ中小企業に適した資金供給手法の徹底
> Ⅲ　地域の情報集積を活用した持続可能な地域経済への貢献

　これら3つの分野については、指針に提示された基本的な考え方を踏まえた上で、具体的な対応手法は各金融機関の自主判断に委ねられた。さらにその取組が、地域の利用者のニーズや自らの経営規模等に応じ、経営資源の「選択と集中」が徹底され、かつ、収益に結び付いた持続可能なものとなっているか、という点も提示された。

　また、2010年6月に閣議決定された「新成長戦略―「元気な日本」復活のシナリオ―」で「金融戦略」が7つの戦略分野の一つとして位置づけられたことを受け、2010年12月金融庁より「金融資本市場及び金融産業の活性化等のためのアクションプラン　〜新成長戦略の実現に向けて〜」が公表された。金融庁では、(a) 企業等の規模・成長段階に応じた適切な資金供給、(b) アジアと日本とをつなぐ金融、(c) 国民が資産を安心して有効に活用できる環境整備、の3つの柱が示された。(a) では、中小企業等に対しては、地域密着型金融の促進として、中長期的な視点に立って、コンサルティング機能の発揮による顧客企業の経営改善・事業拡大支援や地域の面的再生への積極的な参画等の取組を組織全体として継続的に推進し、自らの顧客基盤の維持・拡大、収益力・財務の健全性の向上につなげていくことが重要とされた。そこで、地域金融機関の自主的な取組を一層促進するために、監督指針の改正について検討を行い、2010年度中目途に実施することとされた。

　2011年5月金融庁から、「中小・地域金融機関向けの総合的な監督指針」が改定された。2007年8月の改正で、地域密着型金融の推進は、通常の監督行政の恒久的な枠組みと位置付けられるとともに、金融機関の自由な競争、自己責任に基づく経営判断の尊重、地域の利用者の目（パブリックプレッシャー）を通じたガバナンスを通じて、深化・定着が期待された。しかし、まだまだ不十分な点も見受けられたこと、より一層の促進を図るため、地域密着型金融の目指すべき方向として、以下の3つが提示された。

第2章　中小企業のディスクロージャーの重要性

> Ⅰ　地域経済の活性化や健全な発展のためには、地域の中小企業等が事業拡大や経営改善等を通じて経済活動を活性化していくとともに、地域金融機関を含めた地域の関係者が連携・協力しながら中小企業等の経営努力を積極的に支援していくことが重要である。
> Ⅱ　このため、地域金融機関は、経営戦略や経営計画等の中で、地域密着型金融の推進をビジネスモデルの一つとして明確に位置づけ、自らの規模や特性、利用者の期待やニーズ等を踏まえて自主性・創造性を発揮しつつ、「顧客企業に対するコンサルティング機能の発揮」、「地域の面的再生への積極的な参画」、「地域や利用者に対する積極的な情報発信」の取組を中長期的な視点に立って組織全体として継続的に推進することにより、顧客基盤の維持・拡大、収益力や財務の健全性の向上につなげていくことが重要である。
> Ⅲ　また、地域金融機関が、地域密着型金融を組織全体として継続的に推進していくためには、経営陣が主導性を十分に発揮して、本部による営業店支援、外部専門家や外部機関等との連携、職員のモチベーションの向上に資する評価、専門的な人材の育成やノウハウの蓄積といった推進態勢の整備・充実を図ることが重要である。

Ⅱの「顧客企業に対するコンサルティング機能の発揮」に際して、最適なソリューションの提案としてライフサイクルごとに細かい例が提示された。[28]

さらに、前項で記述した中小企業の会計に関する基本要領が公表されたことを受け、2012年5月「中小・地域金融機関向けの総合監督指針」に、『中小企業である顧客企業が自ら経営の目標や課題を正確かつ十分に認識できるよう助言するにあたっては、当該顧客企業に対し、「中小企業の会計に関する指針」や「中小企業の会計に関する基本要領」の活用を促していくことも有効である』ことが追加された。

「中小・地域金融機関向け監督方針」は、監督指針のもと、毎年の監督の重点事項を公表しており、平成25事務年度のポイントとしては、(a) 地域金融機関に求められる役割として、適切なリスク管理の下、目利き能力やコンサルティング機能を高め、成長分野などの新規投資を含む積極的な資金提

第2節　金融機関の視点からの考察

供を行うとともに、中小企業の経営改善・体質強化の支援を本格化することが期待されていること、(b) 急激な社会・経済等の変化に対応するため、経営陣が責任ある人俗な経営判断を行うとともに、5〜10年後を見据えた中長期の経営戦略を検討することが重要とされたこと、(c) 金融機関、金融システムが抱えるリスクを速やかにかつ的確な行政対応を可能とするため、検査部局と連携し、オンサイト・オフサイト[29]一体となったモニタリングを充実・強化すること、であった。特に、(c) については、「平成25事務年度金融モニタリング基本方針」の中でも、詳しくとりまとめされた。

2013年8月金融庁より「地域金融機関の地域密着型金融の取組み等に対する利用者等の評価に関するアンケート調査結果等の概要」が公表された。これは、年1回調査[30]を実施し、その結果を公表した上で、爾後の監督対応に活用することとされている。ここでの評価およびコメントを確認すると、取組によって評価のばらつきが見られ、日常的な関係強化の評価は高かったが、目利き能力やソリューションの提案力の評価が低かった。具体例は注[31]とする。

また、2008年9月のリーマンショックを契機に世界的な金融危機へと拡大し、我が国においても厳しい経済金融情勢となった。そのため、2009年12月に中小企業金融円滑化法が2011年3月末までの時限措置として施行された。ここでは、(a) 金融機関に貸付条件の変更等の措置を円滑に行えるよう、必要な整備を義務付け（詳細は、省令、検査マニュアル、監督指針においても規定）、(b) 金融機関に貸付条件の変更等の実施状況及び本法律に基づき整備した体制等の開示を義務付け、(c) 条件変更を行っても不良債権に該当しない要件、とされた。

2011年に1度延長され、2012年3月に中小企業金融円滑化法の期限が2013年3月31日まで1年間に限りの再延長を受け、2012年度を初年度として中小企業の事業再生支援に軸足を移し、貸付条件の変更等にとどまらず、真の意味での経営改善が図れるように、内閣府・中小企業庁・金融庁が連携して、2012年4月「中小企業の経営支援のための政策パッケージ」が策定された。ここでは、(a) 金融機関によるコンサルティング機能の一層の発揮、(b) 企業再生支援機構及び中小企業再生支援協議会の機能及び連携の強化、(c) その他経営改善・事業再生支援の環境整備、が挙げられた。

(a) 金融機関によるコンサルティング機能の一層の発揮では、金融庁は、(ⅰ) 各金融機関に対し、中小企業に対する具体的な支援の方針や取組み状況等について集中的なヒアリング（「出口戦略ヒアリング」）を実施すること、(ⅱ) 抜本的な事業再生、業種転換、事業承継等の支援が必要な場合には、判断を先送りせず外部機関等の第三者的な視点や専門的な知見を積極的に活用する旨を監督指針に明記すること、が求められた。(ⅱ) については、2013年3月31日の中小企業金融円滑化法の期限到来に伴い、「中小企業者等に対する金融の円滑化を図るための臨時措置に関する法律に基づく金融監督に関する指針」および「中小企業者等に対する金融の円滑化法を図るための臨時措置に関する法律に基づく金融監督に関する指針（コンサルティング機能の発揮にあたり金融機関が果たすべき具体的な役割）」は同法附則第2条の経過措置に関して適用すべき部分を除き失効となった。そこで、「中小・地域金融機関向けの総合監督指針」に金融仲介機能の発揮や事業再生や業種転換が必要な顧客企業に向けた文面等の記載が追記された。

　(b) 企業再生支援機構及び中小企業再生支援協議会の機能及び連携の強化では、金融機関等の主体的な関与やデューデリジェンスの省略等により、再生計画の策定支援をできる限り迅速かつ簡易に行う方法を確立することとされた。具体的な数値目標として標準処理期間を2カ月、協議会ごとに計画策定支援の目標件数を設定し、2012年度に全体で3,000件を目指すこととされた。

　2013年1月11日、閣議決定された緊急経済対策の中に「中小企業・小規模事業者等への支援」が盛り込まれた。この支援策を含めた総合的な対策を、関係省庁と連携して取りまとめたものが、「中小企業金融円滑化法の期限到来に当たって講ずる総合的な対策」としてまとめられた。主なポイントは、注[32] の通りである。

3　狭義のリレーションシップ・バンキング

　それでは、前節までで何度も出てきた、リレーションシップ・バンキングとは何かをより先行研究をもとに詳細に述べるとともに、具体的な地域金融機関の取組みをもとに、リレーションシップ・バンキングへの推進状況について記載する。このことにより、金融機関が中小企業の不確実性の拡大に対

して、どのように対応しているのか、ある程度分かるのではないかと思われる。

リレーションシップ・バンキングの代表的な定義としては、BOOT,A（2003）の「顧客に特有の情報を独占的に入手するための投資を行い、投資の収益性について長期間に渡る判断を行うこと。情報とは、公開されておらず、複数の取引を長期的に行うことにより入手可能となり、当該金融機関が独占的に入手できる情報である。」がある。由里（2003）は、リレーションシップ・バンキングは、「人間関係（リレーションシップ）重視の銀行業務運営」である。リレーションシップ・バンキングという概念には、三つの側面がある。「リレーションシップ・レンディング（貸出）」、「顧客リレーションシップ本位の業務推進（貸出以外）」、「地域社会リレーションシップ」である、としている。[33]

リレーションシップ・レンディングについて具体的な論文を発表しているのは、Berger and Udell（2002）である。彼らの定義によると、リレーションシップ・レンディングは情報の非対称性を軽減する最も効果的な技法であり、具体的には、金融機関は企業、経営者、地域コミュニティ等から情報を収集し、その情報をもとに企業の融資判断を行う方法であるとしている。

Berger and Udell によると、中小企業に対する審査方法は、ファイナンシャルステートメント・レンディング、アセット・ベイスト・レンディング、スモールビジネス・クレジットスコアリング、リレーションシップ・レンディングに四分類される。そして、最初の三手法をトランザクション・レンディングと総括し、最後のリレーションシップ・レンディングとの対比により、特徴を明確にしている。

各手法のサマリーは次の通りである。

ファイナンシャルステートメント・レンディングは最も伝統的であるとともに最も直感的な手法である。この手法では、liquidity ratios（流動性比率）、[34] leverage and solvency ratios（レバレッジ比率）、activity ratios（活動比率）、profitability ratios（収益性比率）を使い、各々比率を時系列もしくは同業他社・業種平均との比較により、融資判断を行う。

アセット・ベイスト・レンディングは、ローマ時代に遡る融資方法である。米国では、主として売掛債権や在庫を担保として融資される。この貸出とその他貸出との最も異なる点は、貸出の条件が、担保の特殊性に全て依存する

ことにある。つまり、貸出の一義的な回収方法は担保に依拠しているからである。

スモールビジネス・クレジットスコアリングは、企業の信用情報や財務データから統計的手法を用いて将来の返済可能性を推定する。ファイナンシャルステートメント・レンディングやアセット・ベイスト・レンディングとの大きな違いは、企業だけではなく、企業経営者の情報も重視することにある。リニアプロバビリティモデルやロジットモデルを活用した信用リスク（デフォルトリスク）の算定に重点を置いている。小規模銀行では、十分なデータの蓄積がないため、スモールビジネス・クレジットスコアリングを導入している銀行は少ない。また、ほとんどの銀行は$250,000までの貸出に適用している。

リレーションシップ・レンディングは、金融機関は企業、経営者、地域コミュニティ等から情報を収集し、企業の融資判断を行う。情報は融資や預金や様々な商品の提供を行うことにより得られる。また、その情報は、販売先や仕入先からの情報や、経営者の口頭での約束やコミットメントも含む。つまり、リレーションシップ・レンディングでの情報とは、長期間に渡る企業、経営者、地域コミュニティとの接触で得られた質の高い、独占的なかつ計数化できない情報なのである。その性格上長期的な取引のある顧客には有利である。

一方トランザクション・レンディングは、計数化された情報を主な判断の根拠としているため、金融機関との取引期間は、融資を受けるにあたりあまり関係がない。

リレーションシップ・レンディングは、わかりにくい情報が多い。このため、ファイナンシャルステートメント・レンディングでは融資が受けにくい財務内容の良好ではない企業や、アセット・ベイスト・レンディングを行うにふさわしい資産がない企業や、スモールビジネス・クレジットスコアリングには適応しない$250,000以上の融資を受けるのにふさわしい。

前節で述べたように、日本におけるリレーションシップ・バンキング、すなわち地域金融機関の地域密着型金融の取組み等に対する利用者等の評価に関するアンケート調査が実施され、調査結果の公表がなされている。それに

第2節　金融機関の視点からの考察

加えて、より具体的な事例も、2013年10月金融庁より「新規融資や経営改善・事業再生支援等における参考事例集」として公表されている。これは、中小企業に対する新規融資や経営改善支援等にかかる先進的な取組みや広く実践されることが望ましい取組みとして、全国の中小・地域金融機関（地方銀行、第二地方銀行、信用金庫、信用組合）から55事例がまとめられている（図表2-2-3-1）。

図表 2-2-3-1 事例集の構成

```
1．新規融資（14事例）
　・創業・新事業者向けの新規融資の取組み
　・経営改善支援による取組み
　・不動産担保などに過度に依存しない融資の取組み
2．本業の収益改善（10事例）
　・販路の拡大に向けた取組み
　・業容拡大に向けた取組み
3．経営改善・事業再生支援等（20事例）
　・事業再生への積極的な取組み
　・外部機関と連携した取組み
　・ファンドの活用、海外進出支援、事業整理支援に関する取組み
4．創業支援（11事例）
　・企業・創業を目指す顧客の開拓に向けた取組み
　・産学官金により連携した取組み
```

出所：金融庁HP「新規融資や経営改善・事業再生支援等における参考事例集」より作成

　Berger and Udellによる4つの中小企業に対する審査方法の分類により、不確実性が増大していると推測される中小企業に対して、リレーションシップ・レンディングでどの程度対応しているのか。日本におけるリレーションシップ・レンディングでは、4つの審査方法に厳密に分類すること難しく、ある程度重複して活用されている。しかし、どの審査方法が最も活用されているかを検討することで、少しでも金融機関の融資姿勢を見ていくことができるであろう。

　また、2-1-2「融資審査の概念」で融資のP⇒D⇒C⇒Aが挙げられ、ここでは不確実性の拡大の原因が、段階により異なっていた。中小企業が融資を受けるP段階では、ビジネスモデルの変化や、既存市場・既存商品からの脱却により、不確実性が拡大するリスクが挙げられ、融資実行後のD⇒C⇒A段階では、事業遂行能力の不確実性と経営者の信頼性による不

確実性が挙げられた。詳細については、①新分野・経営革新、②コミュニティ、③海外展開の切り口で確認する。

①新分野・経営革新

　新分野・経営革新の分野で関係が深いのは、事例集の構成では、1．新規融資の項目である。また、2．本業の収益改善、3．経営改善・事業再生支援等、4．創業支援、は、主として狭義のリレーションシップ・バンキングを取り上げた事例ではないものの、金融機関の中小企業に対する各々取組みの一環として、融資内容にも関係した内容が散見されるため、この項目でも取り上げる。

　まず、1．「新規融資」の項目である。新規融資の項目は、「創業・新事業者向けの新規融資の取組み事例」、「経営改善支援による取組み事例」「不動産担保に過度に依存しない融資の取組み事例」の3セクションに別れている。「創業・新事業者向けの新規融資の取組み事例」は4事例挙げられる。そのうち、3事例は、後段の②コミュニティ、もしくは③海外展開のセクションにて取り上げるため、詳細は省くが、いずれも既存事業の延長線上にある融資であり、金融機関にとって不確実性は低いと推測される。

　残った1事例は、電気工事業者が外部機関と連携して取り組んだ分譲型太陽光施設の建設・分譲に対する融資を行った、のと共栄信金の事例である。電気工事業者が、地元で有効活用されていない遊休土地を活用した太陽光発電所の分譲事業を新規事業で取り組もうとした際に、メイン行は事業の実現可能性に難色を示したものの、新規取引先である、のと共栄信用金庫が全国的にも事例がないことを理解しながら、信用保証協会や商工会議所、地方公共団体(県)、外部機関との連携を通して、新規融資を実行した。本事業の12区画は売却済みで、今後第二次分譲事業も計画がなされている。確かに本業とはあまり関係ない分野への進出であり、また、信用保証協会保証付きとしても、ある程度のリスクを負っていると思われ、不確実性の高い融資だと思われる。全く新しい事業に対する融資であり、長期的な取引のなかで、企業や経営者に対する信頼感を高めてきたことで融資をした側面もあるのではないか。すなわちリレーションシップ・レンディングを行ったのではないかと思われる。また融資のプロセスについては、新

第2節　金融機関の視点からの考察

規事業が実際に収益を確保できるのかという事業遂行能力に対する不確実性であるため、D⇒C⇒A（逆選択）といえる。

次に、「経営改善支援による取組み事例」である。ここでは7事例が取り上げられており、そのうち新分野・経営革新に関係があると思われるのは4事例である。

まず、原発事故の風評被害を受けた事業者への融資（大東銀行）、経営サポート資金融資およびターンアラウンドマネージャー招聘による事業再生の実施（静岡銀行）、条件変更先への支払条件変更悪化による資金ショートに対する融資（中国銀行）、条件変更先へのエネルギー使用合理化設備投資に対する融資（伊予銀行）などが挙げられる。いずれも経営改善先に対する融資であるので、リスクの高い案件について積極的でないことは理解できるものの、いずれも不確実性の低い事例しか見当たらない。

具体的には、菌床椎茸栽培業者に対する設備融資を実施した大東銀行の事例は、原発事故による風評被害により売上が半減している菌床椎茸栽培業者に対して、販路先のスーパー等への調査を大東銀行が実施したところ、販路先からの評価が高く増産体制を整えても売上確保が見込まれた。そこで、事業計画策定を支援し、日本政策金融公庫の代理貸、[35] および運転資金対応はABL融資を実施した事例である。すなわち、「アセット・ベイスト・レンディング」を活用するとともに、既存顧客への売上回復の目途が立った確実性の高い案件である。

業績の厳しい製造業者に対するアドバイスや無担保プロパー融資を行った静岡銀行の事例は、リーマンショックによる景気低迷といった外部要因と、原価管理・生産管理体制の不備といった内部要因の問題を持つ製造業者に対して支援した事例である。再生案件であるため、融資判断が難しいと考えられるが、原価管理や生産管理についての指導は、収益改善が見込みやすい内容であると思われ、新分野・経営革新のようなテーマとは考えにくい。企業の課題の除去可能性が見込め、不確実性はあまり高くないと思われる。収益改善効果が高いということは、将来の収益計画の確実性が高いということであり、すなわち、将来の財務内容をもとに融資審査を行うこととも考えられ、広い意味での「ファイナンシャルステートメント・レンディング」ではないかと思われる。

第2章　中小企業のディスクロージャーの重要性

　条件変更している老舗の青果卸売業者に対する新規融資を実施した中国銀行の事例は、仕入先からの突然の条件変更（買掛金から現金払いの変更）のため、資金がショートすることが見込まれた。しかし、従前より老舗卸売業者が、情報開示を十分に取り組んでおり、決済の確実性が確認できたため、新規融資を実行した。販路が安定しているため、資金繰りを把握している金融機関にとって、つなぎ資金を支援することは、さほど難しくないのではないかと推測される。

　また、条件変更している繊維製品の染色加工業者に対し、燃料の切替え設備投資融資を実行した伊予銀行の事例は、財務DDおよび事業DDを実施したところ、既存の燃料価格高騰により将来的に収益の低迷が見込まれたため、エネルギー使用合理化事業者補助金の利用や、設備資金を関連会社のリース会社で支援を行い、熱源転換に伴う増加運転資金は新規与信を検討した上で（与信枠の増加は不明）、業務効率の向上に対しても現場改善指導を継続的に実施している。この事例は目に見えるコスト削減を行ったものであり、新しい販売先を開拓する等の試みは行っていないため、やはり不確実性は低いと思われる。

　すなわち、中国銀行と伊予銀行のいずれの事例も、将来の収益計画の確実性が高い、すなわち将来の財務内容をもとに融資審査を行うこととも考えられ、広い意味での「ファイナンシャルステートメント・レンディング」ではないかと思われる。

　1.「新規融資」の3セクションの内、最後のセクションとなる「不動産担保などに過度に依存しない融資の取組み事例」は、「預託牛担保システム」を開発した家畜預託事業組合に対し個別動産（肉牛）を担保とした融資（北洋銀行）、溶接機械製造業者の増加運転資金に対し知的財産担保を活用した融資（豊和銀行）の事例があり、「アセット・ベイスト・レンディング」に分類されると考えられる。

　続いて、2.「本業の収益改善」のうち、融資に関係がある5事例の内、融資関連の内容のみに焦点を当てる。これらには、スイーツ部門への多角化資金支援（帯広信用金庫）、遊休不動産活用（香川銀行）、販路拡大資金（近畿大阪銀行）が挙げられる。このような取組みをしている対象企業は、

業績が良好な先と考えられ、不確実性の高い融資への取組みが期待されるものの、残念ながらそのような事例は少ない。

　そのような中では、飲食店経営からスイーツ部門への多角化に伴う新規店舗の出店資金融資を実行した帯広信用金庫の事例は、標的顧客や商品が明らかに異なる事業への進出であり、不確実性の高い資金を融資していると考えられる。すなわち、全く新しい事業に対する融資であり、長期的な取引のなかで、企業や経営者に対する信頼感を高めてきたことで融資をした側面もあるのではないか。すなわちリレーションシップ・レンディングを行ったのではないかと思われる。また、融資のプロセスについては、多角化事業に対して金融機関が想定不可能なリスクがあるためP（逆選択）があり、新規事業が実際に収益を確保できるのかという事業遂行能力に対する不確実性であるためD⇒C⇒A（逆選択）もあるといえる。

　香川銀行の事例は、医療系専門学校が介護施設を建築したものである。医療から介護へと近接領域とはいえ、異分野への進出であるが、遊休不動産の活用であり、金融機関にとっては融資に対する担保があるため、それほど不確実性が高いとは考えづらい。すなわち、「アセット・ベイスト・レンディング」が審査方法の大半であろう。融資のプロセスについては、多角化事業に対するものであるので、帯広信用金庫の事例同様、P（逆選択）、D⇒C⇒A（逆選択）もあるといえる。

　近畿大阪銀行の事例は、食品総合卸売業の販路拡大資金である。食品卸売業の場合、取扱商品がある程度限定されていることや販路拡大の場合、販売先の与信リスクが主たる懸念面なので、販売先のリスクもある程度把握できるであろう金融機関にとって、さほどリスクは高くないと思われる。すなわち、販売先への信用である売掛金担保融資に近いと思われ、やはり「アセット・ベイスト・レンディング」が審査方法の大半であろう。

　3.「経営改善・事業再生支援等」はいずれの事例も対象が経営改善先であり、この節で取り上げる事例は見当たらなかった。

　4.「創業支援」では、異業種からの農業参入（北海道銀行）、建設業者の新分野進出（富山第一銀行）、創業支援に対する日本政策金融公庫支店との連携スキーム策定（玉島信用金庫）、創業応援パッケージ（創業応援ローン）の制定（愛媛信用金庫）の4事例である。北海道銀行の事例は、

本業とのシナジー効果や新規事業の可能性として、農業参入に着目している企業が多数あるため、農業参入にかかる様々な情報の提供とともに成功へのサポートを実施、「植物工場」への新規融資を実行した事例である。ここでの取組み事例としては、(イ)建設会社による温泉熱を利用したビニールハウスでのマンゴー栽培、(ロ)ガス事業会社によるエネルギー効率を活用したハウストマト栽培、(ハ)印刷会社の空き工場を利用した植物工場野菜の生産、などが挙げられている。本業のキャッシュフローが不詳であるが、異業種への参入であり不確実性は高いと思われる。すなわち、全く新しい事業に対する融資であり、長期的な取引のなかで、企業や経営者に対する信頼感や事業の遂行能力に対する信用力を高めてきたことで融資をした側面もあるのではないかと思われる。すなわちリレーションシップ・レンディングを行ったのではないかと思われる。融資のプロセスについては、多角化事業に対するものであるので、P（逆選択）、D⇒C⇒A（逆選択）もあるといえる。

また、建設業者の新分野進出（竹茶の製造販売）を支援した富山第一銀行の事例も、土木建設業者が業界環境の好転の見込みが少ないことを見据え、新分野への進出を検討した上で、地元に多くあった竹の特性を生かした商品開発に挑戦、日本初の竹パウダーによる茶（竹茶）の製造販売に着手し、新製品の製造・販売会社を設立し、その製造販社に対する資金の融資を実行した事例である。この融資も不確実性が高いため、制度融資の活用を模索する一面も見られる。すなわち、リレーションシップ・レンディングと制度融資という金融機関のリスク軽減を狙った「アセット・ベイスト・レンディング」の両方の要素があると思われる。融資のプロセスについては、多角化事業に対するものであるので、P（逆選択）、D⇒C⇒A（逆選択）もあるといえる。

その一方で、玉島信用金庫の事例は、日本政策金融公庫と両機関の特性を生かした創業支援の融資提携スキームを策定したものである。金融機関にとっては、協調融資でありリスクは限定的であった。具体的な事例としては、輸入雑貨小売業者への融資実行の記載があったが、具体的な融資方法については不明である。融資のプロセスについては、創業支援に対するものでは、金融機関が想定不可能なリスクがあるためP（逆選択）があり、

新規事業が実際に収益を確保できるのかという事業遂行能力に対する不確実性であるためD⇒C⇒A（逆選択）、金融機関の意向に沿った投資を行い金融機関の返済を的確に行えるのかといった経営者の信頼性に対する不確実性もあるためD⇒C⇒A（モラルハザード）といえる。

また愛媛信用金庫の事例では、創業応援ローンを取り上げているが、ローンの審査プロセスが「スモールビジネス・クレジットスコアリング」のようにも思われ、どの程度金融機関がリスクをとっているのか判断が付きにくい。具体的な企業の事例の記載もなかった。創業支援に対する融資については、前述同様、P（逆選択）、D⇒C⇒A（逆選択、モラルハザード）といえる。

②コミュニティ

コミュニティについては、1.「新規融資」のなかの「創業・新事業者向けの新規融資の取組み事例」と4.「創業支援」の項目で取り上げられる。

まず、1.「新規融資」のセクションでは、工業団地での省エネルギーへの取組（合同会社を設立し、太陽光発電事業を開始）に対する協調融資（鹿児島信用金庫）、地域の課題（中心市街地の衰退）を解決するために、建築業者が「まちっこプロジェクト実行委員会」を立ち上げ、産学官金のプロジェクトとして、建設業者が融資を受けた事例（富山銀行）がある。

鹿児島信用金庫の事例では、省エネルギービジョンを制定した市が、工業団地の構成企業などと一緒に太陽光発電事業を模索し、事業を実施する合同会社を設立した。この合同会社に対する新規事業の融資は、事業そのものがパネルを購入し、売電収入を得るという収入リスクもなく事業性がわかりやすいもので、不確実性が低いと思われる。すなわち、売電収入という、将来の収益計画の確実性が高い事業に対する融資であり、将来の財務内容をもとに融資審査を行うこととも考えられ、広い意味での「ファイナンシャルステートメント・レンディング」ではないかと思われる。また、電気購入料金再掲についても、債権譲渡担保契約を設定し、ABL融資が実行されている。その意味では「アセット・ベイスト・レンディング」の要素もあるといえる。融資のプロセスについては、金融機関の意向に沿った投資を行い金融機関の返済を的確に行えるのかといった経営者の信頼性

に対する不確実性もあるため D ⇒ C ⇒ A（モラルハザード）といえる。
　また富山銀行の事例では、住宅建築会社が老朽化空き家や中心市街地の衰退という地域課題の解決のために、産学官体制を構築し、「まちっこプロジェクト実行委員会」を立ち上げた。富山銀行は、住宅建築会社の「空き家活用型シェアハウス（アトリエ・ギャラリー・カフェ併設）」の建築・事業展開に対し、融資を実行した。既存事業の拡大であるビジネスであること、資金使途も建設資金であるため、担保設定もでき、「アセット・ベイスト・レンディング」と考えられ、不確実性が高いとは考えづらい。
　4.「創業支援」の項目では、福岡ひびき信用金庫が女性創業塾の開催を実施し、修了者が市の制度融資である「開業支援資金融資」の被審査資格を得ることができるという事例であった。融資と言っても、市の制度融資であり、かつ審査資格を得るだけなので、金融機関にとってリスクはない。
　ここまでの3事例を検証すると、コミュニティに対する融資では、NPO等への融資なども考えられるが、あくまで企業本体への融資であり、新しい業態への融資については、今回の参考事例集には掲載されていなかった。

③海外展開
　1.「新規融資」の項目のうち「創業・新事業者向けの新規融資の取組み事例」として、広島銀行が主要取引先のメキシコ進出に伴い現地法人を設立した自動車部品製造業者に対して、メガバンクにエージェントとなってもらい、メガバンクのモニタリング・協調融資を実現した事例が1事例あった。また、3.「経営改善支援・事業再生支援等」の項目のなかに「ファンドの活用、海外進出支援、事業整理支援に関する取組み事例」が4事例あり、そのうち2事例が海外進出に関しての内容である。ここでは、中国で委託生産していた半導体製造業者がベトナムへの生産拠点移転を模索、海外展開への情報提供、海外進出資金についても応需した西武信用金庫の事例、北海道銀行がロシアへの海外進出を目指す企業等への支援が挙げられている。
　広島銀行の案件は、新規与信先となる海外現地法人への融資ではあるものの、主要取引先の海外移転に伴うものであり、ある程度売り上げ予測が

立てることができる先である。よって、市場を拡大するものではないので、ある程度リスクは軽減されていると思われる。すなわち、既存取引先の海外移転に随行したという側面に注目すると、将来の収益計画の確実性が高い事業に対する融資と考えられ、将来の財務内容をもとに融資審査を行うこととも考えられ、広い意味での「ファイナンシャルステートメント・レンディング」ではないかと思われる。

また、西部信用金庫の事例では、半導体製造業者が生産拠点を海外に移したものであるが、この事例も新規市場を開拓するものではない。資金需要に応需したとの記載はあったが、内容については不明である。北海道銀行の事例は、単に海外サポート部署を設置しただけで融資事例ではなかった。

海外展開については販路が確保できていない企業の進出や、製造業以外の業態の海外展開も広がりを見せているが、ここでもそのような不確実性が高い企業に対する融資は確認できなかった。

4つの審査方法、不確実性の大小、融資のプロセスの段階、2-1-3「不確実性の増大（発展的中小企業の観点から）」で挙げた①新分野・経営革新、②コミュニティ、③海外展開、および次節で説明する2-1-4「不確実性の増大（中小企業の問題性の観点から）」で挙げた事業承継についてまとめたものが、図表2-2-3-2である。

この表を見ると、①新分野・経営革新の事例が一番多く取り上げられている。また、不確実性が大きい案件と小さい案件、いずれも見られる。不確実性の大きい案件については、何らかの形で担保をおさえている「アセット・ベイスト・レンディング」が多く見られる。また、「リレーションシップ・レンディング」も多く見られるが、全て担保徴求の有無等が把握できない案件であり、純然たる「リレーションシップ・レンディング」に対して、どの程度取り組まれているのかは不詳である。

第2章 中小企業のディスクロージャーの重要性

図表 2-2-3-2 融資の段階別事例

カテゴリ 不確実性	①新分野・経営革新	②コミュニティ	③海外展開	④事業承継
大	のと共栄信用金庫 　D→C→A(逆) Ⓝ 帯広信用金庫 　P(逆)、D→C→A(逆) Ⓝ 香川銀行 　P(逆)、D→C→A(逆) Ⅱ 北海道銀行 　P(逆)、D→C→A(逆) Ⓝ 富山第一銀行 　P(逆)、D→C→A(逆) ⅡⓃ 玉島信用金庫 　P(逆)、D→C→A(逆、モ) Ⓝ 愛媛信用金庫 　P(逆)、D→C→A(逆、モ) Ⅲ	鹿児島信用金庫 D→C→A(モ) ⅠⅡ		
中			西部信用金庫※	
小	大東銀行 Ⅲ 静岡銀行 Ⅰ 中国銀行 Ⅱ 伊予銀行 Ⅰ 北洋銀行 Ⅲ 豊和銀行 Ⅱ 近畿大阪銀行 Ⅱ	富山銀行 Ⅱ 福岡ひびき信用金庫※	広島銀行 Ⅰ	香川銀行 Ⓝ 大垣協立銀行※

Ⅰ ファイナンシャルステートメント・レンディング　Ⅱ アセット・ベースト・レンディング
Ⅲ スモールビジネス・クレジットスコアリング　Ⓝ リレーションシップ・レンディング
※融資手法が不明なものを表す

出所：金融庁HP「新規融資や経営改善・事業再生支援等における参考事例集」より作成

4　広義のリレーションシップ・バンキング

　この節では、前項に引き続き、「新規融資や経営改善・事業再生支援等における参考事例集」での、融資以外のリレーションシップ・バンキング（広義のリレーションシップ・バンキング）について事例を見ていく。
　2.「本業の収益改善」でまず5事例を取り上げる。
　前節では融資面の記述を行った、帯広信用金庫の外部専門家との連携による多角化支援については、中小企業支援ネットワーク強化事業を利用した専門家の派遣や、デザイン・菓子製造の専門家等からのアドバイスを受け、経営していた飲食店内で販売していたプリンのブランド化を模索した上で、スイーツ部門を独立するという多角化を実現し、実効性のある経営改善につながった事例である。専門家派遣終了後も、金融機関担当者が継続的に訪問し、新製品の原材料調達先の紹介や、金融機関主催の個別商談会への参加を促し、

百貨店向け販路開拓等の支援も実施している。

　医療系専門学校が介護事業に進出する支援をした香川銀行の事例では、医療系専門学校の遊休不動産に介護施設を建設して活用すれば、本業の長期的な売上維持に繋がり、グループ全体の売上増加に貢献することを、金融機関が有している医療・介護関係データを活用し、マーケット調査および事業収支シミュレーション策定の支援を実施することで、確認できた。そこで事業計画に基づく介護施設建設が実行された。その結果、グループ内に直営の介護施設を持つ専門学校として、生徒を集めることが可能となり、専門学校のステータス向上につながり、高齢化社会に向けた安定収入の事業が増え、グループの売上拡大に貢献した。

　広域ビジネスマッチングによるトップライン支援を実施した筑波銀行の事例では、付加価値の高い商品を多数保有する老舗和菓子製造業者の販路開拓活動が不十分だったため、金融機関のネットワークを活用した販路拡大を支援した。ここでは、当行の贈答品やお客様への地域産品プレゼント企画に採用するなど金融機関挙げての支援を実施している。また大手バイヤーを紹介し、パッケージの改善等も行った。その結果、4期連続増収が確保でき、生産工程の効率化にも着手しISO取得も実施、農商工連携も見据えた新商品開発にも取り組むなど、更なる販路拡大を目指すことが可能となった。

　創業したばかりの食品総合卸売業に支援した近畿大阪銀行の事例は、ビジネスマッチングにより企業の顕在化したニーズ（販路先開拓）を踏まえた対応を実施、商談会では企業自身が認識していない潜在ニーズ（仕入先）に対応することが可能となり、企業の業績改善に貢献した。また、企業の新卒採用ニーズに対しても、金融機関グループのコンサルティング会社を紹介し、新卒採用ソリューションを提案したことで、企業との信頼関係が深まり、メインバンク化が図られた。

　また、条件変更先の製造業者に対し支援した富山信用金庫の事例では、経営改善計画策定を支援した上で、経費削減策も指導しているが、売上減少が止まらず、経費削減効果も表れなかったことから、売上増加につながる新商品開発を、中小企業支援ネットワークを活用し外部専門家のアドバイスや、デザインが得意な中小企業診断士と連携し、地元産の原料にこだわった商品開発に取り組んだ。報告書では、社長の事業意欲向上の記載があるものの、

売上増加が期待されている段階で、まだ事業性については未知数の状態である。

　香川銀行の事例以外では、金融機関の情報ネットワークを活用して、仕入先・販路拡大を支援した事例が多く、金融機関の経営資源をうまく活用していると言える。

　また、事業承継に対する支援では、新規病床開設が認められない医療圏でのM&Aによる有床診療所の新規開拓支援（香川銀行）や、事業整理支援ローンの提供（大垣協立銀行）がある。

　香川銀行の事例では開業希望のある医師と、後継者がおらず病床閉鎖を検討している医療法人とでM&Aが実現した。ここでは、医療法人の買収費用や設備資金、運転資金対応に留まらず、事務職長の紹介や、事業収支シミュレーション策定などを支援している。

　大垣協立銀行の事例では、後継者不在に加え、業況が事業好転の見込みが薄く、事業継続すれば更なる借入増加を招く恐れがある問題を抱えるケースで、前向きな（早い段階での）自主廃業が円滑に進むサポートをしていた。ただし報告書では、支援した会社の業種や具体的な融資内容についての記載はなかったので、詳細は不明である。

　本来であれば、香川銀行が支援したような前向きな事業承継の事例が多く掲載されるべきところだが、1事例に留まっており、事業承継問題に対する支援の難しさが表れている。

第3節　会計の視点からの考察

1　財務会計の機能

　金融機関が中小企業に対する融資審査の際に利用する情報としては、決算書等の財務資料を活用することが多い。そこで、本節では会計の視点からの考察を進めていきたい。

　まず、財務会計の機能については、須田（2000）が意思決定支援機能と契約支援機能を分けた上で説明している。まず、前者については情報の非対称

性を小さくする方策の1つが財務会計の制度であるとし、自主的なディスクロージャーと強制されたディスクロージャーが十分に発揮すれば、情報の非対称性は小さくなり逆選択が回避され証券市場は適切に機能するであろう。ここに財務会計の第一の意義がある。すなわち、投資家の意思決定に有用な会計情報を提供し、もって証券市場における効率的な取引を促進する、ということである。これを財務会計の意思決定支援機能と呼ぶ。

　財務会計の契約支援機能とは、企業を契約の束と理解すれば、そこで結ばれる契約の効率性が企業価値を決定する。例えば、雇用契約の他に、債務契約、政府契約、売買契約などがあり、いずれもエージェンシー関係[36]が成立し、情報の非対称性によりモラル・ハザードが発生する。契約締結後のモラル・ハザードを抑制し、エージェンシー費用を削減するために、モニタリング・システムなどが設計され、財務会計が活用される。

　また、意思決定支援機能と契約支援機能との相違を2点上げている。1点目は会計情報を活用する時点にあり、意思決定支援機能は、意思決定の事前情報を提供する。契約支援機能は、投資決定の事後情報を提供することで達成される。契約の視点でいえば、逆選択は契約前の機会主義行動であり、モラル・ハザードは契約後の機会主義行動である。それぞれの機会主義行動を防止するために会計情報が活用される。したがって、財務会計の意思決定支援機能では、契約前の機会主義的行動を防止するために会計情報を提供することを意味し、契約支援機能においては、契約後の機会主義的行動を回避するために会計情報を提供することになる。

　第2の相違点は、会計情報を活用する方法にある。意思決定支援機能を果たすために提供される利益情報は、その企業の将来の収益性やキャッシュフローの予想に活用されるが、契約支援機能に応じて作成される利益情報は、株主などが経営者の行動を監視し、意思表明するために用いられ、あるいは、その数値が株主・経営者・債権者などの契約にもとづいた成果分配の基礎になる。

　さて、意思決定支援機能と契約支援機能の観点では、無形資産の拡大にともなう知的資産会計の拡がりは、融資決定前の逆選択を妨げる効果があると思われる。財務数値に加えて、非財務数値まで「自主的に」情報を開示することで、中小企業と金融機関の間に存在する情報の非対称性を縮小させる。

すなわち、意思決定支援機能の役割を果たすと思われる。

一方、中小企業会計は、財務数値の適正化という観点で、融資決定前の逆選択を妨げる。それに加えて、このような自社の経営状態を正しく把握しようという経営者の力は、金融機関に対する経営者の信頼感を高める効果があると推測され、やはり逆選択を妨げるであろう。すなわち、中小企業会計もやはり意思決定支援機能を果たすと考えられる。融資後、金融機関に対して、計画と実績の対比を行ったり、金融機関への債務履行についての交渉を行うが、その前提としては適正な会計処理が必要である。中小企業会計の導入により、金融機関もより正しい実績の把握が可能となる。すなわちこの観点では、中小企業会計は契約支援機能の側面を持つことになる。

それではこの後、2. 無形資産の増大（知的資産会計）、3. 財務数値の適正化、4. 金融庁の参考事例で、知的資産会計や中小企業会計が作られてきた背景や、金融機関での活用方法、実績について述べていく。

2　無形資産の増大（知的資産会計）

中小企業の企業価値を把握することは、容易ではないと言われている。そこでは、財務情報と非財務情報を把握することの難しさが考えられる。

非財務情報については、「知的資産（企業における競争力の源泉である人材、技術、技能、知的財産、組織力、経営理念、顧客とのネットワークなど、財務諸表には表れてこない目に見えにくい経営資源の総称）」について検証する（図表2-1-5-1）。この知的資産をしっかりと把握し活用することで、業績の向上と持続的成長を目指す経営を「知的資産経営」、これらをステークホルダー（従業員、取引先、金融機関など）を意識して説明するものを「知的資産経営報告書」という。

figure 2-1-5-1 知的資産の分類
【MERITUM プロジェクトによる知的資産の 3 分類】

人的資産（human capital）	従業員が退職時に一緒に持ち出す資産
例）イノベーション能力、想像力、ノウハウ、経験、柔軟性、学習能力、モチベーション等。	
構造資産（structural capital）	従業員の退職時に企業内に残留する資産
例）組織の柔軟性、データベース、文化、システム、手続き、文書サービス等。	
関係資産（relational capital）	企業の対外的関係に付随した全ての資産
例）イメージ、顧客ロイヤリティ、顧客満足度、供給業者との関係、金融機関への交渉力等。	

出所：中小企業基盤整備機構「中小企業のための知的資産経営マニュアル」

（注）MERITUM プロジェクトとは、知的資産の内部マネジメントの活用や、対外的な情報開示に手法等について、欧州の 6 カ国（スカンジナビア 3 カ国、デンマーク、フランス、スペイン）と 9 つの研究機関が 30 カ月（1998 〜 2001 年）にわたって実施したプロジェクトのことをいう（詳細は第 3 章第 4 節 1 項）。

まず、我が国での知的資産経営について、どのような経緯があるのか。我が国産業競争力強化の観点から、知的財産創造のより一層の推進と、その適正な保護・活用を図るために、2002 年 7 月知的財産戦略大綱が取りまとめられ、2003 年 3 月知的財産基本法が施行された。

次に、2004 年 1 月経済産業省から「知的財産情報開示指針」が公表された。ここでは、「特許・技術情報の任意開示による企業と市場の相互理解に向けて」という副題が付けられており、投資家の要望と企業の制約条件を踏まえ、企業と市場の知財経営に係る相互理解の確立を目指して、あくまで任意の開示として、企業が将来収益の源泉たる知的財産を有効活用している態様を効率的かつ効果的に市場に示すことができるように取りまとめた指針とされた。本指針の開示の考え方としては、(a) あくまで任意の開示であること、(b)「知財経営」を表すものであること、(c) 前提条件となる事項や数量的裏付けを伴うこと、(d) 連結ベースかつセグメント単位であること、(e) 大企業のみならず中小・ベンチャー企業にも有効であること、であった。

さらに 2005 年 10 月、経済産業省から「知的資産経営の開示ガイドライン」が作成された。ここでのポイントは、(a) 経営者の方針をわかりやすいストーリーで示すことを促し、そのあらすじを示したこと、(b) 信憑性を高めるため、ストーリー中に裏付け指標を入れるやり方を提示したこと、(c) 裏付

けとして使われる指標の目安として35種類の指標を例示したこと、(d) 評価側の誤解による混乱を避けるため、評価側にも指針を示したこと、の4点であった。

続けて2007年3月、中小企業基盤整備機構から「中小企業のための知的資産経営マニュアル」が公表された。前述の「知的資産経営の開示ガイドライン」が公表されたものの、必ずしも中小企業の実態や目的に沿ったものでなかったことから、中小企業向けに作成されたものである。ここでは、(a) 自社の強みを認識する（知的資産の棚卸）、(b) 自社の強みがどのように収益につながるかをまとめる、(c) 経営の方針を明確にし、管理指標を特定する、(d) 報告書としてまとめる、(e) 知的資産経営の実践（定期的なチェックと改善）をした上で、ステークホルダーへの開示を行い、外部資源の活用や協働の波及効果が得られるという、知的資産経営のステップが示された。

また2008年10月、中小企業基盤整備機構から「中小企業のための知的資産経営実践の指針」が公表された。ここでは、ステークホルダーへの開示の有効性を検証する観点から、企業にとっての開示先のひとつである金融機関における知的資産の評価や、融資判断等における非財務情報の活用等についての調査研究が報告された。主なポイントとしては、以下のとおりである。

(a) 金融機関の営業支援及び融資判断における非財務情報の活用実態や重視項目が明らかになった。例えば、営業支援時における活用は、経営計画や経営管理能力、後継者の有無が上位を示し、融資判断における活用は資金調達余力や他行との取引状況、後継者の有無などが挙げられ、上位項目を見ると事業価値に関する目利きよりも不動産担保や個人保証を重視する傾向がまだ根強い。

(b) 金融機関における地域密着型金融（リレバンと同義語とする）の対応としても、リレバンのアクションプログラムが公表された後に重要視されている項目として、コンプライアンス体制、経営計画、事業の変遷等が上位を占めている。

(c) 知的資産の利用度（評価の視点）においては、人的資産、関係資産、構造資産といった関係で見ると、融資判断においては、関係資産が高く、特に他行との取引状況や関係会社等が上位となっている。

(d) 非財務情報と財務情報の活用比率は約3：7。非財務情報を3割以上

活用している金融機関が全体の過半数を超える。

　(e) 過半数以上の金融機関は、定型のヒアリングシートを用い、評価している。

　(f) 金融機関別における非財務情報の活用においては、地銀が最も高い。

　2013年12月経済産業省から「地域金融機関と連携した知的資産経営の推進について」が公表された。ここでのアンケート調査[37]によると、全体の約3分の2の金融機関が非財務情報に関して「組織的な取組を実施している」と回答しており、特に地方銀行の実施率が84.1％と高かった。また、「組織的な取組を実施している」と回答した金融機関が具体的に取り組んだ内容としては、「格付自己査定時に活用する情報がルール化されている」比率が高く、地方銀行では多業態の金融機関と比較し、「システムに情報を入力する欄が整備されている」との回答が67.9％であった。「組織的な取組を行っていない」と答えた金融機関も、「融資判断時に都度必要な情報を確認している」との回答が95.2％であった。また、「今後、非財務情報の重要度が高くなる」と回答した金融機関は3割に達した。

　金融機関が重視する非財務情報の項目分野としては、「経営者」と「金融機関」に関する項目が重視されていることが確認できた（図表2-1-5-2）。

　このように、リレバン対応もあって、非財務情報の活用についても金融機関の組織的な取組が広がりを見せている。

　また2013年12月、国際統合報告評議会（IIRC）[38]が「統合報告フレームワーク」を公表した。これは、財務情報と非財務情報を統合開示することで企業価値を把握しようとする統合報告書作成のフレームワークになるものである。今後、CSR報告書等を実施している上場企業からの広がりが考えられるが、国際的なトレンドとしてもますます広がりを見せ、中小企業への波及の可能性も考えられる。

図表2-1-5-2 従業員数別:重視する非財務情報の項目

	1～20名	21～100名	101～300名
1位	経営者（使命感・責任感）	経営者（使命感・責任感）	経営者（使命感・責任感）
2位	経営者（人格）	経営者（経営管理能力）	金融機関(主力金融機関有無)
3位	経営者（後継者有無）	経営者（人格）	経営者（経営管理能力）
4位	経営者（個人資産）	金融機関(主力金融機関有無)	組織基盤（経営計画有無）
5位	経営者（経営管理能力）	組織基盤（経営計画有無）	経営者（人格）
6位	金融機関(主力金融機関有無)	経営者（後継者有無）	金融機関（資金調達余力）

出所：経済産業省知的財産政策室「地域金融機関と連携した知的資産経営の推進について」P.22

3　財務数値の適正化

　財務情報においては、取引先や金融機関等の与信先の信頼を得るために、適正な計算書類の作成とディスクロージャーが重要という認識は、前向きな中小企業には広まりつつある。また、自社の会計情報の的確な認識が、経営情報の適時適切な把握に役立つことも、経営者に理解されてきている。しかし、非公開の中小企業が信頼を得るためにどのような会計基準に基づいて計算書類を作成すればよいかは不透明感がある。例えば、公開会社と全く同様の基準に基づいた計算書類を求めることは、コスト面から非常に困難である。

　そこで2002年6月、中小企業庁から「中小企業の会計に関する研究会報告書」が公表され、商法上の計算書類における会計のあり方を、中小企業の現実も踏まえつつ、会社自身と債権者・株主の関係者の双方にとって望ましい方向で検討し、明らかにすることが必要とされた。ここでは、以下の中小企業の会計を考えるための判断の枠組みが提示された。

(a) 計算書類の利用者、特に債権者、取引先にとって有用な情報を表すこと。
(b) 経営者にとって理解しやすいものであるとともに、それに基づいて作成される計算書類が自社の経営状況の把握に役立つこと。
(c) 対象となる会社の過重負担にならないこと。（現実に実行可能であること）
(d) 現行の実務に配慮したものであること。

> (e) 会計処理の方法について、会社の環境や業態に応じた、選択の幅を有するものであること。簡便な方法で代替可能な場合、その選択が認められること。

さらに 2005 年 8 月、日本税理士会連合会・日本公認会計士協会・日本商工会議所・企業会計基準委員会から「中小企業の会計に関する指針」が公表された。前述の「中小企業の会計に関する研究会報告書」を受け、2002 年 12 月に日本税理士会連合会が「中小会社会計基準」を、2003 年 6 月に日本公認会計士協会が「中小会社の会計のあり方に関する研究報告」を、それぞれがまとめ普及したものを、統合したものである。本指針は、中小企業が計算書類の作成に当たり、掛ることが望ましい会計処理や注記等を示すものであるため、本指針に拠り計算書類を作成することが推奨された。また、本指針の方針は下記のように提示されている。

> (a) 会社の規模に関係なく、取引の経済実態が同じなら会計処理も同じになるべきである。しかし、専ら中小企業のための規範として活用するため、コスト・ベネフィットの観点から、会計処理の簡便化や法人税法で規定する処理の適用が、一定の場合には認められる。
> (b) 会計情報に期待される役割として、経営管理に資する意義も大きいことから、会計情報を適時・正確に作成することが重要である。

また 2012 年 2 月、中小企業の会計に関する検討会から「中小企業の会計に関する基本要領(以下、中小会計要領と略す)」が公表された。本要領では、計算書類等の開示先や経理体制等の観点から、「一定の水準を保ったもの」とされている「中小企業の会計に関する指針」と比べて簡便な会計処理をすることが適当と考えられる中小企業を対象に、その実態に即した会計処理のあり方を取りまとめるべきとの意見を踏まえ、以下の考え方に立って作成されたものである。

> (a) 中小企業の経営者が活用しようと思えるよう、理解しやすく、自社の経営状況の把握に役立つ会計

> (b) 中小企業の利害関係者（金融機関、取引先、株主等）への情報提供に資する会計
> (c) 中小企業の実務における会計慣行を十分考慮し、会計と税制の調和を図った上で、会社計算規則に準拠した会計
> (d) 計算書類等の作成負担は最小限に留め、中小企業に過重な負担を課さない会計

　そのため、本要領の利用が想定される会社は、金融商品取引法の規制の適用対象会社および会計法上の会計監査人設置会社以外の株式会社、また、特例有限会社、合名会社、合資会社または合同会社についても本要領を利用できるとされた。

　2013年3月、中小会計要領が公表されて1年迎えたことを記念して、中小会計要領フォーラムが実施された。これは、中小企業の「財務経営力」やそれを通じた「資金の確保・調達力」を強化するには、中小企業要領に基づく正確な財務情報を把握することが重要との認識のもと、策定に携わった関係団体が一丸となって、セミナー開催、低金利融資等による中小会計要領の普及・促進を行う一環である。より一層の普及が期待されている。

4　金融庁公表の参考事例

　前述の金融庁から公表された「新規融資や経営改善・事業再生支援等における参考事例集（2013年10月）」でも、知的資産経営報告書を活用した支援の事例（富山銀行）、税理士会県連合会との提携商品の取組（宮崎県内5信用金庫、熊本県信用組合）があった。

　富山銀行の事例では、現時点の業績は順調に推移しているが、経営環境がいつ急激に変化するかわからないという危機感を持ち、過去の経験を生かした今後の方向性を打ち出す指針や、経営方針の浸透などの組織内コミュニケーションの円滑化に取り組みたいニーズを持った製造業者に対し、金融機関から「知的資産経営報告書」の作成を提案、支援を実施し策定した。社長や社員自らが取り組んだことにより、企業マインド・モチベーションが向上、社員の人材育成にも効果が見られた。また、同報告書を営業に活用し、大手企業との新たな連携や、OEM生産受注など、営業力も強化された。メイン

行ではなかったが、企業からのリレーションが深まり信頼が得られた。さらに、地域内企業の間で評判になり、新規取引拡大につながった。企業、金融機関両者が WIN-WIN の効果が得られた好例であった。

　また、宮崎県内5信用金庫が「県信用金庫グループ化事業」を設立し、その第一弾の取組として、税理士会県連合会と提携商品を販売した事例では、（イ）税理士は顧問先に新たな資金調達先として信用金庫の紹介が可能、（ロ）中小企業者は、新たな資金調達先の選択肢が増加、（ハ）信用金庫は新たな取引先の発掘につながり、金融機関円滑化終了後のコンサルティング機能が充実、などを図った。そのため、地元企業の資金繰りや事業計画・再生計画策定等に、3者一体となって取り組めることがメリットとなっている。また、金融機関にとり、企業の数値面の不透明性の緩和につながることが考えられる。

　同様の取組として、熊本県信用組合も税理士会連合会との提携ローンを開発し、（イ）「会計参与制度」の導入、（ロ）「中小企業の会計に関する基本要領の適用に関するチェックリスト」の添付、（ハ）「電子申告」の利用先に対して、最大0.7％の金利優遇を実施した。ここでも、金融機関、税理士および事業者の3者間で、融資金の中長期的な活用に向けての経営相談等に取り組むことで、金融機関にとって、事業者の業績の把握や経営改善に向けた提案を行えたとされ、情報の非対称性の軽減につながる取組と考えられる。

第2章　中小企業のディスクロージャーの重要性

1 なお、日本標準産業分類の第 12 回改定が施行されたことにより、大分類 M（宿泊業、飲食サービス業）のうち、中分類 76,77（飲食店、持ち帰り・配達飲食サービス業）が、小売業に含まれるようになったことにも留意したい。詳細は、中小企業庁 HP「日本標準産業分類第 12 回改定に伴う中小企業者の範囲について」を参考にされたい。
2 企業数＝会社数＋個人事業所（単独事業所および本所・本店・本店事業所）とする。
3 常用雇用者数は、会社と個人事務所の常用雇用者数を合算している。
4 産業分類は、2007 年 11 月改定のものに従っている。
5 日向野幹也　金融機関の審査能力　東京大学出版会　1986
　日向野は投資家と金融機関との審査の違いについて以下のように述べている。
　銀行家の功績が一層顕著なのは諸企業家の支払い能力に関する相対的評価づけの分野においてである。皮相的であったり、近視眼的であったりする投資家の評価基準とは異なって、銀行家の審査能力は埋もれた「優良」企業家を発掘し信用を補完することを可能にする。種々の貸し手のうち、時間と費用を特に多く投入して審査能力を蓄積するのが銀行家であり、詳細な審査を行わなくとも支払能力の強弱が比較的明白であるような借り手に限って貸し出すのが投資家である。したがって、種々の潜在的借り手のうちで相対的に知名度が高く、支払い能力の推定が容易な層については投資家が、また推定が容易ではなく時間と資源を要する層に対しては銀行家が各々資金供給を負担するという形で自然発生的な分業が生じることになる。
6 藪下史郎　金融システムと情報の理論　東京大学出版会　1995
　情報の非対称性についての議論はミクロ経済学の一分野として様々な研究が行われている。銀行の貸出についての情報の非対称性については藪下が詳しい。
　企業に関わる要因も、それぞれの企業または、その行う投資特有の性質だけに依存し企業の経営努力に影響されないものと、その企業の経営者の努力や裁量に依存するものに分けることができる。前者の要因についての情報の不完全さは、企業の行う投資計画が全て同じではなく、その投資収益も異なっていることから生じている。すなわち貸し手は、借り手の投資を識別できないなら、個々の企業の投資収益を知ることができない。ある企業は安全な投資を行っているが、他の企業の投資は危険である。しかし、貸し手は、企業の投資計画がそれぞれ異なっていることを知っていたとしても、どの企業が安全な投資を行い、どの企業が危険な投資を行っているかを知ることができないのである。後者は、貸し手が借り手企業の行動、例えば経営者の努力の程度を直接観察できないことによる。
7 「日本の中小企業研究」は 10 年ごとに発刊されている。1990 年代は「日本の中小企業研究（1990 〜 1999）」というタイトル、2000 年代は「日本の中小企業研究 2000 〜 2009」というタイトルとなっている。
8 中小企業白書 2005 年版によると、経済白書（1957 年版 P.35 〜 36）では、「わが国雇用構造においては一方に近代的大企業、他方に前近代的な労使関係に立つ小企業及び

家族経営による零細企業と農業が両極に対立し、中間の比重が著しく少ない」ことが問題視され、中小企業が「わが国の中の後進圏」であると指摘されている。そこでは、この二重構造に起因する中小企業と大企業の賃金の差、生産性等の格差が、社会全体の問題とされた。

9 シュンペーター著、清成忠男編訳「企業家とは何か」によると、「革新（イノベーション）」とは生産手段の「新結合」を遂行することである。この「新結合」とは、①新しい生産物または生産物の新しい品質の創出と実現、②新しい生産方法の導入、③産業の新しい組織の創出（例えばトラスト化）、④新しい販売市場の開拓、⑤新しい買い付け先の開拓、を指す。また、経営革新計画の事業内容として、❶新商品の開発や生産、❷新役務（サービス）の開発や提供、❸商品の新たな生産方式や販売方式の導入、❹役務（サービス）の新たな提供方法の導入その他新たな事業活動、が求められているが、これら経営革新の定義をイノベーションと同義とみなす。

10 地域需要創出型とは、都市・地方を含め、若手・女性層などが中心となって、個人や少数従業員の企業、複数人による協働をはじめ、活力ある"小さな企業"として、主に地域の需要や雇用を支えるものとして起業・創業するものを指す。（※ネット販売を通じ、国内外に販路拡大をすること等はあり得るとされた）

11 グローバル成長型とは、大企業等からのスピンアウト人材等が、高度な技術・サービス・システムや革新的なビジネスモデルなどをベースにグローバル市場の獲得を念頭に迅速な事業拡大を目指して起業・創業するものを指す。

12 2000年版中小企業白書によると、不確実性の増大とは、経済のフロントランナー化に伴い、企業の事業活動が、技術面、需要面等に対し不確実性に直面しつつ、自らフロンティアを開拓していく課題を背負うことを指す（P.415）。

13 2010年12月に「地域資源を活用した農林漁業者等による新事業の創出等及び地域の農林水産物の利用促進に関する法律（六次産業化・地産地消法）」が施行された。

14 インターネット上の不特定多数の人々に仕事を発注することにより、自社で不足する経営資源を補うことができる人材調達の仕組みのことを言う。

15 本稿では、コミュニティ・ビジネスとソーシャル・ビジネスを同義とする。

16 ここでの個人向けサービスとは、「家事サービス」、「被服関連サービス」「保健医療サービス」「授業料等」「補習教育」「教育娯楽サービス」および「美理容サービス」とする。

17 ここでの個人向けサービス業とは、「飲食店、宿泊業」「医療、福祉」「教育・学習支援業」「洗濯・理容・美容・浴場業」および「生活関連サービス業」とする。

18 TMOとは「Town Management Organization」の略で、街づくりを運営・管理する機関を言う。様々な主体が参加するまちの運営を横断的・総合的に調整し、プロデュースし、時には、施設の整備・運営主体になることもある。

19 中小企業庁「海外事業活動実態調査」1994年12月、帝国データバンクのデータベースより無作為抽出した12,000件（全産業）を調査対象として実施。回収率は28.2％であっ

た。
20 中小企業庁「中小企業国際化実態調査」1997年12月、東洋経済名簿を使用し、海外進出済中小製造業1,111社を調査対象として実施。回収率は41.0％であった。
21 金融機関の業態には、国内銀行（都市銀行、第一地方銀行、第二地方銀行、信託銀行など）、信用金庫、信用組合等がある。都市銀行は、法律で定義された明確なものがないため、埼玉りそな銀行が含まれる場合と含まれない場合がある。例えば金融庁では、都市銀行をみずほ銀行、三井住友銀行、三菱東京UFJ銀行、りそな銀行の4行とし、その他銀行を埼玉りそな銀行としている。しかし日本銀行では、都市銀行を、埼玉りそな銀行を含む5行としている。また、第一地方銀行は全国地方銀行協会加盟銀行、第二地方銀行は第二地方銀行協会加盟銀行とされている。
22 緊急保証制度（正式名称：原材料価格高騰対応等緊急保証制度」）とは、国際的な金融不安、経済の縮小による悪影響により、必要な事業資金の円滑な調達に支障をきたしている中小企業者に対し、その事業資金を供給することを目的とする制度。中小企業が民間金融機関から資金を調達する際に信用保証協会が100％の保証を付すことを内容としており、2008年10月31日から2011年3月31日まで行われた時限立制度であった。
23 セーフティネット貸付とは、セーフティネット保証制度に基づき行われる融資。金融機関の破綻や大型倒産による倒産の防止、不況業種に属する企業の救済などを目的として、保証協会の一般保証枠の別枠（セーフティネット保証枠）が設けられるセーフティネット保証制度に連動して、政府系金融機関でセーフティネット貸付制度（経営環境変化対応資金、金融環境変化対応資金、取引企業倒産対応資金、危機対応円滑化支援業務を活用したセーフティネット貸付等）が設けられている。
24 金融再生法開示債権は、金融再生法（金融機能の再生のための緊急措置に関する法律）の規定に基づき、総与信（貸出金、貸付有価証券、支払承諾見返、未収利息、仮払金、外国為替）を対象に、債務者の財務状態及び経営成績等を基礎として、「破産更生債権及びこれに準じる債権」「危険債権」「要管理債権」及び「正常債権」の4つの区分に分けて開示するものである。このうち、「正常債権」以外の3つを「金融再生法開示債権」と呼ぶ。
25 リスク管理債権は、貸出金を対象に、客観的形式的基準により区分（破綻先債権、延滞債権、3カ月以上延滞債権、貸出条件緩和債権）し、区分された債権毎に各金融機関が開示するものである。
26 ここでいう主要行とは、都銀7行（第一勧業、富士、三井住友、東京三菱、UFJ、大和、あさひ）、長期信用銀行1行（日本興業）、信託銀5行（みずほアセット信託、三菱信託、UFJ信託、三井トラスト、住友信託）を言う。
27 主要行と同様のオフバランス化手法をとることの困難性としては以下が挙げられる。
（a）地域の中小企業には企業再生手法の選択肢、担保処分の流動性、人材等の利用可

能性が限定的。また小規模事業者の場合、生活と経営が一体的で処理自体が困難。(b) 中小・地域金融機関は経営改善指導や企業再生に関するノウハウが十分でなく体制も未整備。無理な処理を強いると、本来再生可能な中小企業まで廃業・清算に追い込まれる恐れがある。(c) 雇用の円滑な流動化や人材活用などの環境整備がなされないままに急速な処理を進めた場合、失業の急増など、地域経済に重要な影響を与えかねない。

28 顧客企業のライフステージ等に応じて提案するソリューション（例）は下表の通りである。

顧客企業のライフステージ等の類型	金融機関が提案するソリューション	外部専門家・外部機関等との連携
創業・新事業開拓を目指す顧客企業	・技術力・販売力や経営者の資質等を踏まえて新事業の価値を見極める。 ・公的助成制度の紹介やファンドの活用を含め、事業立上げ時の資金需要に対応。	・公的機関との連携による技術評価、製品化・商品化支援 ・地方公共団体の補助金や制度融資の紹介 ・地域経済活性化支援機構との連携 ・地域活性化ファンド、企業育成ファンドの組成・活用
成長段階における更なる飛躍が見込まれる顧客企業	・ビジネスマッチングや技術開発支援により、新たな販路の獲得等を支援。 ・海外進出など新たな事業展開に向けて情報の提供や助言を実施。 ・事業拡大のための資金需要に対応。その際、事業価値を見極める融資手法（不動産担保や個人保証に過度に依存しない融資）も活用。	・地方公共団体、中小企業関係団体、他の金融機関、業界団体等との連携によるビジネスマッチング ・産学官連携による技術開発支援 ・JETRO、JBIC等との連携による海外情報の提供・相談、現地での資金調達手法の紹介等
経営改善が必要な顧客企業（自社努力により経営改善が見込まれる顧客企業など）	・ビジネスマッチングや技術開発支援により、新たな販路の獲得等を支援。 ・貸付けの条件の変更等。 ・新規の信用供与により新たな収益機会の獲得や中長期的な経費削減等が見込まれ、それが債務者等の改善につながることで債務償還能力の向上に資すると判断される場合には、新規の信用を供与。その際、事業価値を見極める融資手法（不動産担保や個人保証に過度に依存しない融資）も活用。 ・上記の方策を含む経営再建計画の策定を支援（顧客企業の理解を得つつ、顧客企業の実態を踏まえて経営再建計画を策定するために必要な資料を金融機関が作成することを含む）。定量的な経営再建計画の策定が困難な場合には、簡素・定性的であっても実効性のある課題会計の方向性を提案。	・中小企業診断士、税理士、経営指導員等からの助言・提案の活用（第三者の知見の活用） ・他の金融機関、信用保証協会等と連携した返済計画の見直し ・地方公共団体、中小企業関係団体、他の金融機関、業界団体等との連携によるビジネスマッチング ・産学官連携による技術開発支援
事業再生や業種転換により経営の改善が見込まれる顧客企業など）	・貸付けの条件の変更等を行うほか、金融機関の取引地位や取引状況等に応じ、DES・DDSやDIPファイナンスの活用、債権放棄も検討。 ・上記の方策を含む経営再建計画の策定を支援。	・地域経済活性化支援機構、東日本大震災事業者再生支援機構、中小企業再生支援協議会等との連携による事業再生方策の策定。 ・事業再生ファンドの組成・活用

第2章　中小企業のディスクロージャーの重要性

事業の持続可能性が見込まれない顧客企業（事業の存続がいたずらに長引くことで、却って、経営者の生活再建や当該顧客企業の取引先の事業等に悪影響が見込まれる先など）	・貸付けの条件の変更等の申込みに対しては、機械的にこれに応ずるのではなく、事業承継に向けた経営者の意欲、経営者の生活再建、当該顧客企業の取引先等への影響、金融機関の取引地位や取引状況、財務の健全性確保の観点等を総合的に勘案し、慎重かつ十分な検討を行う。 ・その上で、債務整理等を前提とした顧客企業の再起に向けた適切な助言や顧客企業が自主廃業を選択する場合の取引先対応等を含めた円滑な処理等への協力を含め、顧客企業自身や関係者にとって真に望ましいソリューションを適切に実施。 ・その際、顧客企業の納得性を高めるための十分な説明に努める。	・慎重かつ十分な検討と顧客企業の納得性を高めるための十分な説明を行った上で、税理士、弁護士、サービサー等との連携により顧客企業の債務整理を前提とした再起に向けた方策を検討。
事業承継が必要な顧客企業	・後継者の有無や事業継続に関する経営者の意向等を踏まえつつ、M&Aのマッチング支援、相続対策支援等を実施。 ・MBOやEBO等を実施する際の株式買取資金などの事業承継時の資金需要に対応。	・M&A支援会社等の活用 ・税理士等を活用した自社株評価・相続税試算 ・信託業者、行政書士、弁護士を活用した遺言信託の設定

出所：金融庁 HP「中小・地域金融機関向けの総合的な監督指針（平成25年11月22日）」

29　「オフサイトモニタリング」とは、金融機関から任意の協力を得て行う情報収集（資料の提出、ヒアリング等）のことをいう。「オンサイトモニタリング」とは、個別の金融機関に対して、経営管理態勢、金融円滑化、法令等遵守態勢等の各種リスク管理態勢等の適切性および金融機関の経営実態を検査官が立入りを伴って検証することをいう。

30　2013年5～6月にかけて、全国の財務局等において、各地域の利用者等（中小企業者506名、商工会議所・商工会の経営相談員等444名、消費生活センター職員等99名の計1,049名）を対象に聴き取りによるアンケート調査を実施した。

31　地域金融機関の取組に対する評価（自由評価、選択評価）は下図表の通りである。
（自由評価）

顧客企業のライフステージ等の類型	金融機関が提案するソリューション	外部専門家・外部機関等との連携
創業・新事業開拓を目指す顧客企業	・技術力・販売力や経営者の資質等を踏まえて新事業の価値を見極める。 ・公的助成制度の紹介やファンドの活用を含め、事業立上げ時の資金需要に対応。	・公的機関との連携による技術評価、製品化・商品化支援 ・地方公共団体の補助金や制度融資の紹介 ・地域経済活性化支援機構との連携 ・地域活性化ファンド、企業育成ファンドの組成・活用
成長段階における更なる飛躍が見込まれる顧客企業	・ビジネスマッチングや技術開発支援により、新たな販路の獲得等を支援。 ・海外進出など新たな事業展開に向けて情報の提供や助言を実施。 ・事業拡大のための資金需要に対応。その際、事業価値を見極める融資手法（不動産担保や個人保証に過度に依存しない融資）も活用。	・地方公共団体、中小企業関係団体、他の金融機関、業界団体等との連携によるビジネスマッチング ・産学官連携による技術開発支援 ・JETRO、JBIC等との連携による海外情報の提供・相談、現地での資金調達手法の紹介等

経営改善が必要な顧客企業（自社努力により経営改善が見込まれる顧客企業など）	・ビジネスマッチングや技術開発支援により、新たな販路の獲得等を支援。 ・貸付けの条件の変更等。 ・新規の信用供与により新たな収益機会の獲得や中長期的な経費削減等が見込まれ、それが債務者等の改善につながることで債務償還能力の向上に資すると判断される場合には、新規の信用を供与。その際、事業価値を見極める融資手法（不動産担保や個人保証に過度に依存しない融資）も活用。 ・上記の方策を含む経営再建計画の策定を支援（顧客企業の理解を得つつ、顧客企業の実態を踏まえて経営再建計画を策定するために必要な資料を金融機関が作成することを含む）。定量的な経営再建計画の策定が困難な場合には、簡素・定性的であっても実効性のある課題会計の方向性を提案。	・中小企業診断士、税理士、経営指導員等からの助言・提案の活用（第三者の知見の活用） ・他の金融機関、信用保証協会等と連携した返済計画の見直し ・地方公共団体、中小企業関係団体、他の金融機関、業界団体等との連携によるビジネスマッチング ・産学官連携による技術開発支援
事業再生や業種転換により経営の改善が見込まれる顧客企業など	・貸付けの条件の変更等を行うほか、金融機関の取引地位や取引状況等に応じ、DES・DDSやDIPファイナンスの活用、債権放棄も検討。 ・上記の方策を含む経営再建計画の策定を支援。	・地域経済活性化支援機構、東日本大震災事業者再生支援機構、中小企業再生支援協議会等との連携による事業再生方策の策定。 ・事業再生ファンドの組成・活用
事業の持続可能性が見込まれない顧客企業（事業の存続がいたずらに長引くことで、却って、経営者の生活再建や当該顧客企業の取引先の事業等に悪影響が見込まれる先など）	・貸付けの条件の変更等の申込みに対しては、機械的にこれに応じるのではなく、事業承継に向けた経営者の意欲、経営者の生活再建、当該顧客企業の取引先等への影響、金融機関の取引地位や取引状況、財務の健全性確保の観点等を総合的に勘案し、慎重かつ十分な検討を行う。 ・その上で、債務整理等を前提とした顧客企業の再起に向けた適切な助言や顧客企業が自主廃業を選択する場合の取引先対応を含めた円滑な処理等への協力を含め、顧客企業自身や関係者にとって真に望ましいソリューションを適切に実施。 ・その際、顧客企業の納得性を高めるための十分な説明に努める。	・慎重かつ十分な検討と顧客企業の納得性を高めるための十分な説明を行った上で、税理士、弁護士、サービサー等との連携により顧客企業の債務整理を前提とした再起に向けた方策を検討。
事業承継が必要な顧客企業	・後継者の有無や事業継続に関する経営者の意向等を踏まえつつ、M&Aのマッチング支援、相続対策支援等を実施。 ・MBOやEBO等を実施する際の株式買取資金などの事業承継時の資金需要に対応。	・M&A支援会社等の活用 ・税理士等を活用した自社株評価・相続税試算 ・信託業者、行政書士、弁護士を活用した遺言信託の設定

第2章　中小企業のディスクロージャーの重要性

(選択評価)

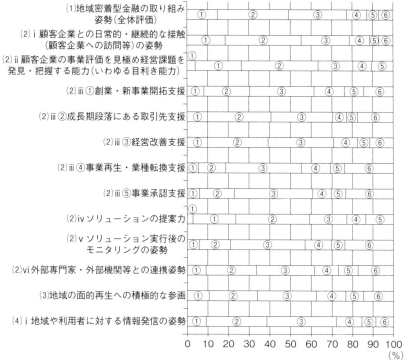

①積極的　②やや積極的　③どちらとも言えない　④やや消極的　⑤消極的　⑥わからない

32 「中小企業金融円滑化法の期限到来に当たって講ずる総合的な対策」

> Ⅰ　金融機関による円滑な資金供給の促進
> (a) 金融検査マニュアル・監督指針に以下を明記し、検査・監督で徹底
>   ・(円滑化終了後も) 貸付条件の変更等や円滑な資金供給に努めること
>   ・他の金融機関等と連携し、貸付条件の変更等に努めること
> (b) 地域経済活性化支援機構法に、金融機関は金融の円滑化に資するよう努めるべきの趣旨を規定
> (c) 金融業界は円滑化法終了後も貸付条件の変更等に真摯に対応していく旨を申し合わせ
> (d) 金融機関に、貸付条件の変更等の実施状況の自主的な開示を要請
>
> Ⅱ　中小企業・小規模事業者に対する経営支援の強化

- (a) 金融機関に対し、中小企業・小規模事業者の経営支援に一層取り組むよう促す
- (b) 独力では経営改善計画の策定が困難な小さな中小企業・小規模事業者に全国約11,200の認定支援機関（税理士、弁護士等）が計画策定を支援
- (c) 年間数千件程度の再生計画策定支援の確実な実施のため、中小企業再生支援協議会の機能強化を図る
- (d) 企業再生支援機構を地域経済活性化支援機構に改組・機能充実
- (e) 経営支援と併せた公的金融・信用保証による資金繰り支援
- (f) 全都道府県に中小企業支援ネットワークを構築し、参加機関が連携して中小企業・小規模事業者の経営改善・事業再生を支援

Ⅲ 個々の借り手への説明・周知等
- (a) 金融機関は、円滑化法終了後も顧客への対応方針が不変であることを個々の中小企業・小規模事業者にも説明
- (b) 円滑化法終了後も金融機関や金融当局の対応が不変であること、各種の中小企業・小規模事業者支援策を、商工会、中小企業団体中央会、税理士会、公認会計士協会、中小企業診断協会、行政書士会等を通じ、中小企業・小規模事業者に幅広く説明
- (c) わかりやすいパンフレットの作成、新聞広告など政府広報を活用した中小企業・小規模事業者に対する工法の実施
- (d) 経済産業省に「中小企業・小規模事業者経済改善対策本部」を設置し、関係団体、認定支援機関に対し、各種施策の積極的活用を要請
- (e) 金融庁及び中小企業庁等において、中小企業・小規模事業者等に対する説明会、意見交換会等を集中的に実施
- (f) 全国の財務局・財務事務所に「金融円滑化法に関する相談窓口」、全国の経済産業局、中小企業再生支援協議会、公的金融機関など関係機関に「経営改善・資金繰り相談窓口」（約580ヵ所）を設置し、中小企業・小規模事業者からの個別の相談・苦情・要望をきめ細かく対応

（出所：金融庁HP）

第2章　中小企業のディスクロージャーの重要性

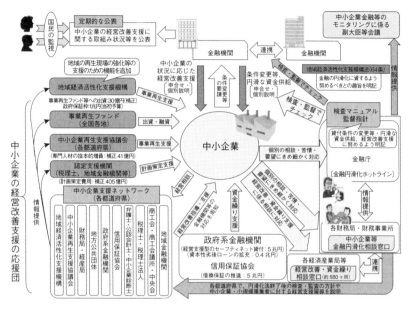

33 また、由里は以下のようにも述べている。リレーションシップ・バンキングという言葉に初めて出会ったのは、1998年6月、米国銀行協会のストーニア高等銀行研修所でのことであった。研修生たちの見解を集約すれば、「小企業融資は大企業融資や住宅融資などと異なり、リスクや貸出条件を定量化しきれず、ここにこそ、貸し手と借り手のリレーションシップ（人間関係）に基づくリテールバンキングの存在意義がある」ということになろう。

34 括弧内は筆者が記載。

35 ここでの、日本政策金融公庫の代理貸しとは、大東銀行を代理店として、日本政策金融公庫の資金を利用する融資制度のことをいう。

36 エージェンシー関係とは、エージェンシー理論で契約関係を本人（principal）と代理人（agent）の関係と捉えることを指す。エージェンシー理論では、通常、エージェンシー関係で情報の非対称性があること、及び自己の効用を最大化するように個々人が合理的に行動することが規定されている（須田）。

37 全国の金融機関520機関（都市銀行、地方銀行、信用金庫、信用組合など）に対し、アンケート調査を実施（2012年12月～2013年2月実施）。回答率70.4％。回答者は主に融資部門責任者であった。

38 IIRCは、規制者、投資家、企業、基準設定主体、会計専門家およびNGOにより構成される国際的な連合組織である。IIRCは長期ビジョンとして、統合報告が企業報告

の規範となることを掲げる。統合報告の狙いは以下のとおりである。①より効率的で生産的な資本の配分を可能とするために、財務資本の提供者が利用可能な情報の質を改善する。②複数の異なる報告を基礎に、組織の長期にわたる価値創造能力に強く影響するあらゆる要因を伝達する企業報告に関して、よりまとまりのある効果的なアプローチを促す、③広範的な資本（財務、製造、知的、人的、社会・関係および自然資本）に関する説明責任およびスチュワードシップを向上させるとともに、資本間の相互関係について理解を深める。④短、中、長期の価値創造に焦点を当てた統合思考、意思決定及び行動に資する。

第3章　先行研究サーベイ

第3章　先行研究サーベイ

　第2章において、中小企業のディスクロージャーの重要性について中小企業、金融機関、会計の視点から分析を行った。その結果として、中小企業の視点では、中小企業の資金調達における金融機関の役割は依然大きいことが示された。また、中小企業の発展性の視点から、①新分野・経営革新、②コミュニティ・ビジネス、③海外展開を、また中小企業の問題性の観点から事業承継について、約10年間の動きを中小企業白書をもとに時系列で見ていった。その結果として、いずれの観点からも、金融機関が融資審査を行ううえで、不確実性が拡大していることが推測された。

　金融機関の視点では、2003年に金融庁から発表された「リレーションシップバンキングの機能強化に関するアクションプログラム」以降現在に至るまで、取引先の実態に応じた事業価値を見極める融資手法やビジネスマッチングに代表される営業支援のような、いわゆる財務諸表や担保に過度依存した資金供給からの転換が促されてきたと言える。その一方で、金融機関の実態を調査した資料等によると、中小企業に対する不確実性の高いと思われる融資に対しては、何らかの形で担保をとっている案件が多くみてとれる。

　会計の視点では、融資前の逆選択を縮小させると思われる知的資産経営の拡大や、逆選択およびモラルハザードを縮小させる効果のある財務数値の適正化の流れを確認した。

　このことから、中小企業のますます拡大する不確実性に対応できる融資審査能力を金融機関は持つ必要があり、そのためには担保等に過度に依存することなく中小企業の実態に応じた目利き能力が必要であり、その手段の一つとして、会計情報が大きな役割を担うのではないかと推測される。しかしながら、そのような会計情報は中小企業の内部に存在しており、会計情報を積極的に金融機関に対して開示することが大きな意味をもつのではないかと思われる。

　上記の観点から、今後の研究を進めていく。研究のスタートとしてこの章ではまず企業の情報開示についての先行研究をレビューしたい。

第1節　全体像について

　企業の情報開示についての先行研究は、大きく分けて経営者のモチベーションや開示に伴うコストに焦点を当てて、それらの情報開示への影響という分野と、被説明変数を開示情報のボリュームとし、説明変数を一般的に公開されている企業の財務要因や非財務要因を活用した開示情報の拡張（ボランタリー・ディスクロージャー）の分野がある。財務要因、非財務要因が開示情報のボリュームに影響を与える根拠には、情報の非対称性の増加を軽減するためのシグナリングの役割、エージェンシー理論、開示事務費用、訴訟関連費用に着目している。

　前者の研究は、会計機能の観点では、意思決定支援機能における情報開示を取り上げているが、経営者のモチベーションや開示コストについては、契約締結後の会計手続き選択などに焦点を当てた会計の契約支援機能についても焦点を当てる必要があるであろう。

　また、後者のボランタリー・ディスクロージャーの分野では、被説明変数を、任意開示項目とした研究と、主として知的資産に注目した研究に分けられる。

　情報開示についての先行研究は、専ら、市場の規制下にある公開企業を対象としている。その一方で、筆者の研究は、市場の規制が及ばない中小企業と金融機関との関係に注目した。中小企業の情報開示については、中山（2001）や湖中（2005）が行った中小企業間のネットワーク化や異業種交流における情報交換の研究があるものの、中小企業が金融機関に対して、情報を開示する姿勢に着目した研究は見当たらない。その一方で融資審査という観点では、企業情報の活用プロセスや情報内容に言及した研究は多く見られるため、金融機関がどのような情報を活用しているのかと言った視点での先行研究を取り上げる。

　以下、2節では経営者のモチベーションや情報開示コストに焦点を当てた研究について、3節では開示情報の拡張（ボランタリー・ディスクロージャー）に焦点を当てた研究について説明する。また、4節では、ボランタリー・ディスクロージャーの分野でも知的資産情報を取り上げた研究について、5節で

第3章　先行研究サーベイ

は開示情報に対する金融機関の対応について取り上げた先行研究を説明する。

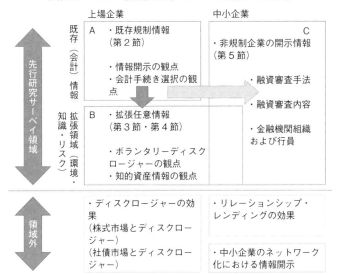

図表 3-1-1-1　（先行研究）サーベイ論文の全体像

第2節　情報開示へのモチベーションとコスト

　情報開示の果たす役割は、情報の非対称性やエージェンシー関係から生じる逆選択やモラル・ハザード問題によるコストを削減することと考えられる。（Jensen and Meckling, 1976）

　情報開示の研究のなかでも、Cole（1990）のようなコスト削減を主たる目的とした効率的情報開示に加えて、経営者の機会主義的な目的を達成するための情報開示に注目した研究がある。

　Healy and Palepu（2001）は、経営者の情報開示についての経営者のモチベーションやコストについて、Capital market transaction hypothesis（資金調達仮説）、Corporate control contest hypothesis（投資家への説明責任仮説）、Stock compensation hypothesis（報酬仮説）、Litigation cost hypothesis（訴

訟リスク仮説)、Management talent signaling hypothesis(シグナリング仮説)およびProprietary cost（情報開示コスト）を取り上げている。

この後、1項および2項ではHealy and Palepu（2001）の分類をもとに説明を行う。また、3項では、経営者の抱くモチベーションを、会計手続きの選択という観点から行われた先行研究を記載する。ここまでの1項から3項では、投資決定前における、経営者の行動について検証を行ったが、4項、5項では、投資決定後の経営者行動について先行研究を検証する。

4項、5項でとり上げる経営者の機会主義的会計手続き行動については、契約理論をもとに分析した研究は、positive accounting theoryが中心であり、情報開示のモチベーションではなく、契約締結後の経営者の会計手続き選択に焦点を当てているが、どのような誘因で、経営者がそのような手続きを選択するのかは、proprietary costと近い概念と考えられる。また、ここで取り上げられる契約は、経営者と債権者との間で結ばれる債務契約、経営者と株主とで設定される経営者報酬契約、企業と政府との間で結ばれる規制や徴税、発注などの契約に分けられる。（Watts and Zimmerman, 1990）

そのなかでも、投資決定後の経営者の行動については、報酬契約や債務契約、財務制限条項と会計発生高や会計手続き選択との実証研究が中心となっている。

また、報酬契約や債務契約に経済的意義があるのかについての研究については、Abowd（1990）が報酬契約の意義について、Duke and Hunt（1990）が債務契約について、Kalay（1982）が財務制限条項について検証を行い、いずれも仮説を支持している。

1 情報開示に対する誘因

資金調達仮説に関する先行研究には、Myers（1984）が、理論面から、外部資金を調達する考えがある企業のマネージャーは、情報の非対称性を軽減し、外部資金調達のコストを下げるため、積極的に情報開示を行うことを論証している。

実証研究としては、Healy et al.（1999）が、情報開示の代理変数として、アナリストによるディスクロージャーレイティングを活用し、ディスクロージャーレイティングの前後で資金調達の増加があるのかどうかを検証した。

第3章　先行研究サーベイ

総資産に対する発行金額がディスクロージャーレイティングの前後で統計的に有意に変化しているのかとの検証を行ったところ、総発行金額と公的負債が、ディスクロージャーレイティング向上年に有意に増加していることが検証された。これにより、マネージャーが情報開示を行うモチベーションが、資金調達にあると主張している。

Lang and Lundholm（2000）は、情報開示のモチベーションを、米国上場企業41社を対象に開示情報を、業績、マネジメント内容、将来情報、その他に分けた上で、各々の情報が、資金調達を行った企業と行わなかった企業とで有意な差があるかをt検定で分析した。その結果、全ての情報では、有意な差が見られた。また個別情報では、業績、マネジメント内容が有意な差が見られた。その結果仮説が検証されたと主張している。

次に、投資家への説明責任仮説である。理論研究としては、Palepu（1986）、Warner et al.（1988）、Healy and Palepu（1993）が、企業の株価の低下が、敵対的買収に結びやすくなり、その結果経営者が解雇されることを論証した。また、Weisbach（1988）は、外部取締役の割合が大きいほうが、より企業の株価と経営者の交代との関係が強いことを説明している。このように、情報開示の少なさが投資家への説明責任を果たしておらず、経営者の責任を問われるという観点に加えて、実証研究では、Brennan（1999）が、テイクオーバービットにおいては、友好的買収と敵対的買収がある。友好的買収においては、既存株主が買収先に株式を売却してもらうモチベーションがあるため、将来情報について悲観的な見通しを出すのではないか。一方、敵対的買収においては、既存株主に対して、ビット価格よりも将来の価格が高くなることや、買収先が提示する新経営陣よりも優秀であることを表そうとするのではないか。すなわち、買収企業は、マネジメントの業績を攻撃してくるため、経営陣は、より良い将来情報を開示し、攻撃から守ろうとすると推測した。調査は、1988年から1992年の間のイギリスで買収が行われた701社に対して行われた。

まず、友好的買収と敵対的買収で、情報開示数の相違については、友好的買収が13％の企業が開示しているのに対し、敵対的買収は35％となり統計的に有意な差が見られた。また、友好的買収の場合、64％がネガティブ情報の開示であり、一方敵対的買収の場合66％がポジティブ情報となり統計的

に有意な差が見られ、仮説は支持された。

　続いて報酬仮説について検討したい。Noe（1999）は、マネージャーの情報開示のモチベーションとインサイダー取引との関係を実証分析した。分析のモデルは、被説明変数に、米国85企業の79年～87年の6,869のインサイダー取引ボリューム（売り、買い双方）を設定し、説明変数には、経営陣が発表した収益見通しの発表と四半期ごとの収益実績の発表に分けた。また、説明変数は、発表の前後および内容をノンネガティブ、ネガティブに分けたため、計8の説明変数を設定した。経営陣が、インサイダー取引の規定に抵触することを懸念しているのであれば、経営陣が発表する収益見通しや四半期ごとの収益発表前の情報開示内容とインサイダー取引ボリュームとは関係がないはずである。

　結果はほぼ仮説を支持することとなった。一方、収益見通しの発表や四半期ごとの収益実績の発表後では、収益見通しの発表がノンネガティブのほうが売りに、収益見通がネガティブの方が買いに各々正の相関を示した。以上により、マネージャーはディスクロージャー前に機会主義的な行動をとることはないものの、インサイダー取引に抵触しないように情報開示を行い、投資家との情報の非対称性を軽減した上で、インサイダーの利益を増加させる取引を行っていると主張している。

　Aboody and Kasznik（2000）は、ストックオプションに注目し、マネージャーは、ストックオプションの行使による自己の利益を増やすために、行使日よりも前には、企業にとってネガティブな情報を積極的に開示し、行使時にその反動での値上がり益を享受するのではないかとの仮説を検証した。行使前後のアナリストの予想や市場価格の相違といった、間接的な方法に加えて、直接行使前後で情報内容の違いがあるかを調べた。t検定を行った結果、統計的に有意な相違が見られ、行使前の方が、よりネガティブ情報を開示すると主張している。

　次に訴訟リスク仮説である。Skinner（1994）は、マネージャーの情報開示のモチベーションを、訴訟コストの観点から分析した。分析を行う理論としては、株価の急落による投資家からの訴訟が、マネージャーの情報開示のまずさにあることに着目した。仮説としては、①マネージャーは、悪い情報については、早急に開示したいモチベーションを持つため、期末ではなく、

第3章　先行研究サーベイ

四半期報告で多く行うこと、②このような情報の開示は、ネガティブ収益情報の大きさに関連していること、③株価の急落は、良いニュースよりも悪いニュースでより起こることの3点である。米国ナスダック上場企業の80年代93社のデータをもとに分析した結果は次の通りとなった。①期末の情報では、良い情報が57％、一方四半期データでは悪い情報が78％となりカイ二乗検定の結果、統計的に有意な差が見られ仮説を支持した。②ロジット回帰分析の結果、より事前の予測との差が大きい方が、多くの情報量の開示を行っていることが統計的に有意となり仮説を支持した。③t検定の結果、全ての情報開示では、悪い情報が6.06％の株価下落、良い情報が2.46％の株価上昇となり統計的に有意な差が見られた。同じ結果が、期末情報でも見られた。

　Hooks and Moon（1993）は、S&P社のレポートインデックスから抽出した29社をもとに分析した結果、SEC（米国証券取引委員会）が1989年に発表したFRR36以降、MD&Aにおいて予測情報の開示が拡大した。FRR36は、MD&Aの開示における厳格運用を示した指針であり、企業が指針に従って開示を拡大したと主張している。

　Francis et al.（1994）は、マネージャーの情報開示のモチベーションを訴訟の観点から実証的に研究した。1988年から1992年の米国企業を対象に、訴訟を受けた企業と訴訟を逃れた企業を対比することにより、業績低下による訴訟を逃れたほうが、より多くの自発的な情報開示を行っているのではないかとの仮説を検証した。45社の訴訟を受けた企業のうち62％にあたる28社は、利益発表に加えて利益見通しや先行き見通しを発表しているが、訴訟の対象は利益見通しや先行き見通しを対象として行われていた。また、非訴訟企業の大半は、公式な利益発表以外にはネガティブな情報を開示していなかった。その他の調査においては、情報開示の頻度や内容は市場価格の下落と統計的な有意性がないこと、その一方で、事前の密着した情報の開示は市場の価格の下落を軽減することから、事前の情報開示が完全に訴訟をなくすことにはならないものの、市場の価格低下が軽減されることを通じて、何がしかの訴訟リスクをさげるのではないかと説明している。この結果は、仮説を支持するものではなかったと考えられる。

　Skinner（1997）は、マネージャーは、訴訟を回避するために、情報開示を促進するのではないか、との仮説について、①訴訟が終結もしくは取り下

げられた 134 米国企業について、訴訟金額を被説明変数とし、説明変数を情報開示のタイミング、投資家のダメージとした回帰分析②モデルは同一で、対象を訴訟が終結した企業のみに限定したものである。分析の結果、ほぼタイミングは統計的に有意な負、ダメージは正の相関を示し、情報開示のタイミングが長いほど、ダメージが大きいほど訴訟金額が大きいことが明らかになった。この結果により、投資家のダメージをコントロールすることにより、情報開示のタイミングが短いほど訴訟金額というコストが小さくなるため、マネージャーの訴訟を回避するモチベーションが情報開示を促進していると主張している。

シグナリング仮説については、Spence（1973）は、逆選択によるエージェンシーコストを減らすために、エージェントが行う行動がシグナリングであり、労働市場において学歴が生産性のシグナルになることを理論的に分析した。

Huges（1986）が、エージェンシー問題における逆選択を回避するシグナリングとして企業の情報開示が有効であることを理論的に分析した。

また、Morris（1987）は、エージェンシー問題として、逆選択とモニタリングコストを取り上げている。逆選択を回避する手段としてシグナリングがあり、モニタリングコストを下げる手段として、企業経営者が行うボンディング行動があるが、各々対立した概念ではなく報酬規定やデッドエクイティレシオ、配当規制など債務契約を積極的に行うボンディング行動は、シグナリングとしても有効であることを説明している。

Trueman（1986）は、マネージャーの利益見通しについての情報開示のモチベーションをマネージャー自身の優秀さをアピールするシグナリングではないかと考え、理論構築を行った。利益見通しを開示することそのものは、期末に実際の利益発表が行われるため、その行為による情報の非対称性が軽減は考えにくく、結果として企業価値が上がることはないと説明したうえで、マネージャーは、利益見通しの発表が、企業の外的環境をいち早く把握し、適確に対応していることのアピールにより、マネージャーの優秀さを理解してもらい、投資家の評価を得て企業価値を向上させると主張している。また、情報の内容は、良し悪しは関係ないため、マネージャーは情報の内容にかかわらず情報開示を行うモチベーションを持つと主張した。

2 情報開示に対するプロプリエタリコスト

　Verrecchia（1983）は、proprietary cost の概念を発表した。情報の非対称性が存在する市場において、企業が保有する内部情報を外部に対して情報開示を行うことにより、外部にはメリットがあるものの、企業には不利益を及ぼすコストである。企業は、情報開示によるコストが便益を下回った場合、情報開示のインセンティブは下がることが予想されると主張している。

　また、Dye（1986）は、Verrecchia（1983）をもとに proprietary cost についての理論研究を進めた。その結果、proprietary cost が発生しない情報であっても、proprietary cost を連想させる情報であれば、情報開示を制限することを説明している。

　Sanders et al.（1999）は実務家からの意見として、セグメント情報の開示については、preparing cost と competitive cost が発生することを説明している。

　Baker and McFarkand（1968）は、proprietary cost のなかでも preparing cost について説明している。この書籍は、Financial Reporting for Investment and Credit Decisions という NAA（National Association of Accountants）のプロジェクトをまとめたものである。このプロジェクトは、セグメント情報の情報開示について、現状の課題等を縮約したものであるが、そのなかで、情報開示における問題点として、外部投資家に報告を行うセグメントを選択することやセグメントの収益や費用を計測することの煩雑さを上げている。

　Mautz（1968）は、FERF（Financial Exectives Research Foundation Reserch Project）の議論において、追加情報を出すことによる preparing cost を説明している。具体的には、追加のスタッフ、追加の記録・準備、データの再確認、会計士のコストである。内部情報をそのまま出せばよいものではなく、開示対象に合わせて法的な適合性が求められる。また、そのようなコストに加えて、追加の情報を出すことによる役員やマネージャーが質問に回答しなくてはならない。これは、すなわちリスクが高い投資等についての説明が、面倒になり、ひいては起業家的な独創心が失われるのではないかと説明している。

　Darrough and Stoughton（1990）は、competitive cost について、ゲーム

理論をもとに情報開示との関係を理論的に分析し、企業の競争相手が多くなるほど情報開示コストが高くなり、開示を制限することを論証した。また、Deppe and Omer（2000）は、実務家の立場から、セグメント情報の開示には、competitive cost が発生することを説明している。

3　経営者の会計手続き選択について

　情報開示とは異なるものの、経営者が抱くモチベーションを、会計手続きの選択という観点から研究したものがある。

　Dechow et al.（1996）は、粉飾決算を行った企業が、会計手続きにおいてどのような行動をとったのか、どのようなモチベーションをもとに行ったのかを実証的に分析した。分析は、1982年から1992年の間における粉飾決算を行った企業92社と、コントロール企業92社を対比させることで検証を行った。モチベーションの要因は、SEC が報告する Accounting and Auditing Enforcement Release（AAER）の中に記述されている（たとえば、有価証券を発行するため、一株当たり利益（EPS）の増加傾向を示すためなど）ものの、体系的に分析されてないとして、①資金調達の必要性、②財務制限条項の抵触の有無、③経営者報酬制度の有無を主たるモチベーションとして仮定した。①資金調達の必要性の代理変数として、フリーキャッシュフローの将来需要（営業キャッシュフローから資本的支出を差し引き、流動資産で除したもの）、有価証券の発行回数、有価証券の発行総額を設定した。また、財務制限条項の抵触については、実際の抵触有無に加えて、レバレッジも代理変数として設定した。コントロール企業との対比を行ったところ、資金調達の必要性を表す3つの代理変数および財務制限条項の抵触2変数とも統計的に有意な差が見られた。一方、経営者報酬制度の有無は有意にならなかった。

　Erickson and Shinng-wu Wang（1999）は、経営者の機会主義的行動を、企業買収の観点から実証的に分析した。企業買収においては、買収企業と被買収企業の株式を交換する方法が多く活用される。その際の交換比率は、株価などの市場価格や、もしくは投資銀行のような第三者により決定されるため、被買収企業の経営者は、交渉を有利にするため、企業買収情報公表日前の利益調整を高めに行うのではないかということを検証した。分析の結果、公表直前四半期から二四半期前までの裁量的会計発生高[39]が統計的に高く

なることが示され仮説を支持した。

　Teoh et al.（1998）は、株式の新規公開にあたり、経営者が機会主義的な行動をとり、利益調整を行っていることを実証的に分析した。すなわち、新規公開にあたり、経営者は高い株価での発行を行うことと、公開後に経営者が保有している株式を高値で売却したいモチベーションを持つため、経営者は利益調整を行うことを検証した。サンプルは、米国にて 1980 ～ 1992 年までに公開を行った 1649 社について行った。公開年（0 年）から公開後 6 年までの裁量的短期発生高[40]を期首の資産で除した数値の中央値を検証した結果、0 ～ 2 年まで統計的に有意な正の値を示した。また、5 年で統計的に有意な負の値を示した。この結果、仮説が検証されたと主張している。

4　報酬契約における研究について

　報酬契約と会計手続き選択との関係では、Zmijewshi and Hagerman（1981）が実証研究を行い、経営者の報酬規定の有無が、利益増加方針の会計手続き選択をすることを実証した。

　報酬契約と会計発生高との実証研究には、Healy（1985）がある。米国大手製造業 250 社を対象に、年間利益から会計発生高を控除した額が、経営者のボーナス制度の上限額を超えているポートフォリオ（UPP）、年間利益額が目標利益額を下回っているポートフォリオ（LOW）、両方に属さないポートポートフォリオ（MID）に分けた。仮説としては、UPP は、これ以上利益を上げても経営者のボーナスが増えないため、今期の利益を減らし、来期に繰り延べする会計操作を行う。また、LOW は、これ以上利益を上げても経営者のボーナスが出ないため、今期の利益を減らし、来期に繰り延べする会計操作を行う。一方、MID は、会計操作を行い、利益を増加させることで経営者のボーナスを増やす処理を行う。分析は 3 つのポートフォリオと、会計発生高のプラス、マイナスで分けたクロス分析を行った。また次に、3 つのポートフォリオの平均値の比較を行った。その結果クロス分析についてのカイ二乗検定は統計的に有意となり、MID のポートフォリオが、UPP、LOW のポートフォリオに比較して会計発生高がプラスの割合が大きいことが示された。また、t 検定の結果、MID の会計発生高の平均値は、UPP、LOW よりも統計的に有意に高くなり、仮説を支持した。また、同時に、ボー

ナス制度の導入や変更と会計手続きの変更との関係を12年にわたり検証した。その結果、ボーナス制度の導入や変更した企業グループが、そうではないグループと比較し、12年のうち9年会計手続きの変更を多くしていることが示された。

　Gaver et al.（1995）は、Healy（1985）の論文をもとに、経営者の報酬増加へのモチベーションと会計手続き選択との関係について、より深く分析した。Healy（1985）との研究との違いは3点ある。まず、Healy（1985）が、会計発生高を全て裁量的会計発生高と見なしたのに対し、より精密に裁量的会計発生高を推定したことである。次に調査対象を1980年から1990年とより年次の新しいデータにしたことである。3点目は、ポートフォリオの分類である。LOWポートフォリオを、年間利益から裁量的発生高を控除した額が目標利益より下回ったグループ、それ以外をMIDポートフォリオに分類した。まず、Healy（1985）と同様に会計発生高を全て裁量的会計発生高とみなしたモデルで検証した結果、LOWポートフォリオが、MIDポートフォリオと比較して、会計発生高がマイナスになったケースが多く、カイ二乗分析でも統計的に有意となった。また、各々のポートフォリオの平均値は、統計的に有意にLOWポートフォリオより低くなった。この結果は、そもそものHealy（1985）の仮説に一致している。しかも、Healy（1985）の研究では、統計的には有意とならなかったため、より強い検証を行ったことになる。次に、より精密に裁量発生高を推定し検証したところ、逆の結果となった。すなわち、LOWポートフォリオが、MIDポートフォリオと比較して、会計発生高がプラスになったケースが多く、カイ二乗分析でも統計的に有意となった。また、各々のポートフォリオの平均値は、統計的に有意にLOWポートフォリオがより高くなった。この結果Gaver et al.は、Healy（1985）が主張する、LOWポートフォリオの経営者は、利益を減少させる会計手続きを選択するとの理論（bonus hypothesis）を否定し、LOWポートフォリオの経営者は、利益を平準化させるモチベーション（income smoothing hypothesis）を持つと主張した。

　また、Holtthausen et al.（1995）は、Healy（1985）と違い、実際の経営者のボーナス金額などのデータを入手したことにより、LOW、MID、UPPのポートフォリオをより正確に把握した。まず、Healy（1985）と同じ会計

発生高でのモデルについては、LOW ポートフォリオが、MID ポートフォリオよりも平均値が低く統計的に有意となったが、UPP と MID では統計的には有意にならなかった。一方、より裁量的会計発生高を精密に算出したモデルでは、LOW ポートフォリオと MID ポートフォリオの間では統計的に有意とならなかったものの、UPP と MID との関係では、UPP ポートフォリオが MID ポートフォリオよりも統計的に平均値が有意に低くなり、Healy (1985) の仮説を支持した。この結果、Holthause らは Healy (1985) の仮説 (bonus hypothesis) が支持されたと主張している。

また、Zmijewshi and Hagerman (1981) は、説明変数を、経営者の報酬規定、市場の占有率、ベータ値（リスク）、規模（売上高の対数）、資本集中度（固定資産／売上高）、負債比率（負債／総資産）としたプロビット分析を行い、会計手続き選択との関係を分析した。分析の結果、経営者の報酬規定、市場占有率、規模、負債比率が仮説を支持し統計的に有意となった。

また、Guidry et al. (1999) では、Healy (1985)、Gaver et al. (1995)、Holthausen et al. (1995) の研究をもとに、対象を企業全体の会計発生高ではなく、よりマネージャーの行動が直接的に反映されると思われる事業の会計発生高を活用し、マネージャーの報酬に対するモチベーションと会計発生高との関係を実証的に分析した。会計発生高については、Healy (1985) のモデルより精密な裁量的発生高を算出する2つのモデルを活用した。その結果、Healy (1985) のモデルのうち、MID と UPP との中央値の差を検討するノンパラメトリック検定を除き、全てのモデルにおいて、LOW と MID、MID と UPP の違いが統計的に有意な差が認められ、LOW、UPP いずれも MID よりも裁量的会計発生高が低くなっている。これは、Healy (1985) が主張する報酬契約仮説を支持する結果となった。

5 債務契約における研究について

財務制限条項と会計発生高との実証研究としては、DeAngelo et al. (1994) がある。1980年から1985年の間で、純損失の計上や配当の減少（減配）など財務的に問題のある企業76社を、財務制限条項のある企業29社とない企業47社に分けた上で、財務制限条項の有無が、会計発生高に関係があるのかを実証的に分析した。対象企業はニューヨーク証券取引場

（NYSE）上場企業である。仮説としては、減配する企業は、強制的に配当制限を行う財務制限条項を嫌がるため、それ以前の年の利益を増加させるための会計発生高を高めるというものである。分析は、減配を行った年度の前10年と後3年の計13年間のデータをもとに行った。まず、会計発生高のレベルの比較については、いずれも統計的に有意とならなかった。また、会計発生高の変化については、9年前について、財務制限条項のある企業の平均値-0.7%、ない企業が10.8%となり、統計的に有意となったもののこれは仮説とは逆の結果となった。他の期間でも仮説を支持した内容とはならなかった。この結果について、DeAngelo et al.（1994）は、債権者との再交渉や経営者の交代、労働組合との交渉が影響しているのではないかと説明している。

　また、DeFond and Jiambalvo（1994）は実際に財務制限条項に抵触した企業を対象に、条項違反に抵触した前年と抵触した年の2年について裁量的会計発生高を算出した。まず、条項違反に抵触した前年は、標準化前、標準化後いずれの裁量的会計発生高も平均値、中央値で統計的に有意なプラスとなり仮説を支持した。一方、条項違反に抵触した年は、平均値はマイナスの値をとり、中央値については統計的に有意とならなかった。この結果は、経営者の交代や監査報告書での継続企業に対する懸念の表明が強力な支持となり、手続きに対して影響しているのではないかと考え、対象企業からそのような企業を外したサンプルにて再度検証した結果、平均値、中央値いずれもプラスとなり、平均値では統計的に有意となった。この結果、財務制限条項に抵触する企業は、利益を増加させる会計手続きを選択することを主張している。

　具体的な会計手続き選択についての研究としては、Press and Weintrop（1990）がある。レバレッジや負債比率が財務制限条項接近の代理変数であることについて確認を行った。説明変数のひとつである負債比率を4種類の計算式で求められるレバレッジ数値とした上で被説明変数を会計手続き選択としたプロビットモデル（高いほうが利益を増加させる手続きをとる）を分析した。その結果、いずれの定義のレバレッジ数値も統計的に有意な正の相関を示した。

　また、Sweeney（1994）は、対象を財務制限条項に抵触した製造業130社と抵触していない企業130社を対比した。また、対比については、財務制限

条項の抵触前5年、後2年の計7年にわたって行った。まず、過去勤務年金原価の償却、棚卸資産の評価方法、投資税額控除のような会計手続き選択を、利益の増加要因、減少要因に分けた上で、対比を行ったところ、財務制限条項のある企業が、サンプル企業よりも収入を増加させるような会計手続きの変更を行っていることが統計的に有意に示された。また、会計手続きの変更がどの程度利益に影響を及ぼすかについての検証を行ったところ、財務制限条項のある企業が、より強い影響を及ぼすことが統計的に示された。また、SFAS13のような会計基準の変更についても、財務制限条項のある企業が、より早く利益増加させる基準の適用をしていることが統計的に有意になったが、一方対比した企業ではそのような結果は得られなかった。

6　本節から得られたインプリケーションと残された課題

　本章では、経営者の情報開示についての経営者のモチベーションやコストについてHealy and Palepu（2001）が主張している、資金調達仮説、投資家への説明責任仮説、報酬仮説、訴訟リスク仮説、シグナリング仮説およびProprietary cost（情報開示コスト）をもとに主たる先行研究を取り上げた。その結果、いずれもの仮説も理論面での研究がなされている。

　また、実証研究についてもシグナリング仮説を除いて実証研究が行われ仮説は支持された。また、Proprietary costについては、preparing costとcompetitive costが主たるcostとして検証されている。次に情報開示とは異なるものの、会計手続きの選択という観点からも先行研究を取り上げた。会計手続きの選択は、経営者の機会主義的なモチベーションによるものであり、適切な会計手続きを行うことによるcostが発生していると考えられるためである。この分野では、資金調達の必要性や財務制限条項の有無、買収交渉、新規公開によるキャピタルゲインの獲得が経営者の機会主義的な会計手続きの選択のモチベーションになっていることが主張されている。

　上記先行研究に加え、投資決定後の経営者行動について先行研究を検証した。報酬契約と会計手続き選択との関係では、Zmijewshi and Hagerman（1981）が実証研究を行い、経営者の報酬規定の有無が、利益増加方針の会計手続き選択をすることを実証した。また、同じく報酬契約の観点では、会計発生高との実証研究もある。Healy（1985）、Gaver et al.（1995）、

Holthausen et al.（1995）、Guidry et al.（1999）による一連の研究により、より統計的に精度の高い分析を行った結果、報酬契約の有無が経営者にとって有利になるような会計操作を行っていることが主張されている。

また、債務契約と会計手続き選択については、Press and Weintrop（1990）とSweeney（1994）があり、財務制限上の有無が、より利益を増加させるような手続きを行っていることが実証的に明らかになった。また、債務契約と会計発生高との関係については、DeAngelo et al.（1994）がある。DeAngelo et al.（1994）は、財務制限条項のある企業とない企業で、会計発生高に違いがあるのかを検証したものの、統計的に有意な差は見られなかった。一方DeFond and Jiambalvo（1994）は、実際に財務制限条項に抵触した企業を対象に、財務制限条項に抵触した年および前年の会計発生高を検証した結果、統計的に有意な正の値をとり、財務制限条項の有無が会計発生高に影響を与えていると主張している。

続いて、残された課題について記載したい。まず、筆者の研究対象は、非規制企業であり、非規制企業に対してのアプローチとして、今後詰めていくポイントは以下である。

まず被規制企業の経営者のモチベーションやコストを、資金調達仮説、投資家への説明責任仮説、報酬仮説、訴訟リスク仮説、シグナリング仮説およびpreparing cost、competitive costとしているが、非規制企業にも当てはまるのかというポイントである。非規制企業が、市場に公開していないことや株主と経営が一体化していることが通常であることを鑑みれば、投資家への説明責任仮説、報酬仮説、訴訟リスク仮説は当てはまらないと推測される。

また、情報開示に対して負の影響を及ぼすであろう要因（proprietary cost）が先行研究ではpreparing cost、competitive costに限定している。一般投資家に開示している被規制企業と異なり、非規制企業では、金融機関との関係性が強くなると考えられるため、特有のcostが発生しているのではないかと推測される。

投資決定後の経営者行動として、報酬契約と債務契約が会計手続きや会計発生高と有意な関係があることが実証されている。このことは、投資決定後のモニタリング時に、真正な手続きを行い、情報を開示することに対してcostが発生していると考えられる。債務契約は、非規制企業と金融機関

との間にも、公式、非公式に存在すると思われ、モニタリング時に発生するcostを考慮する必要があると思われる。

第3節　開示情報の拡張
　　　　（ボランタリー・ディスクロージャー）

　開示情報の拡張（ボランタリー・ディスクロージャー）の分野は、一般的に入手可能な、財務情報や非財務情報を説明変数とし、開示可能情報のうち、実際の開示している項目の合計（ディスクロージャーインデックス、以下DI）を被説明変数とした多重回帰モデルでの実証研究が中心である。そのなかでも、単に、企業情報とDIとの相関を探索的に検証している研究と、資金調達など特定の目的やcompetitive costのような情報開示に伴うコストが情報開示に影響を与えているのかを確認的に検証している研究に分けられる。

　この節では、まず、1項にて前者の焦点を当てた研究を概観し、2項以降で後者に焦点を当てた研究の概要を述べていく。

1　財務内容を中心とした研究

　この分野の研究は、一般に入手可能な、財務情報や非財務情報が、DIに影響を及しているかどうかの研究が中心である。被説明変数は、単純に開示項目数を合計したものと、開示項目の重要性のウエイト付けを行ったうえで合計したものの2種類あるが、いずれも結果はほぼ同じ傾向を示している。

　影響を当たる背景理論として、資金調達仮説や訴訟仮説、シグナリング仮説など活用しているものの、あくまで研究の目的は、どのような情報がDIに影響を及ぼしているのか、に焦点が当てられている。

　Shighvi and Desai（1971）は、DIと規模（総資産）、株主数、上場の有無、監査法人の規模、純資産対純利益比率、売上高対純利益比率との関係を米国155企業（うち100社が上場企業、55社が非上場企業）をもとに分析し論証した。DIと各々説明変数とのカイ二乗検定を行った結果、いずれも統計的に有意となった。ただし、純資産対純利益比率、売上高対純利益比率は、最

第3節 開示情報の拡張（ボランタリー・ディスクロージャー）

も高い比率の企業カテゴリーで、任意開示の平均が低くなった。これは、そのような企業群は、市場から資金を調達せず、内部留保で賄ったためと主張している。次に、全ての変数を説明変数として投入した重回帰分析を行ったが、監査法人の規模のみが統計的に有意な正の相関を示した。ただし、監査法人の規模が、38％の説明要因となっており、回帰モデルとしてあまり適切ではなかったと説明している。

Chow and Wong-Boren（1987）は、メキシコ企業を対象にして企業の任意開示と企業の財務内容との関係について実証研究を行った。メキシコの上場企業52社を対象として、24項目の任意開示項目を被説明変数とし、企業規模（市場価値と負債の合計）、財務レバレッジ、総資産対固定資産比率を説明変数として重回帰分析を行った。分析結果としては、企業規模とは、統計的に有意な正の相関が認められたものの、財務レバレッジや総資産対固定資産比率については統計的に有意にはならなかった。

Cooke（1989a）は、企業の情報開示と企業の属性および公開市場などの関係を実証的に分析した。対象は、多国籍企業が多いスウェーデンの90社である。90社の構成は、非公開企業38社、スウェーデンのみ公開している企業33社、複数市場で公開している企業19社である。被説明変数である企業の情報開示は、224項目を対象としたウエイト付けをしないDIを用いた。まず、DI数を4分類した上で、公開の有無などの分類での違いを検証した結果、統計的に有意差が見られ、複数市場で公開している企業がより多くの情報を開示していることを示している。また、重回帰分析を行った結果も統計的に有意となった。これは、もともとの仮説である、①外国での資金調達をする必要があるので、外国基準での情報公開を行う、②情報の非対称性から生じるコストを低減する、③多く公開している企業は多くの株主がいるので、モニタリングコストがかかるためより多く開示する、ことを支持した。また、その他変数として規模（総資産、売上高、株主数）いずれも統計的に有意となった。ただし、モデルの適合率としては総資産を規模の代理変数としたモデルがもっとも高いため、規模の代理変数としては総資産が最も適当だと主張している。そのほか、事業範囲や子会社の数や親会社が外資であることを説明変数として検証を行ったが、統計的に有意とならなかった。

Cooke（1989b）は、Cook（1989a）と同じサンプルを使った上で、情報開

示項目を146項目にしぼり、説明変数に、業種（製造業、貿易業、サービス業、コングロマリット企業）を加え再度検証した。その結果、ほぼ同様の結果が得られた。また、業種については、貿易業が他業種と比べて、情報開示が小さいことが得られた。それについてのコメントはない。また、検証にあたり、公開市場を、スウェーデンのみ公開している企業を基準として、非公開企業および複数市場での公開との比較を行い、非公開企業はスウェーデンのみ上場している企業と比較すると情報開示が小さく、複数市場で公開している企業は大きいことが検証された。

Cooke（1991）では、日本の上場および非上場企業48社を対象に、任意開示と規模（株主数、総資産、売上高）、上場の有無（非上場、上場、海外市場での上場）、業種との相関について論証を行った。被説明変数である任意開示は、106の任意開示項目について、ウエイト付けをせずに、開示可能項目数で除した数値をDIとして活用した。重回帰分析を行った結果、規模については統計的に有意な正の相関を示した。個別の変数では、総資産、売上高、株主数の順で説明力が高くなった。業種については、製造業が他の業種と比較して統計的に有意な高い正の相関を示した。上場の有無についても、海外市場での上場、上場、非上場の順で、統計的に有意な正の相関を示した。

Malone et al.（1993）では、米国の上場している石油業界125社について、任意開示とギアリング、株主数、規模（総資産）、事業範囲（業界外への進出の有無）、収益性（純資産対純利益比率、売上高対純利益率）、監査人の規模、上場マーケットの地位、海外進出の有無、社外取締役の比率との関係について論証した。被説明変数である任意開示は、アナリストによるウエイト付けを行ったものと行わなかった両方のDIである。仮説検証は、重回帰分析を行い、モデルの適合性が高い説明変数として、上場マーケットの地位、監査人の規模、ギアリング、株主数の4変数が抽出された。また、統計的に有意に正の相関を示したものは、上場マーケットの地位、ギアリング、株主数の3変数であった。規模（総資産）や収益性（総資産対純利益比率、売上高対純利益率）、事業範囲（業界外への進出の有無）は統計的に有意な相関を示さなかった。

Ng and Koh（1994）では、シンガポールの任意開示基準に準拠しているかどうかを説明変数として、企業規模（総資産、売上高）、収益性（純利益、

第3節　開示情報の拡張（ボランタリー・ディスクロージャー）

ROA、ROI）、債務償還能力（レバレッジ）、事業範囲、産業分類、監査人の規模を説明変数として 106 のシンガポール上場企業を対象にプロビット分析を行った。その結果、企業規模（売上高）、収益性（純利益）、債務償還能力（レバレッジ）、監査人の規模がいずれも統計的に有意な正の相関を示した。ただし、開示規制の厳しい業種が、任意開示を促進していることにはならないことが統計的に示された。

　Meek et al. (1995) は、米国、イギリス、フランス、ドイツ、オランダ計 226 の多国籍企業を対象に、任意開示と、規模（売上高）、母国、業種、レバレッジ、多国籍度合い、収益性（当期利益＋支払利息／売上高）、上場市場のステータスとの関係を論証した。被説明変数である、任意開示は、開示チェックリストの 128 項目を、戦略情報、非財務情報、財務情報の 3 セグメントに分け、ウエイト付けをせずに、各々開示項目の合計数を開示可能項目で除した DI を活用した。重回帰分析については、全体および 3 セグメントごとの DI を被説明変数として行った。モデルの適合率は、非財務情報が最も高く、財務情報が最も低い結果となった。筆者は、情報の内容によって、違った要素が影響していると説明している。規模（売上高）、母国、上場市場のステータス、業種が複数のセグメントの情報について統計的に有意な正の相関が示された。その一方で、レバレッジは、統計的に有意な負の相関が示された。また、多国籍度合い、収益性については、統計的に有意とはならなかった。

　Hossain and Rahman (1995) は、ニュージーランドの上場企業 55 社（うち、15 社は海外でも公開している）を対象に、任意開示と規模（総資産の対数）、レバレッジ、総資産対固定資産比率、監査人の規模、海外での公開の有無の関係について論証している。被説明変数である任意開示は、95 項目をウエイト付けをしていない DI を活用している。重回帰分析の結果、規模、レバレッジ、海外での公開の有無は、統計的に有意な正の相関を示したが、総資産対固定資産比率や監査人の規模は統計的に有意にはならなかった。

　Giner (1997) は、スペイン上場企業 49 社の 1989 ～ 1991 年までの 3 年間にわたり、ウエイト付けした DI と規模（総資産の対数）、公開市場（複数市場への上場）、収益性（ROA）、レバレッジ、監査法人の規模、業種、配当の有無との関係を実証分析した。重回帰分析をステップワイズ方式で行った結果、規模、公開市場（複数市場への上場）、監査法人の規模が統計的に

有意な正、収益性が負を示した。

　Ahmed and Courtis（1999）は、任意開示と規模、公開市場、レバレッジ、収益性、監査人の規模との関係について、先行研究をまとめた上で、規模、公開市場、レバレッジについては、統計的に有意な正の相関が認められるが、収益性、監査人の規模は、統計的な有意性は認められないと主張している。その上で、各々の理由を説明している。規模は、大きくなると、エージェンシー費用の観点から、幅広い事業領域を開示する必要があること、多くの投資家に説明する必要があること、データの蓄積や報告システムが充実し、幅広い開示が可能であることを説明している。公開市場については、国内市場での上場や海外市場での上場を行うことにより、より多くの情報開示を行わなくてはならないと説明している。レバレッジに関しては、エージェンシー費用の観点から、債権者の利益を毀損する行動に関してのモニタリング活動が高まるため、開示が促進されると説明している。また、企業が発行コストを抑えたり、社債のロールオーバーを可能にしたりするために開示を行うと説明している。

　収益性に関しては、シグナリングのために、収益性の高い企業は開示を促進するという理論に対して、開示以外にも、シグナリングを行う手段があるため、統計的に有意にならないのではないかと説明している。監査人の規模については、大きな企業は公開を行うため、強制的開示項目の違反による処罰を恐れて大きな監査人を活用するであろうが、任意開示項目については、新たな研究を待たなくてはならないと説明している。

　また、Pirchegger and Wagenhofer（1999）は、オーストリア32社とドイツ29社の上場企業を対象に、インターネット上での任意開示と規模（売上高）、流動株式比率との相関について論証している。被説明変数である、インターネット上の任意開示は、開示内容、タイムリー性、技術、利便性に分けたうえで、ウエイト付けを行った。重回帰分析の結果、オーストリアの企業については、規模、流動株主比率とも統計的に有意な正の相関を示したものの、ドイツの企業については、規模については、統計的に有意性がなく、流動株主比率については、統計的に有意となったものの、負の相関を示した。

第3節　開示情報の拡張（ボランタリー・ディスクロージャー）

2　資金調達を目的とした研究

　Lang and Lundholm（1993）は、企業の業績、企業規模、企業収益の変動性・企業収益と利回りとの関係性のような情報の非対称性についての代理変数および資金調達と情報開示との関係について実証研究を行った。各々説明変数について、既存の理論や先行研究をもとに、多くのデータを用いて分析したことに特徴がある。

　理論としては、次の通りである。

① 企業業績については、相反した理論がある。逆選択（adverse selection）の観点では、企業業績のよい企業の方がより情報開示を行う。一方、取引コスト（transaction cost）の関係では、私的情報を減らすため、事前に情報開示内容を決めているので、利回りと情報開示とは関係がない。また、それ以外の理論では、法的コスト（legal cost）を減らすために、ネガティブ情報をより多く開示する。

② 企業規模については、準備コスト（preparing cost）が大企業は少ないこと、中小企業の方がアナリストとのミーティングにコスト（cost of disseminating）がかかることや、取引コストの関係でも大企業のほうが、私的情報が多くなるため、マネージャーの情報開示インセンティブが高まること、法的コスト（legal cost）が大企業が多いことで、より大企業のほうが情報開示が大きくなる。

③ 企業収益の変動性については、仮に、マネージャーが事前に業績についての情報を知っていたならば、過去業績の変動は業績の見通しの困難さと関連するため、情報の非対称性（information asymmetry）を増加させ、情報開示を増加させる。

④ 企業収益と利回りとの関係については、違いが大きいほど情報の非対称性が大きくなるため、より多くの情報を出すとの考え方と、違いが小さいほど、事前に私的情報得たいとのインセンティブを減らすため、開示を多くするとの相反した理論がある。

⑤ これから資金を調達しようとする企業のマネージャーは、情報の非対称性（information asymmetry）を縮小させ企業価値を最大化するために、良い情報を開示したいとのモチベーションが働く、また情報を

ださないと悪いことを隠しているのではと思われるため積極的に開示を行う、潜在顧客を掘り起こし価格を適正化するために開示を行う。

実証研究については、被説明変数を 1985 ～ 1989 年の Financial Analysts Federation Corporation Information Committee Report（FAF レポート）の 751 企業における DI を活用した。説明変数としては、企業業績（利回り）、企業規模（市場価格、市場価値）、企業収益の変動性（利回りの標準偏差、予想収益の変化率）、企業利益と利回りの関係性、資金調達の有無（借り入れ、新株発行）を設定し回帰分析を行った。

その結果、企業業績、企業規模、資金調達の有無が統計的に有意な正、企業利益と利回りの関係性が負の相関を示し仮説を支持した。一方、企業収益の変動性は統計的に有意にならなかった。

Bujaki and McConomy（2002）は、カナダ上場企業 272 社の 1997 年における Toronto Stock Exchange(TSE)ガイドラインによる、コーポレートディスクロージャー項目の開示に、どのような要素が影響を及ぼしているのかについての実証研究を行った。説明変数としては、成長性（売上高増加率）、レバレッジ、資金調達計画の有無、外部取締役の割合、規制業界かどうか、開示発行媒体（アニュアルレポートかどうか）、規模である。

結果としては、成長性（売上高増加率）が負、レバレッジが正、外部取締役の割合が正、開示発行媒体が負、規模が正となり、各々仮説を支持した。また、資金調達計画の有無が統計的に有意とはらなかった。開示発行媒体が負を示したことは、コーポレートガバナンスの開示においては、より安価な媒体を活用しているのではないかと説明している。

また、Francis et al.（2005）は、企業の外部資金調達の依存と任意開示の質との関係について実証分析を行った。この分析は、従来の研究対象が主として米国中心であったのに対し、米国以外の 34 国の企業の 1991 年と 1993 年のデータに注目したことにある。前者の研究については、被説明変数を、The Center for International Financial Analysis and Research data base（CIFAR）の 90 項目に及ぶディスクロージャー・スコアを活用した。説明変数として、企業の外部資金調達の依存度、企業の属性、国の制度を設定した。企業の外部資金調達の依存度は、資本的支出から営業キャッシュフローを差し引き資本的支出で除した数値を設定した。企業の属性は、Ahmed and

Courtis（1999）をもとに、総資産の対数、レバレッジ、総資産対借入比率、複数の市場での公開を設定した。国の制度については、投資家保護制度、資本市場形態を設定した。被説明変数を開示項目の合計数および開示項目数の比率の両方にて重回帰分析の結果、外部資金調達の依存度が統計的に有意な正の相関を示し、仮説を支持する結果となった。企業の属性については、総資産の対数、レバレッジ、総資産対借入比率、複数の市場での公開が統計的に有意な正の相関を示し、仮説を支持する結果となった。一方、国の制度については、投資家保護制度は、統計的に有意な正の相関を示したが、資本市場形態は統計的に有意とならなかった。

3 情報開示コストに着目した研究

情報コストに注目した研究については、proprietary cost 概念に含まれる preparing cost や competitive cost に注目した論文の加えて、契約理論から考えられる cost に注目した論文がある。

Scott（1994）は、proprietary cost と情報開示との関係を実証的に分析した。proprietary cost が高くなるほど、情報開示を行うことにより、企業価値が下がるため、情報開示のインセンティブが下がることおよび、proprietary cost が高くなると好ましい情報を積極的に開示することを主として検証した。対象は、カナダの288社の1987年もしくは、1988年の年金計画についての情報開示である。

被説明変数は、Ordial（年金コストと仮定金利についての開示状況）および Plan Details（開示内容の量）の2変数を設定した。また、説明変数である proprietary cost には、ストライキの数、従業員の給料（良い情報）、ROA の業界平均（悪い情報）を設定した。仮説では、

① ストライキの数が多いと、proprietary cost が増加し、開示は悪くなる。
② 従業員の給料は良い情報で、トラブルが減るので開示は増加する。
③ ROA が業界平均よりも高いと賃上げのプレッシャーとなるので開示を減らす。

重回帰分析の結果、ストライキの数は、Plan Details のみ統計的に有意な負、従業員の給料は Ordial のみ統計的に有意な正、ROA の業界平均比は、やはり Ordial のみ統計的に有意な負を示し仮説を指示した。これにより、

第3章　先行研究サーベイ

proprietary cost と情報開示の関係を実証できたと主張している。

　Prencipe（2004）は、企業の情報開示と proprietary cost との関係について、イタリア 64 社の上場企業を対象に実証研究を行った。preparing cost（含む disseminating cost, auditing information cost）と competitive cost に分け、preparing cost として、企業内部組織と開示様式の一致、上場年数を、competitive cost として企業の成長率を主たる説明変数とした。

　被説明変数を DI とし、主たる説明変数に加えてコントロール変数として、規模、オーナーの分散、ギアリング比率、ROI を投入し重回帰分析を行った。

　その結果、preparing cost の代理変数である企業内部組織と開示様式の一致、上場年数はいずれも統計的に有意な正の相関を示し仮説を支持した。一方で、competitive cost の代理変数である企業の成長率は統計的に有意にならなかった。コントロール変数は、ギアリング比率が正、規模はウエイト付けを行わない DI が被説明変数である場合のみ正の相関を示した。

　Harris（1998）は、企業のセグメント情報の開示と proprietary cost のなかでも competitive cost との関係についての実証研究を行った。米国上場企業 929 社を対象とし 1987 〜 1991 年までを分析期間とした。competitive cost の代理変数として、異常収益の調整期間、企業集中度、セグメント間の収益の相違を設定した。前 2 変数は、各々大きいほど競争が激しくないことを表しており、最後の変数は、相違が大きいほど、競合が参入の狙いをつけてくると考えられている。被説明変数をセグメント情報の開示数、コントロール変数を規模（売上高）、セグメント数として、年度ごとに重回帰分析をした。その結果、異常収益の調整期間、企業集中度とも統計的に有意な負の相関を示した。このことは、競争が激しいほど開示を抑制するとする仮説とは逆の結果となった。競争の激しくない状態においては、異常な収益は競合に知られたくないので開示を促進しないのではないかと説明している。また、セグメント間の収益の相違はやはり統計的に有意な負の相関を示した。なお、コントロール変数は、規模（売上高）が正、セグメント数が負といずれも統計的に有意となった。

　Depoers（2000）は、フランスの上場企業 102 社に対して、任意開示と、proprietary costs や労働者からのプレッシャーとの関係を実証的に検証した。被説明変数は、DI の単純合計、説明変数としては、proprietary costs

第3節　開示情報の拡張（ボランタリー・ディスクロージャー）

の代理変数として固定資産金額（参入障壁を表している）、労働者からのプレッシャーとして労働分配率を設定した。仮説としては、参入障壁が高い方が開示を促進することおよび労働者からのプレッシャーについては給料を上げろとか環境を改善しろとか言われたくないので開示は少なくなると主張している。その他の変数は、規模（売上高の対数）、海外活動、株主の集中度、レバレッジ、監査人の規模である。分析は、まず固定資産金額（参入障壁）を外して重回帰分析を行った結果、規模（売上高の対数）と海外活動が統計的に有意な正の相関を示した。次に規模（売上高の対数）を外して分析した結果、固定資産金額（参入障壁）と海外活動が正、労働分配率が負の統計的に有意な結果を示し、仮説を支持した。

Guo et al.（2004）は、competitive cost と情報開示との関係についての実証研究を行った。competitive cost の代理変数として、知的資産の登録申請、製品開発のステージ、ベンチャーキャピタルの支援およびその他の変数として IPO 後のオーナーの持ち株比率を設定した。仮説としては以下の通りである。

① 知的資産の登録は、競合からの防御と考えられるので、開示が促進される。
② 製品開発のステージが上がると、競合は追い付けなくなると推測されるため、開示が促進される。
③ ベンチャーキャピタルの支援は、競合への資金が回らなくなることを意味するので、開示が促進される。
④ IPO 前と IPO 後のオーナーの持ち株が高いことは、良い企業であることのシグナリングになっているため、マネージャーは必要以上の開示を行わない。

調査は、米国バイオテクノロジー 49 企業を対象とした。被説明変数である開示情報は、IPO の目論見書に記載されている製品説明や対象疾病についての開示数を開示可能割合で除したディスクローズスコアを設定した。重回帰分析の結果、知的資産の登録申請、製品開発のステージ、ベンチャーキャピタルの支援が全て統計的に有意な正、オーナー持ち株比率の推移が負となり、全て当初の仮説を支持した。これにより、competitive cost と情報開示との関係について実証されたと主張している。

第3章　先行研究サーベイ

　Chavent et al.（2006）は、proprietary cost やエージェンシーコストと財務引当金に関しての情報開示についての研究を行った。対象は、フランス大手上場企業120社のうち100社を抽出した。被説明変数を、ランク付を行わない財務引当金 DI とランク付けを行った財務引当金 DI に分けた上で、主たる説明変数として、①総資産における引当金の割合② competitive cost の代理変数としての規模変数③レバレッジ④収益性（売上高利益率、ROE）⑤成長性、コントロール変数として業種を設定したうえで、重回帰分析を行った。その結果、①総資産における引当金の割合は、両方の被説明変数に対して統計的に有意な正の相関、収益性（売上高利益率）は、ランク付けを行わない財務引当金 DI のみ、レバレッジはランク付けを行った財務引当金 DI のみに統計的に有意な正の相関を示した。その他の変数は全て統計的に有意にならなかった。ただし、このモデルでは説明力が弱いとし、DI から全ての主たる説明変数を各々3グループに分割し、クラスカル・ウオリスの検定を行った結果、総資産における引当金の割合、規模、レバレッジ、成長性が統計的に有意な差が見られ、proprietary cost やエージェンシーコストの増大と財務引当金 DI と関連性があると主張している。

　Competitive cost に加えて契約理論に基づく political cost に注目した研究がある。

　Ferguson et al.（2002）は、香港市場に上場している H-Share 企業と Red-Chip 企業の情報開示についての実証研究を行った。

　仮説としては、H-Share 企業は、委員会制度、株主訴訟、外部役員がない上に、経営の質や業務上横領などがあるため agency cost が大きいことに加え、実質国営企業なので competitive cost が低いため情報開示に積極的になる。また、資金調達のためには、戦略項目や財務項目の開示が必要だが、非財務項目のような political cost を減らす項目（社会的責任）などは、そもそも国営企業なので、political cost は発生しないので開示しないということである。また、Red-Chip はヨーロッパ流のガバナンスシステムをもっているのでエージェンシーコストが低い上に、競争は香港国内と同じで厳しいので competitive cost が大きい。よって開示には消極的であるということである。

　仮説検証は、戦略項目、非財務項目、財務項目、全項目の DI の平均値を

第3節　開示情報の拡張（ボランタリー・ディスクロージャー）

比較することで行った。

　H-Share 企業と香港現地企業の比較では、戦略項目、財務項目、全項目でH-Share 企業の DI の平均値が統計的に有意に高くなった。非財務項目は統計的に有意にならなかった。H-Share 企業と Red-Chip 企業との比較でも同様の結果を示し、仮説を支持した。

　次に、コントロール変数に規模（総資産）、レバレッジ、香港以外の上場、業種を設定し、H-Share 企業の有無、Red-Chip 企業の有無のダミー変数を主たる説明変数とし、被説明変数を各々 DI とした重回帰分析を行った。その結果、H-Share 企業の有無は、戦略項目、財務項目、全項目で統計的に有意な正の相関を示した。Red-Chip 企業の有無は財務項目で弱い負の相関を示したが、その他の項目では統計的に有意にならなかった。コントロール変数は、規模（総資産）、レバレッジが正の相関を示したが、その他の変数は有意にならなかった。

　Williams（1999）は、環境や社会的な情報についての情報開示と企業文化等との関係について、アジア太平洋7カ国356社を対象として実証研究を行っている。この研究のなかでは、political cost 仮説として、経済発展が進むと、労働組合や消費者団体の目がうるさくなるので開示が促進されることに加えて情報の非対称性の増加と情報開示との関係を検証するため、マーケットの拡大は、より多くの情報を必要とするため、情報開示の必要性が高まる、といった仮説の検証を行っている。モデルの主たる説明変数は、企業文化（複数の企業文化としている）、規制、法律体系、経済発展、市場の拡大とし、コントロール変数として、市場価値の対数、収益性（ROA）、業種を設定した。

　重回帰分析の結果、不確実性を回避する企業文化、男性的な企業文化、規制がいずれも統計的に有意な負の相関を示したもののその他の主たる変数はいずれも統計的に有意にならなかった。このことは、political cost 仮説や情報の非対称性についての検証が望ましい結果にならなかったことを示している。

4　モラル・ハザードに着目した研究

　Raffournier（1995）は、企業経営者と株主、債権者とのモニタリング問題を検証するために、株主構成が分散すると、任意開示が高まることおよびレ

バレッジが高まれば任意開示が高まることを検証したが、いずれも統計的に有意にはなっていない。分析は、スイスの上場企業161社を対象として、任意開示と企業規模（総資産、売上高）、レバレッジ、収益性、株主構成、国際性、監査人の規模、総資産対固定資産比率、産業分類との関係を分析した。被説明変数である任意開示はDIを活用した。主観的要素を排除するため、ウエイト付けは行わなかった。その結果、企業規模（総資産、売上高）、国際性、総資産対固定資産比率、監査人の規模が正の統計的に有意な相関が得られた。ただし、企業規模（総資産、売上高）と総資産対固定資産および監査人の規模とは相関が高いため、任意開示と正の相関が証明された要素は企業規模（総資産、売上高）と国際性であると主張している。

Ho and Wong（2001）は、香港の上場企業98社を対象に、情報開示と複数のコーポレートガバナンスメカニズムについての実証研究を行った。コーポレートガバナンスについては、外部取締役の割合、監査委員会の設置、経営者と議長の兼任、経営者の同族の割合である。事前の仮説は、前2変数が情報開示に対して正、後2変数が負としている。ウエイト付けしたDIを被説明変数とし、コントロール変数として、規模（総資産の対数）、レバレッジ、収益性（ROA）、総資産対固定資産比率、業種を投入し、重回帰分析を行ったところ、監査委員会の設置、経営者の同族の割合が仮説を支持した。コントロール変数は規模（総資産の対数）が統計的に有意な正の相関を示した。その他の変数は統計的に有意にならなかった。

Chau and Gray（2002）は、香港とシンガポールの上場企業62社を対象に、情報開示と株主構成との関係について実証的に分析した。被説明変数については、全ての情報開示項目であるDIに加えて、開示内容を、戦略項目、非財務項目、財務項目に分けて分析を行った。説明変数は、外部株主割合に加えてコントロール変数として、監査法人の規模、レバレッジ、収益性、規模、海外取引割合、業種を設定した。重回帰分析の結果、外部株主割合は、香港、シンガポールの両国とも、全ての情報開示項目について統計的に有意な正の相関を示し、仮説を支持した。その他のコントロール変数は、いずれも統計的に有意にならなかったり、弱い相関を示すのみであった。

Haniffa and Cooke（2002）は、マレーシア上場企業167社を対象に情報開示とコーポレートガバナンス、企業文化および企業の特性との関係につい

第3節　開示情報の拡張（ボランタリー・ディスクロージャー）

ての実証分析を行った。この論文ではコーポレートガバナンスと企業文化のほかに、情報開示について人的な側面以外の影響を及ぼす要素として、企業の特性の影響を幅広く分析している。統計分析の結果、まず、主たる要因であるコーポレートガバナンスについては、社外取締役割合、一族の支配、経営者と議長の兼職、議長が外部からの招へい、経営陣が複数企業の役員を行っている、議長が複数企業の役員を行っている、の6変数について、一族の支配、議長が外部からの招へいがいずれも統計的に有意な負の相関を示した。このことは、一族の支配については、仮説を支持したものの、議長が外部から招へいされると、収益が向上し開示を促進するとの仮説と逆の結果となった。

企業の特性については、総資産対固定資産比率、株主の分散、外国人投資家比率、ROEが統計的に有意な正の相関を示したが、総資産対固定資産比率は仮説と逆の結果となった。また、業種については、商業、工業が負の相関を示した。国際性などは有意にならなかった。

Cahan et al. (2005) は、米国や日本など17カ国216社を対象として、企業の国際展開や海外資金調達といった情報の非対称性やエージェンシー問題の増大と情報開示との関係を実証的に分析した。

特徴としては、被説明変数のDIをトータルスコア（全項目）だけではなく、因子分析を行い、current information 因子（現在情報、back ground と nonfinancial information の合成変数）、prospective information 因子（将来情報、projected and management discussion と analysis information）、historical information は、どちらの因子にも強く影響を及ぼさない情報を設定した。また、主たる説明変数である、国際展開は、海外子会社数と海外売上高の合成変数を、海外資金調達は、海外からの資本調達と金融機関調達の合成変数を活用した。その他コントロール変数として、アナリストの数、株主の分散、成長性（株式時価総額/簿価）、規模（総資産）、収益性（ROA）を設定した。

その上で、上記4つのDIについて重回帰分析を行った。その結果、国際展開は、全項目、historical information 、current information で統計的に有意な正の相関を示した。この結果は、国際展開のような情報の非対称性の増加やエージェンシー問題の増加が情報開示を高めると主張している。一方、海外資金調達は、historical information で仮説とは逆に負の相関を示し、そ

第3章　先行研究サーベイ

の他被説明変数でも統計的に有意にならなかった。この結果について、海外資金調達については、現状の求められている開示水準で十分なのか、それとも他のコミュニケーションチャネル（コンファレンスコールや金融機関との私的契約条項など）があるからかもしれないと説明している。その他のコントロール変数については、current information について、規模（総資産）やアナリストの数が統計的に有意な正の相関を示したが、その他の変数は有意にならなかった。

5　その他の研究

Jaggi and Low（2000）は、企業の情報開示と法律制度および企業文化との関係について、日本やカナダなど6カ国401社を対象とした実証研究を行った。事前の仮説としては、企業の情報開示については、法律制度と関係がある。一般的に慣習法の国の方が商法や企業会計原則を通じて、投資家を保護し、その結果小額の投資家も投資しやすくなるので、株主が分散される。加えて慣習法は債権者の保護も強くなり、企業の債務が増加する。投資家と債権者への影響により開示が促進される。一方、企業文化については、法律制度によって、情報開示への影響は異なるとする。慣習法においては、開示情報の要求が法律により高まるため、企業文化よりも強い影響を持つため、企業文化の影響が弱い。成文法においては、開示情報への影響により法律の影響が弱くなるため、企業文化の影響が高まるとする。分析は、まず、DI の開示可能割合を被説明変数とし、説明変数を法律制度、コントロール変数として規模（総資産の対数）、総資産対負債比率、市場規模対 GDP を設定し重回帰分析を行ったところ、慣習法が統計的に有意な正の相関を示し仮説を支持した。次に、説明変数に、企業文化である、不確実性の回避文化、権力格差、個人主義、男性度を投入したところ、不確実性の回避が統計的に有意にならず、権力格差、個人主義が正、男性度が負の相関を示した。これは、権力格差については、個人による制度や組織的な権威の許容が秘密主義につながり、開示を減少させるという事前の予想と逆になった。また男性度も事前の予測では開示を促進させるとしていたため逆の結果となった。個人主義は、競争を激化させるため、秘密主義ではなくなり、開示を促進する、という仮説を支持した。また、被説明変数を慣習法と成文法の企業に分けた上で、

企業文化を説明変数とした重回帰分析を行ったところ、慣習法では、全ての企業文化が統計的に有意にならず仮説を支持した。成文法では、全ての企業文化が統計的に有意となったものの、個人主義以外の企業文化は事前予測と逆となった。上記の分析を基に、事前の仮説は支持されたと主張している。

Archambault and Archambault（2003）は、企業の情報開示と、国の文化、国の制度、経済システム、企業システムとの関係について、33カ国621企業を対象とした大規模な実証研究を行った。国の文化要因は、Hofstede-Gray理論から4つの文化特性、教育水準、宗教を抽出した。国の制度については、政治システムと経済システムに分けた上で、政治システムについては、政治的権利、市民権、法律制度、新聞発行数を、経済システムについては、インフレーション、資本市場規模を抽出した。企業システムは財務システムとして外国為替高、配当、監査法人の規模を、経営システムとして海外売上高比率、ギアリング、企業規模を抽出した。重回帰分析の結果、一部の例外を除き大半の説明変数が統計的に有意となった。その結果、企業の情報開示と国の文化、国の制度、企業システムとは関係があると主張している。

6　本節から得られたインプリケーションと残された課題

本項では、開示情報の拡張に焦点を当てた先行研究をレビューした。続いて、先行研究から得られた知見を述べる。

まず、1990年代までは、Shinghvi and Desai（1971）、Cooke（1989a,1989b）に代表される財務内容を中心とした多くの説明変数とDIのような開示情報との関係を分析した研究が中心である。一方2000年以降は、情報開示の促進要因に注目した研究が中心である。例えば、資金調達を目的とした研究として、Francis et al.（2005）がある。また開示情報の抑制要因に注目した研究として、Prencipe（2004）がある。

次に開示要因や開示要因の代理変数である財務数値と情報開示との分析結果を見ていく。

まず、資金調達と情報開示との関係である。資金調達の有無（Lang and Lundholm, 1993）や、外部資金の調達の依存度（資本的支出から営業キャッシュフローを差し引き、資本的支出を除して求められる）（Francis et al., 2005）はいずれも被説明変数であるDIに正の相関を示している。一方、資

金調達計画の有無（Bujaki and McConomy, 2002）では統計的に有意にならなかった。また、資金調達を、企業の財務要因や非財務要因の代理変数で検証している結果については、規模（総資産、総資産の対数）（Giner, 1997; Ferguson et al., 2002）、レバレッジ（Ahmed and Courtis, 1999）、公開市場（Meek et al., 1995; Cooke, 1989a; Cooke, 1989b; Cooke, 1991; Haniffa, Cooke, 2002）、海外売上比率や経済システム（Archambault, Archambault, 2003）である。検証の結果としては、公開市場に関しては、結果が分かれているものの、その他の変数については、概ね仮説を支持した結果となっている。

情報コストの研究については、年金情報の開示に対する proprietary cost としてストライキの数や従業員の給料（Scott, 1994）を、preparing cost として、企業内部組織と開示様式の一致、上場年数（Prencipe, 2004）を検証した。また、competitive cost として、企業の成長率（Prencipe, 2004）、異常収益の調整期間・企業集中度・セグメント間の収益の相違（Harris, 1998）、固定資産金額（Depoers, 2000）、知的資産の登録申請（Guo et al., 2004）、企業の特性（H-Shore 企業と Red-Chip 企業との対比）（Ferguson et al., 2002）を検証している。その結果、proprietary cost や preparing cost は仮説を支持する結果となった。competitive cost は、固定資産金額、異常収益の調整期間・企業の集中度・セグメント間の収益の相違、知的資産の登録申請、企業の特性は統計的に有意となったものの仮説と逆の方向を示した変数も見られた。また、企業の成長率は有意とならなかった。preparing cost の代理変数としては、規模（総資産、売上高など）（Singhvi and Desai, 1971）、業歴（公開年数）（Prencipe, 2004）、収益性（純利益額・ROA・ROI）（Ng and Koh, 1994）、国際性（Haniffa and Cooke, 2002）、産業分類（Cooke, 1989b; Ng and Koh, 1994）、事業範囲（Cooke, 1989a; Cooke, 1989b; Malone et al., 1993）などがある。規模については仮説を支持した。業歴（公開年数）、国際性、事業範囲は仮説を支持していない。収益性は純利益額のみ仮説を支持した。産業分類は研究によって結果が異なった。competitive cost の代理変数としては、やはり規模（Singhvi and Desai, 1971）、収益性（Malone et al., 1993）、事業範囲（Cooke, 1989a; Cooke, 1989b）などがある。結果としては、ほぼ規模は仮説を支持したものの収益性は研究によって結果が異なった。また、事業範囲は仮説を支持しなかった。

第3節　開示情報の拡張（ボランタリー・ディスクロージャー）

　モラル・ハザードに注目した研究としては、株主構成の分散（Raffournier, 1995）、国際展開（Cahan et al., 2005）がモラル・ハザードの増大を生み、情報開示が増加することを実証しようとした。その結果、株主構成の分散は実証できなかったが、国際展開は統計的に実証されている。また、コーポレートガバナンスの観点で、ガバナンスの強化がモラル・ハザードを抑制し、その結果として情報開示が増加することを検証した研究も多い。（Ho and Wong, 2001; Chau and Gray, 2002; Haniffa and Cooke, 2002）いずれの研究も多くのガバナンスの強化変数と情報開示の増加との関係が統計的に検証された。モラル・ハザードの代理変数としては、規模（Singhvi and Desai, 1971）、レバレッジ（Francis et al., 2005）、公開市場（Giner, 1997）など数多くある。規模や公開市場は情報開示との関係が実証されているものの、レバレッジについては、研究によって結果が分かれている。

　次に情報の非対称性についてである。情報の非対称性についての分析は主として他の開示要因を分析した際の説明変数として追加的に検証したものや、財務内容を中心として検証したものが中心となる。とはいえ、情報開示の目的として情報の非対称性は外すことのできない論点であるため、最後に記載したい。企業収益の変動性（Lang and Lundholm, 1993）、戦略項目や非財務項目の開示の必要性（Ferguson et al., 2002）、マーケットの拡大（Williams, 1999）が主たる情報の非対称性の拡大要因としているが、戦略項目や非財務項目の開示の必要性と情報開示については相関が見られるものの、マーケットの拡大等については、実証的に検証できていない。また、情報の非対称性の代理変数については、規模（総資産、売上高、市場価格、株主数など）（Cooke, 1991; Hossain and Rahman, 1995）や総資産対固定資産比率（Hossain and Rahman, 1995; Raffournier, 1995; Haniffa and Cooke, 2002）、流動株式比率（Pirchegger and Wagenhofer, 1999）、成長性（売上高増加率）（Bujaki and McConomy, 2002）、事業範囲（Haniffa and Cooke, 2002）、投資家保護制度（Francis et al., 2005）、経済システム（Archambault and Archambault, 2003）を活用しているが、規模を代理する変数および成長性（売上高増加率）、流動株式比率、投資家保護制度、経済システムで相関が見ることができるものの、その他の変数では統計的に有意とはなっていない。

続いて、残された課題について記載したい。
① 第2節での指摘と重なるが、非規制企業を対象とした場合、開示情報の拡張要因として、資金調達、情報の非対称性の削減、preparing cost、competitive cost に加えて、金融機関との関係から生じる cost を考える必要がある。すなわち、非規制企業は専ら金融機関を対象に情報を開示していると考えられるが、金融機関が非規制企業に対して行うモニタリングによって生じる cost を考える必要があるのではないかということである。
② 金融機関の非規制企業に対するモニタリングによって生じる cost への影響要因については、先行研究での積み重ねが少ない。よって、企業の特性と財務内容などがモニタリングによって生じる cost に対して及ぼす影響要因について検証していく必要がある。
③ 先行研究では、開示拡張要因として、様々な変数を用いているが、根拠となる理論と変数との整合性が不明確だと思われる。よって、変数と開示拡張との関係を直接検証するのではなく、根拠を明確にするための媒介変数を設定する必要があると思われる。すなわち、開示拡張プロセスとしては、経営者もしくは財務担当者が資金調達をする必要性や cost を理解した上で、開示拡張を行うといったような複数のプロセスをたどると思われる。先行研究では、開示拡張に至るプロセスとしての観点は乏しいため、開示を行なう必要性や cost の理解と開示行動という複数のプロセスに分けて研究する必要があるのではないかと思われる。

第4節　知的資産情報の開示

　第3節にて検証した開示情報の拡張分野での研究では、知的資産の情報開示に注目した研究が増加している。まず、開示情報として、知的資産情報が重要視されてきた背景などを記載したうえで、知的資産情報の開示要因について述べたい。

1 知的資産情報の拡充化

知的資産情報の重要性が叫ばれている背景としては、ディスクロージャーにおいて、非財務情報の重要性の高まりがある。

Eccles and Mavrinac（1995）は、情報利用者ごとに、非財務情報の有用性について研究を行った。非財務情報の開示への要求については、経営管理者の10％、財務アナリスト30％、ポートフォリオマネージャーの35％が必要であると表明しており、経営管理者にとっての必要性は低い結果となった。その一方で、財務アナリストのなかでも、サービスを中心とした成長産業については、44％、ハイテク成長産業にあたっては、41％と高い要求があることが論証されている。

ただし、GroÈjer and Johanson（1999）は、Eccles and Mavrinac（1995）の論文について、非財務指標の財務数値への影響が未だ未確認であり、論文としての完成度が低いことを指摘している。

Mavrinac and Siesfeld（1998）は、275人のポートフォリオマネージャーに対して郵送および電話することにより、投資判断における非財務情報の有用性について調査を行った。その結果、意思決定の約35％が非財務情報に関する評価によって決定されていることがわかった。また、具体的な非財務情報の重要性の項目の調査を7スケールで行ったところ、企業戦略の履行6.26、経営管理（マネジメント）の信頼性6.16、企業戦略の質5.92が高いポイントを得た項目として上げられ、ガイダンスの質4.48や従業員の離職率4.42など従業員に関する項目や顧客の不満4.32などは相対的に低くなっている。

Edvinsson（1997）は、スウエーデン大手金融サービス会社であるスカンディア社（Skandia）の知的資産報告書をもとに、知的資産の分類や役割について分析を行った。知的資産は、人的資産（Human Capital）と構造資産（Structual Capital）に分けられ、人的資産よりも構造資産を重視していることに特徴があると主張している。

Sveiby（1997）は、知的資産を構成する要素として、Individual's Competency（個人の能力）、Internal Structure（内部構造）、External Structure（外部構造）の4つに分けた。構成要素を詳細に分析したうえで、

具体的に企業に対してモニタリングを行うための測定手法に言及している。

そのほかPetty and Guthrie（2000）は、知的資産についての先行研究を検証したうえで、知的資産会計の台頭は、知的資産の重要性を認識させるとともに、測定や開示の重要性について主張している。

上記の非財務情報に対する活用の拡がりとともに、欧州や米国、日本において知的資産の情報開示の動きが活発となっている。

個人レベルの研究をもとに、欧州のプロジェクトチームが知的資産について研究、報告を行ったのが、MERITUM（2002）、E*KNOW-NET（2003）である。

MERITUM（2002）は、日本における知的資産経営報告書に大きな影響を及ぼした欧州のプロジェクトであり、1998年から2001年まで検討が行われ、2002年に発表された。内容は、知的資産を、人的資産、構造資産、関係資産に分類し、知的資産マネジメントとして、無形財の認識→測定→アクション（評価）の3フェーズから構成されるとした。人的資産とは、従業員の退職時に一緒に持ち出す資産をいい、個々人の知識、技術、経験、能力を含む。構造資産とは、企業に退職後も残る知識である。組織ルーティン、手続き、システム等を含む。関係資産は、顧客、サプライヤー、RDパートナーなど利害関係者と関係した資産である。この報告書では、無形財のマネジメントとレポーティングの目的を、2つに分けている。1つは、マネジメントの効率性の促進、財務業績の向上のために、無形財を把握し、測定し、コントロールする能力を開発することを助成することである。2つ目は、企業の価値を創出する無形財を情報開示し、資本の出し手に対して、将来の利益やリスクについての把握を促進するための指針を提供することである。このように、この報告書では、知的資産を単なる内部マネジメントツールではなく、外部に対する情報開示を行うことを目的としていることが注目される。また、E*KNOW-NET（2003）はMERITUMプロジェクトの成果を活用促進するために、2001年から2003年まで設立された。

米国では、Kaplan and Norton（1996）が、知的資産を構成する要素として、顧客の視点、学習と成長の視点、業務プロセスに分けたうえで、財務の視点を加えた戦略的マネジメントシステムを研究している。最近では、戦略ツールとしての印象が強いが、彼ら自身も述べているとおり、知的資産を財務数

値として活用するツール（スコアカード）が戦略のモニタリングの役割を果たしており、これが外部投資家への情報開示ツールになっている。

　また、無形資産の重要性をLev and Sougiannis（1996）は主張し、Lev（2001）は、外部投資家への情報開示ツールとして、バリュー・チェーン・スコアボードを提唱した。

　日本では、経済産業省（2004）が「知的資産経営のガイドライン」を発表し、特許および研究開発に関して、企業と市場の対話が開始できるように指針を公表した。また、経済産業省（2005）では具体的に知的資産経営報告書を作成する企業（経営者）、及びそれを評価する者への参考指針を公表した。

　中小企業の外部関係者へのディスクロージャーモデルとして、中小企業基盤整備機構（2007）がある。これは、中小企業経営者が知的資産経営に取り組む場合や、ステークホルダーに開示するための知的資産経営報告書を作成する場合に、より簡便に行えるマニュアルを作成したものであり、特にこのなかで、金融機関へのコミュニケーションツールとしての役割を強く主張した。

2　財務内容を中心とした研究

　Garcia-Meca et al.（2005）は、セルサイドアナリストに対する知的資産の情報開示と情報開示に影響する要因について実証研究を行っている。研究は、2000年〜2001年のスペイン上場257社のアナリストレポートを対象として行った。

　被説明変数は、知的資産情報開示の開示可能割合でのDIを活用した。説明変数は、規模（市場価格の対数）、株主の分散（IBEXへの上場）、公開市場（複数市場での上場）、IR部署の設置、レバレッジ、ROE、成長性（市場価格と簿価との比率）、プレゼンテーションの違い（結果プレゼンか企業プレゼンか）、産業（金融業か否か）を設定した。分散分析の結果、規模、公開市場（複数市場での公開）、株主の分散（IBEXでの公開）、成長性が統計的に有意な差が見られた。その上で、重回帰分析を行ったところ、規模、が統計的に有意な正の相関、プレゼンテーションの違いが負（企業プレゼンに正の相関があるということ）が検証された。被説明変数を企業プレゼンテーションを行う場合の知的資産のDIとし再度分析したところ、やはり規模が

正、そして ROE も統計的に有意な正の回帰係数を示した。この研究では上記の分析に加えて、知的資産を人的資産、顧客資産、プロセス資産、技術資産、調査・開発・イノベーション資産、戦略資産に分けて、開示の割合を分析している。その結果、戦略資産、技術資産、プロセス資産、顧客資産の開示が多く、人的資産、調査・開発・イノベーション資産が少ないことを説明している。

Garcia-Meca and Martinez（2007）では、対象を、2000 年～ 2003 年のスペイン上場 260 企業のアナリストのレポートに変えた上で追加的な検証を行った。主たる説明変数は、複数市場での上場、ROE、アナリストのレポートの推奨の種類、リスク（ベータ値）を設定した。分散分析を行ったところ、ROE、アナリストレポートの推奨の種類、リスクが統計的に有意な差が見られた。コントロール変数として、規模（市場価値の対数）、アナリストレポートの種類（結果レポートか企業レポートか）、仲介会社（ブローカーゲージの種類）、年度ダミー、産業分類（業種ダミー）を設定し、重回帰分析を行った。

その結果、複数市場での上場、リスク（ベータ値）は統計的に有意にならず、仮説を支持しなかった。ROE、買い推奨レポートが統計的に有意な正の相関を示し仮説を支持した。コントロール変数は、成長性が正の相関を示した。業種では、金融業、公益事業、建設業、資源、原油業が負の相関を示した。このことは、無形資産が少ない業種のほうが、より開示を行っていないのではないかと主張している。

3　情報開示コストに着目した研究

Williams（2001）は、proprietary cost と情報開示との関係について、1996 年から 2000 年の英国上場企業 31 社を対象に実証研究を行った。仮説としては、知的資産のフォーマンスが低いと、開示することにより、供給者や貸し手の評判を損なう。パフォーマンスが低いと、投資も止めるであろうし、労働者も、もっと教育費などをかけるべきだと文句を言うだろう。よって、知的資産のパフォーマンスが高いほど知的資産の情報開示が促進されるとしている。分析は、被説明変数を、知的資産の開示情報の合計、主たる説明変数をとして知的資産のパフォーマンス（value Added Intellectual Coefficient）を設定し、コントロール変数として、規模（総資産の対数）、R

＆Ｄ投資による産業分類、複数市場の公開、収益性（ROA）、レバレッジを投入した。結果としては、知的資産のパフォーマンスが、1996年、1998年と統計的に有意な負の相関を示し、仮説とは逆になった。これは、従業員の高いパフォーマンスが示されると引き抜かれる可能性があるからだと説明している。コントロール変数については、規模（総資産の対数）、収益性（ROA）がいずれの年度も統計的に有意にならなかった。その他の変数は、いくつかの年度について、いずれも統計的に有意な正の相関を示した。

　Competitive cost や情報の非対称性に注目した研究してはVergauwen et al.（2007）がある。この研究は、知的資産の情報開示と企業の価値創出を行う無形資産との関係を実証的に分析した。特徴としては、competitive cost に注目し産業分類を説明変数の1つに設定したことや、知的資産の情報開示を、人的資産、構造資産、関係資産に分類したことと、情報の非対称性に注目し、各々の知的資産の情報開示と、それに対応する無形資産という企業の財務内容との関係を分析したことにある。対象は、スウェーデン、英国、デンマークの上場企業60社である。説明変数は、知的資産全体については、市場価格と簿価との差額を、人的資産は売上高対人件費比率と従業員一人当たりの売上高を、構造資産は、売上高対Ｒ＆Ｄ費用比率、総資産対知的資産比率を、関係資産は、売上高対広告費用比率、事業セグメントにおけるHI（事業集中度）、地理的セグメントにおける事業集中度を設定した。相関分析の結果、知的資産情報開示全体および人的資産の情報開示については、統計的に有意にならなかった。構造資産については、売上高対Ｒ＆Ｄ費用比率が統計的に有意な正の相関を示し、産業を伝統的か非伝統的かで分けた分析では、伝統的産業のみ統計的に有意な正の相関を示した。また、総資産対知的資産比率も正の相関を示したが、Ｒ＆Ｄ費用と反対に非伝統的産業が正の相関を示した。関係資産は、売上高対広告費用、事業セグメントにおける集中度、地理的セグメントによる事業集中度全て統計的に有意にならなかったが、事業のセグメントにおける事業集中度のみ、産業を分けた分析では、伝統的産業では負、非伝統的産業では正の弱い相関を示した。この結果をもとに、競争優位性が失われる可能性がある資産については、開示を嫌がっていると説明している。

　また、competitive cost やエージェンシー関係（ガバナンス）に注目した

研究としてSingh et al.(2008)がある。この研究では、シンガポールの上場企業444社の1997年〜2006年の公開時における目論見書に記載されている知的資産の情報開示について、オーナー持ち株比率の維持、competitive cost（いかに業界における強みを所有しているか）、ガバナンスとの関係を実証的に分析した。分析は、6カテゴリーに分けた知的資産81項目の開示数の単純合算を開示可能数で除したものを被説明変数とし、主たる説明変数を公開前と公開後のオーナーの持ち株維持率、competitive cost（業界内のシェア）、社外取締役の数や経営者と議長の二重性などのガバナンス項目とし、コントロール変数を監査人の規模、引受人の地位、事務弁護士の地位、レバレッジ、経営者の報酬、規模（売上高の対数）、業歴（年月の対数）を設定した重回帰分析を行った。また、主たる説明変数は、お互いの作用を調べるため交互作用変数を設定した。その結果、オーナーの持ち株維持が統計的に有意な正、competitive cost（業界内のシェア）が負、ガバナンス項目が正となり仮説を支持した。交互作用変数は、オーナー持ち株維持とcompetitive cost（業界内のシェア）が統計的に有意な負となり仮説を支持したが、オーナー持ち株維持とcompetitive cost（業界内のシェア）、ガバナンスとの交互作用変数は統計的に有意とならなかった。

4　情報の非対称性やモラル・ハザードに着目した研究

　Bruggen et al.(2009)は、知的資産の情報開示と産業分類（業種）、規模、情報の非対称性との関係について、オーストラリアの125社の上場企業の年次報告書をもとに実証研究を行った。被説明変数である知的資産の開示は、開示数の合計、説明変数である業種は、エネルギー、資源、製造業、消費財、健康関連、金融、IT、通信業の8業種のダミー変数を活用、規模は総資産の対数、情報の非対称性は、総株主数を上位20社に保有されない株式数割合を設定した。また、レバレッジをコントロール変数として投入した重回帰分析の結果、業種は、健康関連とITが統計的に有意な正の相関を示し、仮説である業種により知的資産の情報開示と関係がある、を支持した。また規模（総資産の対数）も統計的に有意な正の相関をとり仮説を支持した。一方、情報の非対称性をあらわす代理変数は統計的に有意にならず、仮説を否定した。また、同時に、被説明変数を同一として、説明変数を業種のうち、健康

産業、ITおよび、各業種と情報の非対称性をあらわす代理変数との交互作用変数とした分析を行った結果、ITのみ統計的に有意な正の相関を示し、健康関連や、情報の非対称性をあらわす代理変数との交互作用を検討した2変数とも統計的に有意にならなかった。また、レバレッジでは統計的に有意にならなかった。

　Cerbioni and Parbonetti（2007）は、知的資産の開示とコーポレートガバナンスとの関係について、2002年～2004年の3年間における英国、ドイツ等ヨーロッパのバイオテクノロジー関連企業54社のアニュアルレポートをもとに実証研究を行った。この研究の特徴としては、被説明変数を、知的資産の開示の量と質に分けたこととコーポレートガバナンスの代理変数を4つに分類し分析したことにある。

　コーポレートガバナンスの代理変数は、①外部取締役の割合②指名委員会等の設置③経営者と議長との兼任④取締役の数である。当初の仮説は、①、②が正、③、④が負である。③が負の影害を及ぼすであろうことの理論的根拠として、経営者が議長を兼任することにより、経営者の歯止めがかからないこと、④については、取締役の数が多くなるとコミュニケーションや一体感が減り、経営者のチェックがかかりにくくなることをあげている。分析は、被説明変数を知的資産の開示数の単純合計であるDI、また、その内訳である内部構造DI、外部構造DI、人的資産DI、またディスクロージャーの質の代理変数として、将来情報のDI、過去情報のDI、知的資産が経済的に正の影響を及ぼす情報のDI（pos）、知的資産が経済的に負の影響を及ぼす情報のDI（neg）を設定した。上記4変数であるガバナンス変数に加えて、コントロール変数として、規模（総資産）、創業者の持ち株比率、ROE、レバレッジ、成長性、公開市場（複数市場での公開か）、リーガル力、業歴を加えて、重回帰分析を行った。分析は、知的資産開示の量と質で各々検証した。知的資産の量についての結果は次の通りである。ガバナンス変数については、外部取締役の割合が、外部構造DI以外に全て統計的に有意な正の相関を示し、仮説を支持した。指名委員会等の設置は、内部構造DI以外全てに統計的に有意な負の相関を示し、仮説とは逆の結果となった。経営者と議長との兼任は、DIおよび外部構造DIに統計的に有意な負の相関を示し仮説を支持した。取締役の数は、DIおよび内部構造DIが負、外部構造DI、人的資産DIが正

となり結果が分かれた。コントロール変数は、規模（総資産）がDIおよび外部構造DIについて正、内部構造DIおよび人的資産DIに負となった。創業者の持ち株比率は内部構造DIが正、外部構造DIが負となった。ROEは、外部構造DI以外全て正を示した。レバレッジは、外部構造DIのみ負を示した。成長性は内部構造DIおよび外部構造DIが正、人的資産DIが負となった。公開市場は、全て統計的に有意にならなかった。リーガル力は外部構造DIのみ正となった。業歴は内部構造DIのみ正を示した。知的資産の質についての結果は次の通りである。ガバナンス変数については、外部取締役の割合は、過去情報のDIのみ統計的に有意な正の相関を示した。指名委員会等の設置は、過去情報DIおよびposに統計的に有意な負の相関を示し、仮説とは逆の結果となった。経営者と議長との兼任は、将来情報DIに統計的に有意な負の相関を示し仮説を支持した。取締役の数は、過去情報DIが負、negが正となり結果が分かれた。

コントロール変数は、規模（総資産）が過去情報DIが正、創業者の持ち株比率はposが正となった。ROEは、neg以外全て正を示した。レバレッジは、全て統計的に有意にならなかった。成長性はposのみ正となった。公開市場は、全て統計的に有意にならなかった。リーガル力は将来情報DIおよびnegが正となった。業歴は全て統計的に有意にならなかった。この結果により、知的資産の開示の量と質とが一致した傾向を示さないと説明している。また、ガバナンス要因については、外部取締役の割合が最も大きいこと、経営者と議長との兼任も強い影響があると主張している。

また、Li et al.（2008）は、英国100社の上場企業の知的資産の開示とコーポレートガバナンスについての関係についての実証研究を行った。被説明変数である知的資産の開示については、知的資産項目開示割合、知的資産開示文言数、知的資産開示文言割合を設定した。主たる説明変数は、外部取締役の割合、株主集中割合、経営者と議長との兼任、監査人の規模、監査頻度を設定し、コントロール変数として業歴、ROA、規模（売上高）を設定した。重回帰分析の結果、知的資産項目開示割合、知的資産開示文言数については、経営者と議長との兼任以外はいずれも統計的に有意な数値を示した。外部取締役の割合は正、株主集中割合は負、監査人の規模、監査頻度いずれも正となり仮説を支持した。被説明変数が、知的資産開示文言割合は、外部取締役

の割合が正、株主集中割合が弱い負を示したが、それ以外の変数は有意とならなかった。コントロール変数は、被説明変数により異なる結果となった。また、被説明変数を人的資産、構造資産、関係資産各々の知的資産開示文言数とした重回帰分析では、外部取締役の割合が構造資産、関係資産に対して正、株主集中割合が関係資産に対して負、経営者と議長との兼任が人的資産に対して負、監査人の規模、監査頻度は全ての被説明変数に対して正と統計的に有意となった。コントロール変数は、業歴のみ、人的資産、関係資産に対して統計的に有意な負の値を示した。

この結果により、コーポレートガバナンスが、エージェンシーコストを低下させる役割があると説明している。また、知的資産の内容により分析を行ったものの、結果に対して有益なコメントは付していない。

5　本節から得られたインプリケーションと残された課題

第3節では、情報開示の拡張分野での先行研究をまとめた。第4節では、知的資産分野の先行研究をもとに得られた知見をまとめたい。

資金調達に関する研究は、主たる目的変数として知的資産の情報開示との関係を検証した研究ではなく、代理変数を活用したいわゆる研究目的としては従たるとした研究が中心である。規模 Cerbioni and Parbonetti（2007）、業歴 Li et al.（2008）、レバレッジ Garcia-Meca et al.（2005）がある。実証研究の結果、規模、業歴は検証されたものの、レバレッジは検証できていない。

情報開示のコストに注目した研究としては、まず proprietary cost として Williams（2001）が知的資産のパフォーマンスに注目した。Competitive cost については Vergauwen et al.（2007）が産業分類に、Singh et al.（2008）が業界内のシェアに注目した。実証分析の結果、知的資産のパフォーマンスは仮説と逆となったものの、産業分類や業界内のシェアは仮説を支持した。代理変数を活用した研究としては、preparing cost として規模（総資産）Cerbioni and Parbonetti（2007）があり、仮説を支持している。

モラル・ハザードと情報開示との研究については、Sigh et al.（2008）Cerbioni and Parbonetti（2007）Li et al.（2008）が外部（社外）取締役の割合、経営者と議長との兼任などをモラル・ハザード要素として実証研究を行い、概ね仮説を支持する結果となった。代理変数を活用した研究については、

レバレッジ Brugen et al.（2009）、公開市場 Garcia-Meca et al.（2005）があるが、いずれも仮説を支持しなかった。

情報の非対称性については、Vergauwen et al.（2007）が無形資産金額、Brugen et al.（2009）が総株主数のうち上位20社に保有されない株式数割合や産業分類を主たる説明変数として実証分析を行った。その結果、無形資産金額や産業分類は仮説を支持した結果になったが、総株主数のうち上位20社に保有されない株式数割合は仮説を支持しなかった。代理変数を活用した研究としては、規模 Li et al.（2008）Cerbioni and Parbonetti（2007）業歴 Singh et al.（2008）、成長性 Garcia-Meca et al.（2005）、産業分類 Garcia-Meca and Martinez（2007）がある。その結果、成長性以外は仮説を支持した結果となった。

また、第3節との比較では次のことが注目される。第3節でレビューした研究は、shinghvi and Desai（1971）で代表されるように米国を対象として検証した研究が多く見られるのに対し、第四節の知的資産分野では、Williams（2001）など英国を含む欧州を対象として検証された研究が多い。これは、知的資産情報の拡充について欧州のプロジェクトチームが活発な活動を行っていることと関係しているのではないかと推測される。

続いて、残された課題について記載したい。

第3節で取り上げた課題はほとんど知的資産情報分野の先行研究についても当てはまる。このような課題を克服するのには、先行研究が行っているような、財務情報のような公開された情報だけで分析することでは限界があると考えられる。

第5節　非規制企業の情報開示

非公開企業が大部分を占める中小企業は、市場に対して情報開示を行うことを求められていない。市場に対する情報開示の要請を背景とした研究が中心であるため、中小企業を主体とした情報開示についての先行研究はほとんど見当たらない。よって、中小企業が情報を開示しているであろう金融機関側に焦点を当て、金融機関がどのようなプロセスで融資判断を行っているの

かを検証した上で、具体的な審査を行う上で重視している情報についての先行研究を記載する。また、審査を行う組織や行員について概要を述べる。

1　融資審査手法の研究

　Treacy and Carey（1998）は、金融機関の審査プロセスを約50行の米国大手金融機関へのインタビューをもとに分析した。金融機関は、PD（probability of default）、LIED（lost in the event of default）を基準として、PDのみか、もしくはPDとLIEDから算出されるEL（expected loss）により、信用リスク分析をしている。この信用リスク分析を行う、リスク評価プロセスについて、財務情報、財務情報の信頼性、外部格付け、分析モデル、企業規模（企業価値）、マネジメント、信用許容条件、その他情報をもとに格付けを行ったのち、評価基準として、文書的（公的な）要素、主観的（非公式、文化的）な要素、評価者自身の経験や判断を行い、融資承認プロセスによる事前評価や顧客担当者（もしくは融資格付け担当者）を経て最終承認がなされることを公表した。このなかでは、顧客担当者の格付けにおける判断の余地が大きいことや、格付けにおける金融機関独自の文化が影響を及ぼしていることが述べられている。

　また、日本では旧三菱銀行（現三菱東京UFJ銀行）出身の中村（2003）が、金融庁の「金融検査マニュアル」や「金融検査マニュアル（別冊）中小企業編」をもとに、金融機関における格付け手法の実態を詳細に記載している。格付けは、企業ごとの信用リスクを把握するための手法であるが、格付けの水準によって、企業ごとの融資範囲がほぼ決定されるので、融資プロセスとほぼ同じと考えて問題ないと主張している。その中で、格付けは3プロセスを経て承認される、とする。第一次評価は、決算書をベースとした定量的分析であり、安全性分析（自己資本比率）、収益性分析（売上高経常利益率等）、成長性分析（経常利益増加率等）、返済能力（債務償還年数等）をもとに行う。第二次評価は、企業の経営者や経営方針、販売力、技術力などの定性的な項目の評価であり、具体的事例は「金融検査マニュアル（別冊）中小企業編」に載せられているとする。第三次評価は、潜在返済力を指し、具体的には、経営者の資産等の実質同一体などをもとに評価を行うと主張している。

　中小企業においては、財務内容を中心とした定量的分析に加えて、定性的

分析が重要であることをリレーションシップ・レンディング（P.67 参照）分野の先行研究が指摘している。

　Berger and Udell（2003）は、中小企業に対する審査方法を、ファイナンシャルステートメント・レンディング、アセット・ベイスト・レンディング、スモールビジネス・クレジットスコアリング、リレーションシップ・レンディングに四分類した。そして、最初の三手法をトランザクション・レンディングと総括し、最後のリレーションシップ・レンディングとの対比を行うことにより、特徴を明確にしている。リレーションシップ・レンディングは、金融機関は企業、経営者、地域コミュニティ等から情報を収集し、その情報をもとに企業の融資判断を行う。情報は融資や預金や様々な商品の提供を行うことにより得られる。また、その情報は、販売先や仕入先からの情報や、経営者の口頭での約束やコミットメントも含む。つまり、リレーションシップ・レンディングでの情報とは、長期間に渡る企業、経営者、地域コミュニティとの接触で得られた質の高い、独占的なかつ計数化できない情報なのである。その性格上長期的な取引のある顧客には有利である。一方トランザクション・レンディングは、計数化された情報を主な判断の根拠としているため、金融機関との取引期間は、融資を受けるにあたりあまり関係がない。リレーションシップ・レンディングは、わかりにくい情報が多く、ファイナンシャルステートメント・レンディングでは融資が受けにくい財務内容の良好ではない企業や、アセット・ベイスト・レンディングを行うにふさわしい資産がない企業や、スモールビジネス・クレジットスコアリングには適応しない＄250,000 以上の融資を受けるのにふさわしいと主張している。

　また、Berger and Udell（1998）では、金融機関は口座開設により入金・出金情報、取引状況がわかり企業の実態が掴めること、経営者に対する個人ローン、クレジットカード、一般口座、信託口座や投資サービスによりより経営者を把握することができること、また、地域コミュニティから頻繁にわたり情報を収集することにより、企業の営業状況や売掛金の健全性を把握することができることを推測している。

　Berger and Udell（2002）は、リレーションシップ・レンディングを行う金融機関担当者の重要性について説明している。金融機関担当者は、中小企業や、オーナー（経営者）、従業員、地域に最も密着し、ソフト情報を収集し、

第5節　非規制企業の情報開示

金融機関内部に伝えることを行っている。また、金融機関担当者は地域で生活し、近くの企業等から融資先企業や経営者の情報を集める。また、この論文では、金融機関担当者のモラル・ハザードについて指摘している。まず、第一に金融機関担当者が短期的な貸出額により評価されることにより、企業とのリレーションシップを深めるよりも、より多く新しい貸出しをしようとする。また、企業経営者との行き過ぎた深い関係（例えば、次の職を紹介してもらうことや賄賂）により、企業の業績悪化を示す情報を隠すかもしれない、ということを主張している。

Boot（2000）は、リレーションシップ・レンディングによる情報は、借り手との複数の関係を持つことにより集められ、その関係は複数の商品を提供することにより得られるとする。具体的には、L/Cや口座開設、小切手の決済、CMS（cash management service）をあげている。

日本におけるリレーションシップ・レンディングの研究としては、Uchida et al.（2006a）がある。貸出手法をファイナンシャルステートメント・レンディング、リアルエステート・レンディング、アザーフィックスアセット・レンディング、リレーションシップ・レンディングに分け、金融機関のソフト情報の蓄積、企業規模や財務の状態、立地等との相関を大阪府、兵庫県、京都府計1,856社の中小企業を対象として分析を行った。その結果として、ファイナンシャルステートメント・レンディングが日本で一般的に活用されていること、貸出手法を明確に分けることが難しいことを主張している。次に、各貸出手法に相関のある要素を抽出するための相関分析を行った。その結果、リレーションシップ・レンディングは、信金・信組のような小規模金融機関が、ソフト情報の蓄積を蓄積し、業績が向上している企業に対して活用されていると論証している。

内田（2007）はUchida et al.（2006c）らの論文をもとに、リレーションシップ・バンキングの存在意義とその特徴を既存の理論分析に基づいて整理を行ったうえで、既存のリレーションシップ・バンキングの理論が日本でも実際に見られるのかを検討した。その結果、欧米の実態を念頭に置いた理論・実証分析が示すものと、日本での実態とでは、基本的な部分で矛盾することはない半面、そのメカニズムは国によって多少異なる可能性が高い、としている。その上で、現段階では、どうような点がなぜ異なるのかを判断できるほど十

分ではないとしている。

2　融資審査内容の研究

　2003年に、「リレーションシップバンキングの機能強化に関するアクションプログラム」が発表されてから、公的機関による金融機関の審査内容や手法についての書籍が多く出されている。

　中小企業白書（2006）は、金融機関が中小企業に対する与信審査時にどのようなことを重要視するのかを検証している。企業財務については債務償還能力や収益性を、保全については保証協会などの信用保証機関の保証や不動産担保の提供を、企業自身の属性では主要事業の市場動向や企業の技術力を、代表者属性については経営意欲や実行力を重要視するという特徴が見受けられる。

　中小企業白書（2005）では、アンケート調査をもとに代表者の資質として「経営意欲」、「実行力」、「判断力」といった要素が融資審査において重要視されているようであると説明している。また、金融機関が代表者の資質を評価する際にどのような情報から判断しているのかについての調査によると、「日々の代表者との面談」、「経営方針や経営理念」、「事業計画の進捗状況」、「本社や工場の管理状態」、「代表者のこれまでの実績」、「取引先の評判」、「業界関係者からの評判」、「従業員へのヒアリング」、「信用調査会社の評価」があげられている。

　家森（2007）では、Uchida et al.（2006a）を発表した際のデータをもとにして、金融機関が取引先中小企業である自社のどの部分を審査上重要視していると考えているかを説明している。回答の多い選択肢は大きく3つのグループに分かれた。1つは、収益性、安全性、収益性といった財務諸表で測れる企業の属性（ハード情報）である。第2がソフト情報の1つである「代表者の資質」である。第3が「事業上の強み」や「事業基盤」といった財務計数に現れない事業に関するソフト情報である。中小企業は、具体的審査項目として、財務諸表に現れるハード情報が重要であることは認識している。その上で、中規模以上の中小企業ではソフト情報による評価を加味してほしいと希望しているようだと主張している。

　次に、審査内容として、知的資産に注目した研究については、次の代表的

な論文がある。

　Guimón（2005）では、知的資産報告書が、融資決定プロセスにおける影響についてのケース・スタディを行った。その結果、サンプル数は少ないものの知的資産報告書の有用性が証明されたと主張している。

　古賀（2007）では、Guimón（2005）をもとに、日本の融資慣行に合ったモデル企業を設定するとともに、知的資産情報に関して追加的質問票を設けることで、より詳細な研究を行った。その結果、メガバンクについては、知的資産報告書の重要性を高く評価しているものの、融資金額、担保条件、融資利率への影響についての意見は分かれている。地域金融機関は、知的資産報告書についての評価はメガバンクよりもやや高いものの、融資金額、担保条件への影響はネガティブであり、融資利率も意見が分かれている。その結果として、知的資産情報は、具体的・個別的な融資条件を変更させるほどには大きな影響力を持たなかったとしている。その一因として、知的資産報告書が監査を受けていないため、信頼性が欠如していることが推察されるとする。

　Holland and Doran（1998）は、27の英国の運用会社の幹部やファンドマネージャーからのインタビューをもとに、定性的な分析を行った。金融機関の投資意思決定プロセスにおいて、企業に定期的、不定期に直接接触することで、経営の質や継続的な計画の実効性、戦略の一貫性など企業の業績に直接的に影響を及ぼす私的な情報を獲得することに焦点を当てた上で、私的な情報のなかでも特に経営の質を強調する。経営の質は非常に流動的なものだが、人間の属性的な側面と、マネジメントチームの一体性、計画の実行力などのチェックである程度判断できると説明している。また、重要な経営者の属性として、目的意識、誠実さ、聡明さ、評判を上げて、このような要素をじっくりと観察することで、金融期間は信頼を培っていると主張している。

3　融資審査を行う金融機関組織および行員についての研究

　金融機関の組織や企業の特徴に焦点を当て、リレーションシップ・レンディングの有効性について検証した研究も多い。

　金融機関の組織形態とソフト情報についての理論モデルを構築したのがStein（2002）である。担当者が中小企業とリレーションをとることにより

獲得したソフト情報は他の担当者に伝えることが難しいと主張し、金融機関の組織構造がどのように融資に影響を及ぼすかを、小規模で分権化されていない金融機関と大規模で階層的な金融機関とを対比した。前者の融資担当者は、自ら資金の割り当てが可能であり、ソフト情報を調べるインセンティブが高まるため、経営者の人柄のような情報を蓄積する。その結果、ソフト情報を活用するような融資において有利である。後者は、そのようなソフト情報を集めても、上層部が資金割り当てを拒否するリスクがあるため、ハード情報をもとにした融資を中心に行う傾向があることを指摘した。

Eriksson and Mattsson（2002）では、さまざまなセグメントの顧客と取引を行う状況化においてのリレーションシップマネージャーの行動に注目している。その結果、以下4仮説を検証し、いずれも統計的に有意となり、相関が高いことが論証されている。①金融機関が、様々なセグメントの企業と取引を増加させれば、顧客情報が多様化する。②多様化した顧客情報のマネジメントが簡単ではないため、顧客とのリレーションシップを進めることが難しくなる。③また、既存顧客への深耕ではなく、新規顧客の獲得に戦略を向けた場合、結果としてリレーションシップを進めることがたやすくなる。④リレーションシップのマネジメントが難しくなるほど、金融機関の戦略が現場ではなく、本部で決定されていると感じるようになる。

Berger et al.（2005）は、1993-1995のNational Survey of Small Business Finance（NSSBF）にて入手できた1,131法人をもとに実証研究を行った。その結果、小規模な金融機関は、ソフト情報を活用したリレーションシップ・レンディングに優位性をもち、大規模な金融機関はソフトな情報を用いた貸出には消極的であった。また、企業規模が大きいほど大規模な金融機関から借り入れする傾向が強いことが論証されている。また、組織の問題として、金融機関の規模が大きくなると、米国では、借り手との物理的距離が遠くなり、直接的な接触が減り、取引年数が短くなり、リレーションシップが弱まるとされている。

Uchida et al.（2006c）は、Stein（2002）とBerger et al.（2005）の理論をもとに、日本での検証を行った。その結果、企業規模の大きい企業ほど大規模な金融機関から借入を行っているが、金融機関の規模が大きくなるからと言って、リレーションシップが弱くなるような結果は得られなかった。

Scott（2004）は、金融機関のソフト情報の生産・蓄積について研究を行った。この研究は、Berger and Udell（2002）の研究を実証分析したものである。注目すべき点は、金融機関の情報蓄積度を数値化していることであり、具体的には企業に対して、取引金融機関の理解度についての質問や経営者への理解度等を指標にしてデータ入手し検証していることにある。その結果、取引金融機関が小規模であり、貸出担当者の交代がすくないほど中小企業のソフト情報を蓄積していることを検証し確認した。

　また、Uchida et al（2006b）では、日本の中小企業および金融機関を対象とし、金融機関担当者のソフト情報の蓄積を被説明変数とした実証研究を行った。重回帰分析の結果、担当者の有無（無が1）が統計的に有意な負の相関を示した。また、担当者の交代は地方銀行については統計的に有意にならなかった。専任担当者がソフト情報の蓄積に重要であるが、担当者の年齢は重要ではないことが検証された。また、接触間隔が短く、電話やメールよりも人的接触の方がよりソフト情報が蓄積されることが示されたが、取引期間や取引支店との距離は統計的に有意にはならなかった。先行研究で示される、金融機関担当者のソフト情報は他の担当者に引き継げないといった観点とは一致しないと説明している。

　加納（2007）は、中小企業がリレーションシップを変更する（分析期間10年中にメインバンクを変更する）という局面に注目し、関西2府6県の7,894社を分析対象にプロビット分析を行い、4つの検証結果を得た。①変化率（資本金）の高い企業、および潜在的に成長の可能性をもつ規模の小さい企業は、最適な取引金融機関のタイプが変わるためにリレーションシップを変更する傾向がある。②リレーションシップ・バンキングのメリットの蓄積がより少ないと考えられる、企業規模が小さく、操業年数の短く若い企業ほど、リレーションシップを変更する傾向がある。③取引金融機関の業績（ROA）が低い企業ほど、リレーションシップを変更する傾向がある。④金融機関の競争が激しい県ほど、リレーションシップを変更する傾向がある。しかしながら、交渉力が強い企業ほどリレーションシップを変更する傾向があるとの仮説については明確な結果が得られていない。

　また、リレーションシップ・レンディングに適した組織の観点だけではなく、リレーションシップ・レンディングを行うファンドマネージャーに注目

第3章　先行研究サーベイ

し、企業に対するモニタリングやガバナンスに注目した研究がある。

　Holland（1999）は、1993〜1994年にわたる英国の大手金融機関（生命保険など）27社の幹部やファンドマネージャーからのインタビューを通じて、プライベート情報を活用した、投資先企業へのガバナンス行使について説明している。まず、公的な企業情報では、様々な限界があるため、金融機関は、企業との直接のミーティングを通じて、企業のマネジメントの質や経営戦略等の情報の質を高めるとともに、金融機関自身の情報の蓄積を高め、他社よりも優位性を高めている。また、その結果、財務数値などに表れる業績に、どのような要素が関連しているのかがより把握できるようになるため、企業に対してより効果的な説明責任を果たすとともに、業績下降時にも、効果的なアドバイスができると説明している。

　Holland（2001）では、1997〜2000年にかけての40社のファンドマネージャーに対するインタビューをもとに分析した。これまでのガバナンスの研究は、公的なガバナンス行使（決議の行使や経営陣の入れ替えなど）であったが、本研究は、企業とファンドマネージャーの私的（private）なガバナンスに注目している。私的なガバナンスは、業績が良い、もしくはさほど問題ではない状況と、悪化傾向もしくは悪い状態によって異なると説明している。業績が良いもしくはさほど問題ではない状況については、トップマネジメントやミドルマネジメントのリーダーシップや戦略ビジョン、信頼性のようなマネジメントの質、人柄のような私的で直接合わないとわからない知的資産情報やトラックレコードのようなものを直接接触することで確かめている。また、このような定性情報を確認することは難しいため、代理指標を設定し、代理指標と他社との比較や、計画との対比により、適正な経営をチェックしている。一方、業績が悪くなると、人的資産の強い変更、すなわちマネジメント陣の変更をせまるようになる、と主張している。

　Holland（2003）では、ファンドマネージャーの、知的資産の活用とその障壁を説明している。障壁は、4点指摘されている。①ファンドマネージャーの知識不足により、人的資産が企業価値向上のプロセスに役立っているのか理解していない問題、②知的資産の価値や信頼性などの不確実性の問題、③企業で継続的に保有できるのかという問題、④基準や尺度に対する知識不足である。このような問題を克服するためには、ファンドマネージャー自身が

自社の無形資産や価値創造の役割に目を向けて、理解することが重要であると主張している。

　Holland and Johanson（2003）は、知的資産の活用には、様々な障害があるとし、その障害について、ファンドマネージャーの企業の企業価値創造プロセスの理解の問題とプロセス自体の問題に分けて説明している。企業の企業価値創造プロセスにおいては、ファンドマネージャーの価値創造ストーリーの選好性や一部の指標だけの活用については、知的資産の知識問題によるものとしている。また、ガバナンスの観点においても、適正に行使できないのは、不確実性の問題としている。自社の企業価値創造プロセスについては、ファンドマネージャーが能力等の制約があり、ややもすると投資判断を経験などを中心としたヒューリスティックな対応になりがちであるが、そのような制約を克服するために、チームが個々のファンドマネージャーの多様な能力と情報を結集し、モザイクアプローチといった手法が採用される。能力等の制約に加えて、ファンドマネージャーの物質的な貪欲さなどの企業文化および時間の制限や厳しい投資採算へのプレッシャーが障害を促進させているとする。

　また、日本の研究としては古賀 et al.（2008）がある。3社のファンドマネージャーと1社のベンチャーキャピタルからのインタビューをもとに、経営者の資質やブランド、技術力のような知的資産情報をどのように利用し、投資決定を行っているのかを、意思決定プロセスをもとに究明したものである。その結果、これらの情報は、投資意思決定の主なフェース全てにわたって用いられ、投資意思決定の一環として、利益予測や企業評価に資することが明らかになったと説明している。ただし、知的資産情報として、人的資産、構造資産といった、知的資産報告書を基にして分析しており、より具体的な資料に言及しているものではない。

4　本節から得られたインプリケーションと残された課題

　本章では、金融機関の中小企業に対する融資方法について焦点を当てた。最初に、中小企業金融手法として、リレーションシップ・レンディングがあり、この手法は、中小企業と金融機関の間に存在する情報の非対称を軽減する効果的な手法である。Berger and Udell（1998）（2002）（2003）では、金

融機関は、長期間にわたり、企業、経営者、地域コミュニティ等から独占的にかつ計数化できないソフト情報を収集し、その情報をもとに企業の融資判断を行うことを主張している。

　また、具体的に審査を行ううえで金融機関が活用している情報としては、財務諸表などで把握できるハード情報と財務諸表などでは把握が困難なソフト情報があり、ソフト情報のなかでは、代表者の資質に加えて、事業上の強みや事業基盤などについての情報がある。(中村, 2003；家森, 2007)。ソフト情報については、知的資産に焦点を当てた研究もあり、日本の金融機関を対象に実証分析を行っているが、その結果はやや弱い。(古賀, 2007)。

　このようなソフト情報を効果的に活用できる金融機関の組織や行員についての研究も多い。組織では、小規模で分権化されていない金融機関がリレーションシップ・レンディングを活用している (Stein, 2002; Berger et al., 2005)。ただし、日本においては、企業規模の大きい企業が大銀行から借りているが、銀行の規模が大きくなってもリレーションシップが弱くなるような結果は得られなかった。(Uchida et al., 2006)。

　行員に注目した研究では、リレーションシップを強めるためには、どのような顧客構成が良いのかとした視点 (Eriksson and Mattsson, 2002)、人的接触がメールや電話などよりソフト情報が蓄積されること (Uchida et al., 2006)がある。また、(Holland, 2001, 2003; Holland and Johansaon, 2003)では、ファンドマネージャーに焦点を当て、融資先の情報の入手や活用に、モニタリングが重要であることや、マネージャーの知識、理解、チーム力の向上が重要であると主張している。

　続いて、残された課題について記載したい。

① 非規制企業についても、開示情報の拡張が進むものの、金融庁などからの規制がないため、開示情報を拡張させる要因についての研究の積み上げが少ない。この領域について研究を行うための探索的な調査が必要となる。

② リレーションシップを高める金融機関の組織、行員についての研究は多いものの、情報開示を促進させる金融機関の組織、行員についてのより深い研究が必要と思われる。

③ 金融機関が行うモニタリングについては、金融機関側の重要性（すな

わち正の側面）が述べられている。しかしながら、モニタリングによる負の側面もあると考えられ、負の側面からの研究を行う必要がある。

第6節　おわりに

1　残された課題（まとめ）

　情報開示の積極性に及ぼす影響については、資金調達仮説、投資家への説明責任仮説、報酬仮説、訴訟リスク仮説、シグナリング仮説、およびProprietary costがあり、既に理論的には研究がなされている。また、シグナリング仮説を除いて実証研究も行われ、仮説が支持されていたことがわかった。また、開示情報の拡張分野や知的資産分野の研究において、多くの先行研究があり、企業の資金調達ニーズや情報の非対称性の克服、モラル・ハザードが情報開示の増大をもたらすとともに、Proprietary costである、preparing costやcompetitive costが情報開示を低くすることが検証されている。

　ただし、上記の研究は、被規制企業の情報開示に注目したものであり、中小企業のような非規制企業を対象としたものではない。非規制企業の情報開示に関係する先行研究は、非規制企業に対して融資審査を行う金融機関を対象としたものが中心である。中小企業に対する融資審査プロセスとして、財務情報に加えて非財務情報を重視していること、非財務情報として経営者の資質や企業の強みのような情報を活用し、知的資産報告書の重要性が増していることを実証的に分析した研究が多い。また、中小企業の融資審査を適切に行うためには、金融機関が小規模な組織であることや行員の知識の向上が欠かせないことが多くの研究で検証されている。

　これらの先行研究について、研究対象、研究手法、研究目的に分けた上で課題を抽出し、今後の研究での焦点について述べる。その上で、より具体的な研究の方向性について記載する。
①研究対象について
　　情報開示へのモチベーションや開示情報の拡張をテーマとした先行研究

の主たる領域は専ら規制を受ける公開企業を対象としたものであり、非規制企業である中小企業に注目したものではない。また、中小企業に注目した研究では、中小企業の情報開示姿勢に注目したものではなく、開示された財務情報、非財務情報をもとに融資審査を行う金融機関に焦点を当てたものである。中小企業の情報開示姿勢に注目した研究はほとんど見当たらず、財務情報、非財務情報を開示することを期待された中小企業に焦点を当てる意義は大きいと思われる。

②研究手法について

　財務情報、非財務情報の開示拡張をテーマとした研究では、情報開示の要因を資金調達目的や情報の非対称性と推測したうえで、適切と思われる代理変数を取り上げて、代理変数を説明変数とし、情報開示ボリュームを被説明変数とした重回帰分析を行っている。この分析手法では、情報開示要因と代理変数との関係にあいまいさが残る。また、開示拡張プロセスとしては、経営者もしくは財務担当者が資金調達をする必要性やcostを理解した上で、開示拡張を行うといった複数のプロセスをたどると思われる。よって情報開示の影響要因と、情報開示の積極性の間に、資金調達目的や心理的抵抗感のような媒介変数を設定することで、影響要因の論理性が明確になるともに、開示拡張に至るプロセスを検証していくことが可能になる。

③研究目的について

　情報開示を抑制する要因として、被規制企業を対象とした研究では、preparing cost と competitive cost に注目している。また、非規制企業を対象とした研究では、金融機関が中小企業に対して行うモニタリングや強い経営介入について分析した研究も多い。このような強い経営介入を伴うモニタリングが予想された場合に、中小企業は情報開示を抑制するのではないか。このような観点から、先行研究では未だ本格的に研究されていない、非規制企業と金融機関との交渉から生じる情報抑制要因について研究を行う。

2　残された課題（今後の研究）

上記①〜③の先行研究から得られた課題や研究の焦点をもとに、今後行う

第6節　おわりに

べき研究は以下①〜③である。
① 先行研究では、被規制企業を対象に、既存情報と拡張任意情報に対して、どのような要因が開示促進を促しているのかについて多くの実証分析があった。その一方で、非規制主体の研究はこれからの分野であり、開示要因と情報開示姿勢について質問紙調査から得られたデータを基に探索的な分析を行う。その結果、先行研究では限定的である非規制企業の開示姿勢について実証研究を行うことで、今後の仮説を導出する。
② 企業の情報開示行動プロセスを、「企業経営者の特徴など」、「情報開示の目的、costについての認識」、「金融機関への行動」の三段階に分ける。「情報開示の目的、costについての認識」→「金融機関への行動」のプロセスは、第5節第2項で検討した中小企業白書（2005）、（2006）、家森（2007）などが主張する融資審査で活用している情報に対して、Healy and Palepu（2001）などが第2節、第3節、第4節の先行研究で主張している情報開示のモチベーションとコスト要因が開示行動に影響していることを検証することで行う。
③ 「企業経営者の特徴など」→「情報開示の目的、costについての認識」のプロセスは、情報開示の積極性に対して正の影響を及ぼす場合と負の影響を及ぼす場合に分ける。負の影響に関しては、第5節第3項で検討したHolland（2001）などが説明している金融機関のモニタリングが、Prencipe（2004）などが第2節、第3節、第4節の先行研究で主張しているコスト概念と同じ機能を持つのかに注目する。その上で、モニタリングに対する「企業経営者の特徴など」として中小企業の特性に注目する。また、「企業経営者の特徴など」→「情報開示の目的、costについての認識」のプロセスのうち、正の影響に関しては、第5節第3項で検討したStein（2002）などが説明している金融機関の組織や行員の対応が、Healy and Palepu（2001）などが、第2節、第3節、第4節の先行研究で主張している開示のモチベーションに影響を及ぼしているのかを検討する。

39 須田（2000）では会計発生高は発生主義会計で算定される利益とキャッシュフローの相違によって生じ、経営者の裁量行動で生じた部分（裁量的発生高）と常態で生ずる部分（非裁量的発生高）から成る。
40 裁量発生高を短期と長期に分けている。

第4章　中小企業の情報開示に及ぼす作用因

第4章　中小企業の情報開示に及ぼす作用因

第1節　研究目的

　第3章の先行研究サーベイで指摘された課題について、再度まとめると、以下3点のようになるであろう。
　① 非規制企業を対象とした開示促進を促している要因についての研究が必要であること。
　② 金融機関への行動、すなわち金融機関への情報開示に対して、どのような非規制企業のモチベーションとコストが影響を及ぼしているのか。
　③ モチベーションやコストに対して、どのような企業経営者の特徴（以下、企業の内部プロセス）や金融機関の特徴（以下、企業の外部プロセス）が影響を及ぼしているのか。

　先行研究でレビューした通り、このような課題に対しては、ほとんど類似の研究がないため、手探りで進めざるを得ない。そのためには、上記①～③を検証する前に、予備的な研究を行い、再度、仮説の検証を行うというプロセスが必要となる。

　特に、第3章第6節の残された課題の中で記載したが、非規制企業に特有のコストがあるのか、またそもそも開示を促している要因を実証的に分析できるのかをまず検証する必要がある。

　本章では、まず、積極的な情報開示に対する心理的抵抗感について分析する。課題1として、開示する情報の内容によって心理的抵抗感に違いがあるのかどうか、情報開示に心理的抵抗感を感じる企業は財務内容が悪化したことが原因かどうか、を検証していく。これにより、非規制企業である中小企業と開示対象である金融機関との間に規制企業には見られないコストの存在を推測することができる。

　課題2として、積極的な情報開示に対する心理的抵抗感に及ぼす内部的要因（動因）と外部的要因（誘因）について分析する。企業の内部的要因を内部プロセス、外部的要因を外部プロセスとすると、内部プロセスのうちどのような要因が心理的抵抗感に影響を及ぼすのか、また外部プロセスのうちどのような要因が心理的抵抗感に影響を及ぼすのか、を検証していく。

　また、課題3として、積極的な情報開示に及ぼす内部的要因（動因）と外

部的要因（誘因）について分析する。内部プロセスのうちどのような要因が積極的な情報開示に影響を及ぼすのか、また外部プロセスのうちどのような要因が積極的な情報開示に影響を及ぼすのか、を検証していく。

課題1から課題3を検証していくことにより、中小企業に特有な心理的抵抗感の存在を確認し、情報開示に対する積極性に対して影響を及ぼす要因を適格に推測することが可能となる。ここで得られた知見をもとに、次章以降、詳細な分析を進めていく（図表4-1-1-1）。

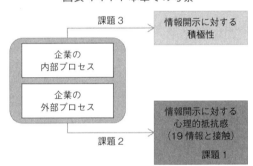

図表4-4-1-1 本章での考察

第2節　仮説の設定

1　課題1について

最初の予備的検討は、中小企業は、情報開示に心理的抵抗感を持つことを確認することである。そもそも中小企業が心理的抵抗感を持っているのではないか、ということの検証に関しては、以下の2仮説を設定した。

まず、第1に中小企業の経営者が、機会主義的行動（モラル・ハザード：第2章第1節2項参照）をとることを抑制するための資料について、心理的抵抗感が高いと思われることである。機会主義的行動は、本来債権者に充当されるべき資産が社外流出することや、借り手が、よりリスクの高い投資を

行う誘因にとらわれること、借り手が成功するための努力を怠ることから発生するが、このような内容を抑制するための資料について、他の資料と比較して心理的抵抗感が高いと考えられる。

第2に財務内容の悪化により、債権者の経営に対する関与が高まるため、経営者は財務内容の悪化を金融機関に知られることを避けたいと考えられ、小仮説1-2を設定した。

以上2つの仮説を整理すると以下の仮説1-1～1-2となる。

> 仮説1-1　経営者の機会主義的行動をモニタリングする情報の開示が、より心理的抵抗感が高い。
> 仮説1-2　心理的抵抗感は、財務内容の悪化した企業がより高い。

2　課題2について

課題2は、情報開示への心理的抵抗感に、企業の内部プロセス、企業の外部（金融機関）のプロセスが影響を及ぼすことの検証である。次に、経営者と債権者との間にある利害相反関係により、心理的抵抗感の軽減は、第三者の介在の役割が大きいのではないかと推測される。

第1に、中小企業側にリスクに対する挑戦や市場機会に敏感な経営姿勢が高まると、よりリスクの高い投資を行う誘因にとらわれ、過度のリスクを避けようとする銀行など外部者からの過度なモニタリングを嫌い、結果として心理的抵抗感の高まりに強い影響を持つと考えられる。このような傾向を内部プロセスに起因する心理的抵抗感の仮説とする。

第2に、心理的抵抗感は、債権者と借り手との利害相反から発生すると考えられる。この場合、外部プロセスである個別の金融機関からの働きかけにより軽減するものではないと想定されるので、外部プロセスと心理的抵抗感は直接的関連性を持たないと仮定する。

第3に、心理的抵抗感の軽減におけるファシリテーターの異なった文化や企業間のコミュニケーションを促進する役割に注目し、異文化ファシリテーターの役割に着目した研究として、海野（2004）があり、その役割について、文化的価値観の相違の調整、次に異文化リスクの回避の促進、異文化適応と行動変容の促進の3点を記している。同じ役割が中小企業と金融機関との間

にある心理的抵抗感の軽減に効果があることを確かめる。

以上の３つの仮説を整理すると以下の仮説 2-1 〜 2-3 となる。

仮説 2-1	内部プロセスにおいて、中小企業のリスクをとる姿勢や市場環境変化への対応のような経営姿勢が高いほど、機会主義的行動が高まり、心理的抵抗感は高まる（モラル・ハザード）。
仮説 2-2	外部プロセスはあまり影響がない。
仮説 2-3	内部プロセスのファシリテーター（社外）の能力が高いほど心理的抵抗感は低くなる（ファシリテーターの効果）。

3　課題3について

　課題3とは、積極的な情報開示に対して、企業の内部プロセス、外部プロセスが影響を及ぼしているが、それらの影響度と心理的抵抗感の影響の大きさを比較することである。企業の内部プロセス、外部プロセスのうち、心理的抵抗感よりも積極的な情報開示に対して強い影響を及ぼしている要因が存在しているということは、情報開示に対するモチベーションの存在について示唆を与えていると考えられる。

　積極的な情報開示については、企業内部の動因と企業外部の誘因の両面から考える必要がある。企業内部の動因は、どのような企業が動因を高めるのか、また動因を高める内部のプロセスが何かを検証する必要がある。また、企業外部の金融機関が与える誘因のプロセスが何かを検証する必要がある。

　第1に、情報開示の動因を高める企業として、企業家的中小企業に注目する。清成ら（1996）は、企業家を市場機会に敏感に反応し、意思決定を行う事業家が企業家であるとし、中小企業の戦略的経営として、小さいがゆえに、弱点もあるがむしろ特有の優位点を活かすことで存在し、成長しようとする組織の事例を述べている。このような企業が、金融機関に対しても積極的に情報を開示しているのではないかと考えられる。また、そのような企業は、積極的に金融機関に対する情報収集により積極的に情報開示を行っていると思われる。

　第2に、情報開示の誘因を高めるメカニズムである。金融機関および行員

の積極的な対応が高いほど、中小企業の情報開示に対する動因が高くなると考えられる。反対に、担保主義、官僚的などのリレーションシップを阻害する銀行員の態度が強くなると、情報開示を行う目的が薄くなるため、誘因は下がると思われる。

第3に、動因を高める内部プロセスとしてファシリテーターの役割を仮定する。

以上3つの仮説を整理すると以下の仮説3-1～3-3となる。

仮説 3-1　内部プロセス（社内）において、中小企業の経営姿勢が高いほど、自由な発想や自社の情報収集姿勢が高いほど、開示のモチベーションが上がり情報開示の積極性は高まる。

仮説 3-2　外部プロセスは、金融機関の外部対応力や現在、過去の行員の仕事に関する姿勢が高いほど、企業の情報開示の積極性は高まる。ただし、リレーションシップ阻害要因が大きいほど積極性は低くなる。

仮説 3-3　内部プロセスのファシリテーター（社外）の能力が高いほど、情報開示の積極性は高まる（ファシリテーターの効果）。

第3節　研究方法

前節で提示した仮説を実証的に明らかにするため、2009年2～3月にかけて「金融機関との取引についての意識調査」を実施した。

1　質問調査票の構成

本研究の質問調査表は中小企業の経営者を回答者と想定して作成した。その内容は①金融機関への情報開示から資金調達までの実態、②情報開示への心理的抵抗感、③自社、金融機関、金融機関の担当者への認識、④ファシリテーターの能力と評価、⑤自社の情報収集姿勢についての質問である。回答企業および取引金融機関のプロフィールの調査により、①～⑤に対する相違

を知ることができる。

　また、金融機関への情報開示から資金調達までの実態に関しては、企業が金融機関に対し具体的資料や接触による情報開示を行い、金融機関が貸出における審査情報の生産を行い、資金調達を行うまでの過程別に尋ねた。特に情報開示については、開示頻度を尋ねることにより、積極性の判断ができるようにした。開示情報は、債務者格付け時とモニタリング時に分け、債務者格付け時の情報は、金融庁が公開している、金融検査マニュアル（別冊）をもとに筆者が19項目抽出した。モニタリング時の情報は、金融機関がチェックしているであろう項目を6項目抽出した。

2　データ

（1）質問調査票送付先の選定

　日本における、中小企業と金融機関の関係を調査した研究としては、中小企業庁が3年間にわたって行った、「金融環境実態調査」をもとに統計分析を行ったものと、研究者が直接中小企業に対し、質問調査票を送り、回答結果を分析したものに大きく分けられる。前者は、大量のデータをもとに分析するため、統計的な精度が高いといった利点がある一方で、すでに回収済みのデータを利用するため、分析項目が限られる。後者は、研究者が、回答項目を自由に設計できるため、調査目的に沿った分析が可能となるが、データの回収量は限定的になる。

　本研究においては、中小企業の自社に対する印象や金融機関に対する心理的抵抗感、情報の開示状況、金融機関や金融機関担当者、ファシリテーターについての印象を調査する必要があるため、筆者自身で質問調査票を作成し送付した。

　本研究では、質問調査法の送付先を、経営革新企業を対象とした。対象理由は以下2点である。

第4章　中小企業の情報開示に及ぼす作用因

> ① 本研究の主たる目的は、情報開示等の心理的抵抗感や積極的な開示の影響などを調査するものであり、金融機関に開示すべき情報が自社内に存在することが前提となってくる。経営革新企業は、都道府県の承認を得るにあたり、以下で記載する書類を提出する必要があり、自社内での情報整備が一定水準であると考えられること。
> ② 経営革新企業は、新事業活動を行うことが必要となるため、新事業活動を行うにあたり、自社の経営資源を活用する必要があり、それゆえに、経営革新を行わない企業と比較し、より財務諸表には計上されず、コード化が難しい見えない強み・弱みが存在すると考えられること。

　なお、経営革新企業は、中小企業新事業活動促進法第2条第6項に「事業者が新事業活動を行うことにより、その経営の相当程度の向上を図ること」と定義されており、具体的には、事業者が、新事業活動である①新商品の開発または生産、②新役務の開発または提供、③商品の新たな生産または販売の方式の導入、④役務の新たな提供の方法の導入その他の新たな事業活動、いずれかによって、「付加価値額」や「経常利益」の伸び率をおおよそ3～5年で向上させる計画（経営革新計画）を作成し、都道府県の承認を受ける。承認においては、経営革新においての実施体制、既存事業との相違点、実施計画、経営計画および資金計画を記載する申請書類に加えて、定款、事業報告書、貸借対照表、損益計算書を添付する必要がある。また、経営革新計画実施中も都道府県がフォローアップ調査として実績との対比を行っている。

　(2) 回答企業のプロフィール

　質問調査票は、2009年2月末および3月上旬に2回に分けて郵送し、回答期限は3月末とした。送付先は、四国四県にて、中小企業新事業活動促進法による経営革新企業751社（2007年10月末）のうち、一般に企業名が公開されている企業および各県より交渉のうえ個別に開示を受けた507社の代表者宛に送付し、回答数123社（回収率24.2％）であった（図表4-3-1-1）。

第3節　研究方法

図表 4-3-1-1 回答企業の概要

所在地	送付数	回収数	回収率	構成比
愛媛	149	35	23.5%	28.5%
香川	114	26	22.8%	21.1%
高知	102	23	22.5%	18.7%
徳島	142	31	21.8%	25.2%
無回答	-	8	-	6.5%
合計	507	123	24.3%	100.0%

従業員（除くパートタイム）	回答数	構成比
10人以下	34	27.6%
11人から20人	23	18.7%
21人から50人	38	30.9%
51人から100人	15	12.2%
101人から299人	11	8.9%
300人以上	0	0.0%
無回答	2	1.6%
合計	123	100.0%

業種	回答数	構成比
建設業	9	7.3%
製造業	65	52.8%
情報通信業	2	1.6%
運輸業	4	3.3%
卸売・小売業	19	15.4%
不動産業	4	3.3%
飲食・宿泊業	4	3.3%
サービス業	14	11.4%
その他	1	0.8%
無回答	1	0.8%
合計	123	100.0%

前期の売上げ高	回答数	構成比
1億円以下	22	17.9%
1億円超10億円以下	64	52.0%
10億円超30億円以下	21	17.1%
30億円超50億円以下	8	6.5%
50億円超100億円以下	3	2.4%
100億円超	1	0.8%
無回答	4	3.3%
合計	123	100.0%

資本金	回答数	構成比
1,000万円以下	43	35.0%
1,000万円超3,000万円以下	48	39.0%
3,000万円超5,000万円以下	16	13.0%
5,000万円超1億円以下	13	10.6%
1億円超3億円以下	2	1.6%
3億円超	0	0.0%
無回答	1	0.8%
合計	123	100.0%

第4節　仮説の検証と結果

1　情報開示への心理的抵抗感

本研究の課題2と3の前提条件として中小企業は、情報開示に心理的抵抗感があることを検証する。また、仮説として仮説1-1経営者の機会主義的行動をモニタリングする情報の開示が、より心理的抵抗感が高い、仮説1-2心理的抵抗感は、財務内容の悪化した企業がより大きい、を検証する。

(1) 仮説1-1の検証

金融庁の金融検査マニュアル等から、債務者格付け時に必要と思われる情報19種類と金融機関との接触について、心理的抵抗感の有無をたずねた。債務者格付け時の情報19種類を以下に示す（図表4-4-1-1）。

図表4-4-1-1 債権者格付け時に必要と思われる情報

①決算書の付属明細書
②新規受注契約書、契約リスト等、一覧にした資料
③同業他社との違いなどを比較した資料
④企業を取り巻く環境を調べた資料
⑤事業計画書（経営課題分析）
⑥技術力・販売力の将来性、経営者の資質等の事業調査報告書 （中小企業診断士等の外部専門家が作成する評価書）
⑦財務目標実績管理表・目標と実績との対比分析、資金繰見通し（社内資料）
⑧利益計画（行動計画）進捗検討会議資料など
⑨従業員教育資料
⑩組織図、事業承継計画書
⑪IT化への取り組み状況（社内資料）
⑫人員（採用）計画
⑬関係会社決算書類一式・付属明細、連結決算書（代表者等を含む）
⑭代表者の確定申告書
⑮代表者の家族状況、学歴、職歴などの資料
⑯中小企業会計の会計基準採用、会計参与任用の資料
⑰知的財産権（写）等
⑱ISO資料（写）
⑲経営革新計画・異分野連携新事業分野開拓計画書 （公的中小企業支援策利用事例）

第4節 仮説の検証と結果

　回答内容は図表4-4-1-2のとおりである。心理的抵抗感ありとした企業の割合が高い提出資料として、決算書の付属資料（16.5％）、財務目標実績管理表や資金繰り表のような社内資料（14.4％）、利益計画（行動計画）進捗検討会資料（13.1％）、関係会社決算書類（16.0％）、代表者の確定申告書（14.1％）、代表者の家族資料など（13.2％）があげられる。また、金融機関への接触への心理的抵抗感も13.8％と比較的高い。

　財務数値や代表者個人、関係会社の内容など、中小企業の機会主義的行動（いわゆるモラル・ハザード）をチェックする資料（以下モラル・ハザード資料）についての心理的抵抗感が高いことがわかる。

　その一方で、IT化への取り組み状況（5.3％）、ISO資料（6.6％）や従業員教育資料（7.5％）といった資料もあり、心理的抵抗感については、資料によってばらつきがあることが判明した。

第4章 中小企業の情報開示に及ぼす作用因

図表 4-4-1-2 提出資料や接触への心理的抵抗感

提出資料や接触へのためらい		心理的抵抗感あり1		心理的抵抗感なし0		合計
		回答数	構成比	回答数	構成比	回答数
提出資料	①決算書の付属明細書	20	16.5%	101	83.5%	121
	②新規受注契約書、契約リスト等、一覧にした資料	13	12.4%	92	87.6%	105
	③同業他社との違いなどを比較した資料	10	10.0%	90	90.0%	100
	④企業を取り巻く環境を調べた資料	10	10.2%	88	89.8%	98
	⑤事業計画書(経営課題分析)	12	11.1%	96	88.9%	108
	⑥技術力・販売力の将来性、経営者の資質等の事業調査報告書(中小企業診断士等の外部専門家が作成する評価書)	10	10.8%	83	89.2%	93
	⑦財務目標実績管理表・目標と実績との対比分析、資金繰見通し(社内資料)	15	14.4%	89	85.6%	104
	⑧利益計画(行動計画)進捗検討会議資料など	13	13.1%	86	86.9%	99
	⑨従業員教育資料	7	7.5%	86	92.5%	93
	⑩組織図、事業承継計画書	10	10.5%	85	89.5%	95
	⑪IT化への取り組み状況(社内資料)	5	5.3%	89	94.7%	94
	⑫人員(採用)計画	10	10.6%	84	89.4%	94
	⑬関係会社決算書類一式・付属明細、連結決算書(代表者等を含む)	16	16.0%	84	84.0%	100
	⑭代表者の確定申告書	13	14.1%	79	85.9%	92
	⑮代表者の家族状況、学歴、職歴などの資料	12	13.2%	79	86.8%	91
	⑯中小企業会計の会計基準採用、会計参与任用の資料	9	9.8%	83	90.2%	92
	⑰知的財産権(写)等	9	9.7%	84	90.3%	93
	⑱ISO資料(写)	6	6.6%	85	93.4%	91
	⑲経営革新計画・異分野連携新事業分野開拓計画書(公的中小企業支援策利用事例)	11	10.6%	93	89.4%	104
接触	金融機関に接触することにためらったことがある	17	13.8%	106	86.2%	123
全体　平均値		11.40	11.3%	88.10	88.7%	99.50

(2) 仮説1-2の検証

中小企業の財務データの入手が困難なため、融資の拒否を財務内容の悪化の代理変数とし、モラル・ハザード資料と考えられる資料6種類及び金融機関との接触について、カイ二乗検定で分析した。6種類のモラル・ハザード資料とは、前述の債務者格付け時に必要と思われる情報19種類の内、以下とする（図表4-4-1-3）。

図表4-4-1-3 モラル・ハザード資料

①決算書の付属明細書
⑦財務目標実績管理表・目標と実績との対比分析、資金繰見通し（社内資料）
⑧利益計画（行動計画）進捗検討会議資料など
⑬関係会社決算書類一式・付属明細、連結決算書（代表者等を含む）
⑭代表者の確定申告書
⑮代表者の家族状況、学歴、職歴などの資料

その結果、①決算書の付属明細書の開示への抵抗感および金融機関と接触に対する抵抗感について財務内容の悪化との有意な関係が見られた。

①決算書の付属明細書の開示への抵抗感と融資拒否の有無とのカイ二乗検定の結果は、($\chi^2(1、N=119)=4.481$、$p<.05$)、Fisherの直接法でも5％水準で有意となった。また、金融機関との接触に対する抵抗感と融資拒否の有無とのカイ二乗検定の結果は、($\chi^2(1、N=121)=5.751$、$p<.05$)、Fisherの直接法でも5％水準で有意となった。

2 心理的抵抗感への影響要因

(1) 尺度

検証にあたり、被説明変数である心理的抵抗感および、説明変数である内部プロセス、外部プロセスの尺度を設定する必要がある。以下①で被説明変数を、②、③、⑥で説明変数である内部プロセス、④、⑤で説明変数である外部プロセスについて記載する。

① 情報開示に関する心理的抵抗感

金融機関への情報開示は、ハード情報とソフト情報に分けられる。ハード情報は、ディスクロージャー資料により容易に手にいれることができる情報

であり、ソフト情報は、文書化したり他人に伝達したりすることが難しい情報である。情報開示における心理的抵抗感についても、ハード情報とソフト情報に分けた。ハード情報については、決算後に、金融機関が債務者格付けを行う際に開示する情報を、金融庁が公開している金融検査マニュアル（別冊）をもとに筆者が19項目抽出した。ソフト情報については、金融機関へ接触することを情報開示の代理変数とした。心理的抵抗感については、20項目各々について、「ためらったことはある」を1、「ためらったことはない」を0とした2項目選択式で質問した（図表4-4-1-1参照）。

② 自社の印象

　中小企業の経営者が、自社についてどのように考えているのかを尋ねた。9件の質問項目について5段階リッカート尺度で評価を求めた。質問項目は、中小企業論の第一人者である清成ら（1996）が発表している中小企業の企業家的中小企業文化をもとに作成した。各質問項目と記述統計量は図表4-4-2-1の通りである。

　これら9件の質問項目に基づき探索的因子分析を実施した。主因子法により因子を抽出し、バリマックス回転を行ったところ3つの因子を抽出したが、Cronbachの信頼性がいずれも0.6台と低いため、質問番号Ⅳ⑤を外し8つの質問項目にて再度探索的因子分析を実施した。主因子法により因子を抽出し、バリマックス回転を行ったところ2つの因子を抽出した。Cronbachの信頼性がいずれも0.7台となったため2つの因子を採択した。

　第1の因子を「自由な発想」、第2の因子は「経営姿勢」と解釈された（図表4-4-2-1）。「自由な発想」は、独自の経営戦略を遂行できる組織と考えられる。「経営姿勢」はリスクに挑戦し果敢に市場環境変化へ対応している姿勢と考えることができる。すなわち、企業家的中小企業は、第2因子である「経営姿勢」である市場環境変化への対応と、第1因子である市場環境変化に対応できる組織から説明することが可能となる。

第4節　仮説の検証と結果

図表 4-4-2-1　自社の印象

質問番号	項目内容	N	平均値	S.D
Ⅳ①	社長自ら顧客と直接接触したり見聞する機会が多く、市場の機微がよくわかる	120	4.39	0.823
Ⅳ②	組織がまとまりやすく、市場に対応しやすい	120	4.06	0.823
Ⅳ③	既得権益が少ないので、思い切ったことができる	120	3.86	1.087
Ⅳ④	個性的なアイデアや技術へこだわる経営姿勢である	120	4.09	0.898
Ⅳ⑤	自社資源が少ないので、いかに活用するかが重要	120	3.77	1.067
Ⅳ⑥	従業員の自由な発想を取り入れている	120	3.83	0.847
Ⅳ⑦	経営者が自由な発想で経営を行っている	120	4.09	0.810
Ⅳ⑧	リスクに、かかんに挑戦している	120	3.71	1.032
Ⅳ⑨	環境の変化については、チャンスだと考えている	120	4.14	0.929

質問番号	変数	各因子の負荷量	
		因子1 自由な発想	因子2 経営姿勢
Ⅳ⑥	従業員の自由な発想を取り入れている	0.679	0.000
Ⅳ⑦	経営者が自由な発想で経営を行っている	0.630	0.397
Ⅳ③	既得権益が少ないので、思い切ったことができる	0.545	0.291
Ⅳ②	組織がまとまりやすく、市場に対応しやすい	0.505	0.251
Ⅳ⑧	リスクに、かかんに挑戦している	0.127	0.740
Ⅳ⑨	環境の変化については、チャンスだと考えている	0.253	0.587
Ⅳ①	社長自ら顧客と直接接触したり見聞する機会が多く、市場の機微がよくわかる	0.144	0.522
Ⅳ④	個性的なアイデアや技術へこだわる経営姿勢である	0.476	0.494
	固有値	3.367	1.191
	累積説明率	42.088	56.975
	Cronbach の α 係数	0.720	0.729

因子抽出法：主因子法

回転法：Kaiser の正規化を伴うバリマックス法

③　自社の情報収集

　金融機関との取引方法や格付け、審査の考え方に関して自社が実施している情報収集については、(a) セミナーの参加、(b) 書籍・インターネットなどからの情報収集、(c) 金融機関担当者からの情報収集、(d) 同業他社からの情報収集、(e) 従業員等からの情報収集の頻度について、「過去全くしたことがない1」「直近2〜3年程したことがない2」「直近1年はしたことがない3」「不定期ながら年1回は行っている4」「定期的に年1回以上行っ

ている 5」の 5 段階リッカート尺度で評価を求めた。各質問項目の内容と記述統計量は図表 4-4-2-2 の通りである。

この 5 つの質問項目につき探索的因子分析を行った。主因子法により因子を抽出したところ、1 つの因子を採択し「情報収集姿勢」と解釈された（図表 4-4-2-2）。

図表 4-4-2-2 自社の情報収集

質問番号	項目内容	N	平均値	S.D
Ⅸ①	セミナーの参加	116	3.40	1.468
Ⅸ②	書籍やインターネットなどからの情報収集	116	3.44	1.446
Ⅸ③	金融機関担当者からの情報収集	116	4.03	1.176
Ⅸ④	同業他社からの情報収集	116	3.13	1.607
Ⅸ⑤	従業員等からの情報収集	116	2.44	1.551

		各因子の負荷量
		因子 1
質問番号	変数	情報収集姿勢
Ⅸ⑤	従業員等からの情報収集	0.700
Ⅸ④	同業他社からの情報収集	0.648
Ⅸ②	書籍やインターネットなどからの情報収集	0.641
Ⅸ①	セミナーの参加	0.577
Ⅸ③	金融機関担当者からの情報収集	0.568
	固有値	2.574
	累積説明率	51.485
	Cronbach の α 係数（標準化された項目に基づいた）	0.764

因子抽出法：主因子法

④ 金融機関の姿勢

金融機関の姿勢については、ほぼ自社に対する印象と同じ項目に加えて、藤井（2009）にて得られた中小企業の金融機関に対する印象を追加し、10 項目の質問に対して 5 段階リッカート尺度で評価を求めた。各質問項目と記述統計量は図表 4-4-2-3 の通りである。

これら 10 の質問項目に基づき探索的因子分析を実施した。主因子法により因子を抽出し、バリマックス回転を行ったところ 2 つの因子を抽出した。第 1 の因子を「外部対応力」、第 2 の因子は「リレーションシップ阻害要因」

第4節 仮説の検証と結果

と解釈された（図表 4-4-2-3）。[41]

図表 4-4-2-3 金融機関の姿勢

質問番号	項目内容	N	平均値	S.D
V(1)①	支店長自ら顧客と直接接触したり見聞する機会が多く、市場の機微がよくわかる	118	3.61	1.133
V(1)②	金融機関全体や支店がまとまりやすく、市場に対応しやすい	118	3.33	1.022
V(1)③	既得権益が少ないので思い切った施策をとっている	118	2.88	0.907
V(1)④	金融機関経営に一貫性がある	118	3.37	1.019
V(1)⑤	行員数や施設など少なく、活用に工夫を凝らしている	118	2.87	0.873
V(1)⑥	状況の変化に対応力がある	118	3.20	0.902
V(1)⑦	リスクに、かかんに挑戦している	118	2.69	0.956
V(1)⑧	金融政策等によって、金融機関の姿勢が大きく変わりやすい	118	3.26	1.016
V(1)⑨	組織が大きく、金融機関担当者の考え方と金融機関そのものの考え方が違う	118	2.82	0.883
V(1)⑩	担保主義であり、融資先の事業の本質を理解しようとしていない	118	2.92	1.152

		各因子の負荷量	
質問番号	変数	因子1 外部対応力	因子2 リレーションシップ阻害要因
V(1)②	金融機関全体や支店がまとまりやすく、市場に対応しやすい	0.824	-0.084
V(1)③	既得権益が少ないので思い切った施策をとっている	0.792	0.037
V(1)⑥	状況の変化に対応力がある	0.752	0.025
V(1)①	支店長自ら顧客と直接接触したり見聞する機会が多く、市場の機微がよくわかる	0.722	0.020
V(1)⑦	リスクに、かかんに挑戦している	0.669	-0.142
V(1)④	金融機関経営に一貫性がある	0.655	-0.131
V(1)⑤	行員数や施設など少なく、活用に工夫を凝らしている	0.578	0.227
V(1)⑨	組織が大きく、金融機関担当者の考え方と金融機関そのものの考え方が違う	0.032	0.668
V(1)⑩	担保主義であり、融資先の事業の本質を理解しようとしていない	-0.384	0.631
V(1)⑧	金融政策等によって、金融機関の姿勢が大きく変わりやすい	0.098	0.549
	固有値	4.235	1.791
	累積説明率	42.350	60.261
	Cronbach の α 係数（標準化された項目に基づいた）	0.877	0.589

因子抽出法：主因子法

回転法：Kaiser の正規化を伴うバリマックス法

第4章　中小企業の情報開示に及ぼす作用因

⑤　現在のおよび過去親密な行員の印象

現在の担当者、過去親密であった担当者についてもほぼ自社に対する印象と同じ項目を尋ねたが、一部企業組織についての項目は、個人への印象としては適切な質問ではないため削除した。各質問項目と記述統計量は図表4-4-2-4～5の通りである。

これら5の質問項目のうち、Cronbachの信頼性が高まる質問番号Ｖ（2）②およびＶ（3）②を外し4つの質問項目につき探索的因子分析を実施した。主因子法により因子を抽出したところ、1つの因子を採択し「仕事に対する姿勢」と解釈された（図表4-4-2-4～5）。

図表 4-4-2-4　現在の行員の印象

質問番号	項目内容	N	平均値	S.D
Ｖ(2)①	担当者自ら顧客と直接接触したり見聞する機会が多く、市場の機微がよくわかる	120	3.39	1.071
Ｖ(2)②	審査にこだわりがある	120	3.29	0.920
Ｖ(2)③	発想が自由である	120	2.77	0.817
Ｖ(2)④	リスクに、かかんに挑戦している	120	2.60	0.834
Ｖ(2)⑤	環境の変化については、チャンスだと考えている	120	2.80	0.931

質問番号	変数	各因子の負荷量 因子1 仕事に対する姿勢
Ｖ(2)④	リスクに、かかんに挑戦している	0.896
Ｖ(2)⑤	環境の変化については、チャンスだと考えている	0.844
Ｖ(2)③	発想が自由である	0.770
Ｖ(2)①	担当者自ら顧客と直接接触したり見聞する機会が多く、市場の機微がよくわかる	0.646
	固有値	2.868
	累積説明率	71.706
	Cronbachの α 係数	0.858

因子抽出法：主因子法

第4節 仮説の検証と結果

図表 4-4-2-5 過去の行員の印象

質問番号	項目内容	N	平均値	S.D
V(3)①	担当者自ら顧客と直接接触したり見聞する機会が多く、市場の機微がよくわかる	123	4.07	1.018
V(3)②	審査にこだわりがある	123	3.55	0.925
V(3)③	発想が自由である	123	3.49	0.881
V(3)④	リスクに、かかんに挑戦している	123	3.27	1.079
V(3)⑤	環境の変化については、チャンスだと考えている	123	3.41	1.071

質問番号	変数	各因子の負荷量 因子-1 仕事に対する姿勢
V(3)④	リスクに、かかんに挑戦している	0.900
V(3)③	発想が自由である	0.900
V(3)⑤	環境の変化については、チャンスだと考えている	0.874
V(3)①	担当者自ら顧客と直接接触したり見聞する機会が多く、市場の機微がよくわかる	0.585
	固有値	2.998
	累積説明率	74.940
	Cronbach の α 係数	0.882

因子抽出法：主因子法

⑥ ファシリテーターの能力

ファシリテーターの能力については、(a) 知識、(b) 経験に加えて、(c) 価値観の相違の調整、(d) リスクの回避の促進、(e) 適応と行動変容の促進5項目について、「当てはまらない1」から「当てはまる5」までの5段階リッカート尺度で評価を求めた。これらの質問項目については、異文化ファシリテーターの研究で多くの実績を残している海野 (2004) を参照にした。各質問項目の内容と記述統計量は図表4-4-2-1の通りである。

この5つの質問項目につき探索的因子分析を行った。主因子法により因子を抽出したところ、1つの因子を採択し「ファシリテーターの能力」と解釈された（図表4-4-2-1）。

図表 4-4-2-6 ファシリテーターの能力

質問番号	項目内容	N	平均値	S.D
Ⅷ(2)①	金融機関についての知識がある	91	4.16	0.778
Ⅷ(2)②	金融機関との交渉について経験が豊富である	91	3.81	0.977
Ⅷ(2)③	貴社と金融機関との考え方の違いをアドバイスしてくれる	91	3.91	0.852
Ⅷ(2)④	資金調達ができなくなるリスクを回避してくれる	91	3.52	0.935
Ⅷ(2)⑤	具体的に貴社がどのように金融機関と接すればよいのかをアドバイスしてくれる	91	3.68	0.953

質問番号	変数	各因子の負荷量 因子1 ファシリテーターの能力
Ⅷ(2)②	金融機関との交渉について経験が豊富である	0.832
Ⅷ(2)③	貴社と金融機関との考え方の違いをアドバイスしてくれる	0.801
Ⅷ(2)⑤	具体的に貴社がどのように金融機関と接すればよいのかをアドバイスしてくれる	0.743
Ⅷ(2)④	資金調達ができなくなるリスクを回避してくれる	0.697
Ⅷ(2)①	金融機関についての知識がある	0.691
	固有値	3.269
	累積説明率	65.375
	Cronbachのα係数（標準化された項目に基づいた）	0.867

因子抽出法：主因子法

　以上の因子分析により、内部プロセスについては、「自社の印象（自由な発想）」、「自社の印象（経営姿勢）」、「情報収集姿勢」、「ファシリテーターの能力」の4因子が抽出された。また、外部プロセスとしては、金融機関の「金融機関の姿勢（外部対応力）」、「金融機関の姿勢（リレーションシップ阻害要因）」、現在の行員の「現在の行員（仕事に対する姿勢）」、過去の行員の「過去の行員（仕事に対する姿勢）」の4因子が抽出された。

(2) 検証

　図表4-4-1-3の6種類のモラル・ハザード資料および「接触」の各項目について、被説明変数を心理的抵抗感（ある1、なし0）、説明変数を内部プロセス・外部プロセスの8因子としたロジスティック回帰分析を行った。
　その結果、①決算書の付属明細書についてのロジスティック回帰はモデ

第4節　仮説の検証と結果

ルの適合性が見られた。モデル係数のオムニバス検定（$\chi^2(8、N=82)=18.361$、p<.05）、HosmerとLemeshowの検定（$\chi^2(8、N=82)=4.936$、p>.05）。－2対数尤度（62.583）NagelkerkeR2乗（0.320）。説明変数である個別の因子については、自社の印象（経営姿勢）、ファシリテーターの能力が統計的に有意となった。自社の印象（経営姿勢）（Exp(B)＝2.678、Wald＝4.055、P<.05）、ファシリテーターの能力（Exp(B)＝.283、Wald＝8.238、P<.05）。（図表4-4-2-7）

図表4-4-2-7 ロジスティック回帰分析（心理的抵抗感）

		①決算書の付属明細書
内部プロセス	自社の印象（経営姿勢）	Exp（B）＝2.678 **
	ファシリテーターの能力	Exp（B）＝.283 **

＊＊p<.05

ロジスティック回帰分析では、モデルの適合度が低いことおよび財務データ等ないため、各資料ごと、プロセスごとに平均値の差を検証するためt検定を行った。その結果、統計的に有意になったのは、次の通りである（図表4-4-2-8）。

①決算書の付属明細書については、ファシリテーターの能力（t(88)＝2.813、P<.05）、⑭代表者確定申告については、金融機関の姿勢（リレーションシップ阻害要因）（t(86)＝1.674、P<.1）、金融機関への接触については、金融機関の姿勢（外部対応力）（t(116)＝2.940、P<.05）、現在の行員（仕事に対する姿勢）（t(118)＝2.693、P<.05）、過去の行員（仕事に対する姿勢）（t(121)＝2.766、P<.05）に有意が見られた。

第4章　中小企業の情報開示に及ぼす作用因

図表 4-4-2-8 t 検定

		①決算書の付属明細書	⑭代表者の確定申告書	接触
内部プロセス	ファシリテーターの能力	t(88) = 2.813 ** 「ない」が高い		
外部プロセス	金融機関の姿勢（外部対応力）			t(116) = 2.940 ** 「ない」が高い
	金融機関の姿勢（リレーションシップ阻害要因）		t(86) = 1.674 * 「ない」が高い	
	現在の行員（仕事に対する姿勢）			t(118) = 2.693 ** 「ない」が高い
	過去の行員（仕事に対する姿勢）			t(121) = 2.766 ** 「ない」が高い

*p＜.1　　**p＜.05

（3）結果

上記の検証から、仮説についての検証結果を記載する（図表 4-4-2-9）。

6種類の情報および接触を被説明変数としたロジスティック回帰分析およびt検定により、内部プロセスについては決算書の開示について、外部プロセスでは、代表者確定申告の開示および接触の合計2種類の情報について心理的抵抗感に影響を及ぼしていることが判明した。影響を及ぼす各因子については、内部プロセスについては、自社の印象（経営姿勢）が心理的抵抗感を強くし、ファシリテーターの能力が心理的抵抗感を軽減することが判明した。また、外部プロセスについては、全ての4因子が心理的抵抗感を軽減することが判明した。

仮説2-1については、ロジスティック回帰分析により、自社の印象（経営姿勢）因子が高いほど決算書の開示への心理的抵抗感が高まることが示された。t検定では、統計的に有意にならなかったものの、一定の影響が確認されたと考えられる。自社の印象（経営姿勢）因子は、積極的にリスクをとり、市場環境変化へ対応する姿勢を表しているが、そのような企業が情報開示への心理的抵抗感が高いことが示された。一方、自社の印象（自由な発想）や情報収集姿勢は、統計的に有意となった資料は見られなかった。

仮説2-2については、外部プロセスの全4因子について、t検定の結果、

情報の開示への心理的抵抗感の軽減について影響があることが判明した。このことは、一部の情報については、仮説とは逆になっていることを示している。特に、金融機関の姿勢（外部対応力）、現在の行員（仕事に対する姿勢）、過去の行員（仕事に対する姿勢）の3因子については、接触に対する心理的抵抗感を軽減させていることが注目される。すなわち、具体的な情報を開示するには至らないものの、金融機関との接触については、金融機関側の対応力や行員の姿勢により心理的抵抗感が弱まると考えられる。

仮説2-3については、ファシリテーターの能力が高いほど、決算書の情報開示への心理的抵抗感が軽減されることが示されている。金融機関は決算書の付属資料を入手し、検証することで、損益計算書および貸借対照表の信憑性を確認するとともに、雑勘定の内容を精査していると考えられ、経営者がモラル・ハザードを起こしているとすると、経営者の心理として、開示することに対する心理的抵抗感が発生すると考えられるが、ファシリテーターが存在することにより抵抗感の軽減が認められた。

第4章　中小企業の情報開示に及ぼす作用因

図表 4-4-2-9 分析結果

説明変数 \ 被説明変数	①決算書の付属明細書	⑦財務目標実績管理表・目標と実績との対比分析、資金繰見通し（社内資料）	⑧利益計画（行動計画）資料など	⑬関係会社決算書類一式・付属明細、連結決算書（代表者等を含む）進捗検討会議	⑭代表者の確定申告書	⑮代表者の家族状況、学歴、職歴などの資料	接触
内部プロセス｜自社印象（自由な発想）							
内部プロセス｜自社印象（経営姿勢）	◎						
内部プロセス｜情報収集姿勢							
内部プロセス｜ファシリテーターの能力	◎「ない」が高い						
外部プロセス｜金融機関の姿勢（外部対応力）							●「ない」が高い
外部プロセス｜金融機関の姿勢（リレーションシップ阻害要因）					●「ない」が高い		
外部プロセス｜現在の行員（仕事に対する姿勢）							●「ない」が高い
外部プロセス｜過去の行員（仕事に対する姿勢）							●「ない」が高い

「◎：ロジスティック回帰分析有意」、「●：t検定有意」を表す。
表の一覧性を高めるために、全て10％水準で有意と検証された要因とした。

3　情報開示への影響要因

（1）尺度

金融機関への情報開示は、ハード情報について、4-4-1 の債務者格付け時

第4節　仮説の検証と結果

への情報（図表4-4-1-3 モラル・ハザード情報の6種類）に加えて、金融機関が期中に行う、モニタリングに対する情報開示を含めた。モニタリングに対する情報は以下の6資料である。

①月次試算表（期中の損益状態が月次ベースで分かる資料）
②外部コンサルタント導入状況
③取引先（販売先・仕入先）倒産情報
④役員人事異動内容、役員の第三者保証内容
⑤資産内容変更の資料
⑥銀行取引残高一覧表

　開示状況は、紙ベースと口頭ベースに分けたうえで、「紙ベースで、全く提出したことがない1」「紙ベースで、毎期ではないが、求められれば提出している2」「紙ベースで、毎期提出している3」、「口頭ベースで、全く提出したことがない1」「口頭ベースで、毎期ではないが、求められれば提出している2」「口頭ベースで、毎期提出している3」いずれか1つに○をつけるように尋ねた。

　モニタリング時に行う情報開示については、定期的に金融機関が中小企業に対して要求する6項目について「全く提出したことがない1」「金融機関から求められれば提出している2」「半期（6カ月）毎に提出している3」「3カ月毎に提出している4」「毎月提出している5」いずれか一つに○をつけるように尋ねた。そのうえで、債務者格付け時の情報については、紙ベース、口頭ベースとも、「毎期提出している」を積極的である1、「毎期ではないが求められれば提出している、全く提出していない」を積極的ではない0とした。モニタリング時の情報については「毎月、3カ月毎、半期毎に提出している」を積極的である1、「金融機関から求められれば提出、全く提出していない」を積極的ではない0とし、サンプルを2分した。いずれも、金融機関からもとめられなくても提出していることで、情報開示に対する動機づけが行われると考えられる（図表4-4-3-1）。また、その他の尺度は、上記の尺度と同一とした。

第4章　中小企業の情報開示に及ぼす作用因

図表 4-4-3-1　積極的な情報開示の尺度

	質問内容	積極的である1、ない0
債務者格付時	紙ベースで、まったく提出したことがない1	0
	紙ベースで、毎期ではないが求められれば提出している2	0
	紙ベースで、毎期提出している3	1
	口頭ベースで、まったく提出したことがない1	0
	口頭ベースで、毎期ではないが求められれば提出している2	0
	口頭ベースで、毎期提出している3	1
期中のモニタリング	まったく提出したことがない1	0
	金融機関から求められれば提出している2	0
	半期（6カ月）毎に提出している3	1
	3カ月毎に提出している4	1
	毎月提出している5	1

(2)　検証

債務者格付け時の情報6種類（紙ベース、口頭ベース）、モニタリング資料6種類ごとに、被説明変数を積極的開示（ある1、なし0）、説明変数を内部プロセス・外部プロセスの8因子としたロジスティック回帰分析を行った。予測の可否、モデルの適合性では、下記が統計的に有意となった。

⑮代表者情報（紙）

モデル係数のオムニバス検定（$\chi^2(8、N=72)=21.803$、$p<.05$）、Hosmer と Lemeshow の検定（$\chi^2(8、N=72)=.553$、$p>.05$）。

(ア)　月次試算表

モデル係数のオムニバス検定（$\chi^2(8、N=80)=18.321$、$p<.05$）、Hosmer と Lemeshow の検定（$\chi^2(8、N=80)=5.789$、$p>.05$）。

(オ)　資産内容

モデル係数のオムニバス検定（$\chi^2(8、N=80)=17.466$、$p<.05$）、Hosmer と Lemeshow の検定（$\chi^2(8、N=80)=3.147$、$p>.05$）。

説明変数である個別の因子の影響については、以下が統計的に有意になった。自社の印象（自由な発想）については、⑮代表者情報（紙）（Exp（B）

第4節　仮説の検証と結果

=8.014、Wald＝2.774、P＜.1)、(ア) 月次試算表 (Exp (B)＝.591、Wald＝1.700、P＜.2) が統計的に有意となった。自社の印象（経営姿勢）については、(ア) 月次試算表 (Exp (B)＝2.827、Wald＝6.546、P＜.05)、(オ) 資産内容変更 (Exp (B)＝0.111、Wald＝4.262、P＜.05) が統計的に有意となった。情報収集姿勢は、(オ) 資産内容変更 (Exp (B)＝188.943、Wald＝3.424、P＜.1) が統計的に有意となった。金融機関の姿勢（リレーションシップ阻害要因）は、⑮代表者情報（紙）(Exp (B)＝11.673、Wald＝2.383、P＜.2)、(オ) 資産内容変更 (Exp (B)＝.109、Wald＝2.62、P＜.2) が統計的に有意となった。現在の行員（仕事に対する姿勢）は、(ア) 月次試算表 (Exp (B)＝.396、Wald＝4.022、P＜.05) が統計的に有意となった。過去の行員（仕事に対する姿勢）は、(オ) 資産内容変更 (Exp (B)＝4.953、Wald＝2.195、P＜.2) が統計的に有意となった。ファシリテーターの能力については、(ア) 月次試算表（紙）(Exp (B)＝2.641、Wald＝7.481、P＜.05) が統計的に有意となった。上記を要約したものが図表4-4-3-2である。

図表4-4-3-2 ロジスティック回帰分析（積極的な情報開示）

		⑮代表者の家族状況、学歴、職歴などの資料（紙ベース）	(ア) 月次試算表	(オ) 資産内容変更の資料
内部プロセス	自社の印象（自由な発想）	Exp(B)＝8.014**	Exp(B)＝.591*	
	自社の印象（経営姿勢）		Exp(B)＝2.827***	Exp(B)＝.111***
	情報収集姿勢			Exp(B)＝188.943**
	ファシリテーターの能力		Exp(B)＝2.641***	
外部プロセス	金融機関の姿勢（外部対応力）			
	金融機関の姿勢（リレーションシップ阻害要因）	Exp(B)＝11.673*		Exp(B)＝.109*
	現在の行員（仕事に対する姿勢）		Exp(B)＝.396***	
	過去の行員（仕事に対する姿勢）			Exp(B)＝4.953*
定数		Exp(B)＝.001	Exp(B)＝.349	Exp(B)＝.000
－2対数尤度		14.513	79.417	19.941
Nagelkerke R2乗		0.660	0.290	0.525

*p＜.2　**p＜.1　***p＜.05

第4章　中小企業の情報開示に及ぼす作用因

　また、同様に平均値の差を検証するためt検定を行った結果が図表4-4-3-3である。統計的に有意が示された資料を表頭に、個別の因子を表側とした。

第4節　仮説の検証と結果

図表 4-4-3-3 t検定（積極的な情報開示）

		⑦資金繰表(紙)	⑦資金繰表(口)	⑧進捗検討会(紙)	⑬関係会社(紙)
内部プロセス	自社印象（自由な発想）	t(106)=−2.602**「ある」が高い			
	自社印象（経営姿勢）	t(51.234)=−2.119**「ある」が高い			
	情報収集姿勢	t(100)=−1.914*「ある」が高い	t(25)=−2.470**「ある」が高い	t(100)=−2.867**「ある」が高い	t(99)=−2.060**「ある」が高い
	ファシリテーターの能力				
外部プロセス	金融機関の姿勢（外部対応力）			t(102)=−2.354**「ある」が高い	
	金融機関の姿勢（リレーションシップ阻害要因）		t(24)=−2.140**「ある」が高い		
	現在の行員（仕事に対する姿勢）				t(103)=−1.722*「ある」が高い
	過去の行員（仕事に対する姿勢）				

		⑬関係会社(口)	⑭代表者確定申告(紙)	⑭代表者確定申告(口)	⑮代表者情報(紙)
内部プロセス	自社印象（自由な発想）		t(102)=−1.781*「ある」が高い		t(7.683)=−4.470**「ある」が高い
	自社印象（経営姿勢）		t(21.440)=−3.307**「ある」が高い		t(12.544)=−3.185**「ある」が高い
	情報収集姿勢		t(14.979)=−3.347**「ある」が高い		
	ファシリテーターの能力				t(8.584)=−3.476**「ある」が高い
外部プロセス	金融機関の姿勢（外部対応力）	t(18.166)=−2.112**「ある」が高い			
	金融機関の姿勢（リレーションシップ阻害要因）			t(30)=−2.204**「ある」が高い	t(99)=−3.917**「ある」が高い
	現在の行員（仕事に対する姿勢）				
	過去の行員（仕事に対する姿勢）				

		(ア)月次試算表	(ウ)倒産	(エ)役員人事	(オ)資産内容変更	(カ)銀取
内部プロセス	自社印象（自由な発想）					
	自社印象（経営姿勢）	t(116)=−1.663*「ある」が高い			t(113)=1.995**「ない」が高い	
	情報収集姿勢		t(107)=−2.478**「ある」が高い		t(109)=−2.112**「ある」が高い	t(113)=−1.695*「ある」が高い
	ファシリテーターの能力	t(86)=−2.003**「ある」が高い				t(28.379)=−2.236**「ある」が高い
外部プロセス	金融機関の姿勢（外部対応力）					
	金融機関の姿勢（リレーションシップ阻害要因）		t(109)=2.127**「ない」が高い			
	現在の行員（仕事に対する姿勢）					
	過去の行員（仕事に対する姿勢）			t(114)=−1.810*「ある」が高い		t(119)=−2.142**「ある」が高い

* $p < .1$　** $p < .05$

(3) 結果

上記の検証から、仮説についての検証結果を記載する。

全12種類（開示形態である紙ベース、口頭ベースは合算する）の情報を被説明変数とした上記ロジスティック回帰分析およびt検定により、内部プロセスについては9種類、外部プロセスでは、8種類の情報に対して影響を及ぼしていることが判明した（図表4-4-3-4）。このことは、積極的な情報開示においては、心理的抵抗感以上に企業の内部プロセス、外部プロセスが影響を及ぼしていると考えられる。

仮説3-1については、一部の情報について中小企業の経営姿勢、自由な発想、情報収集姿勢全てに積極的開示への影響が見られた。よって仮説を支持する結果となった。ロジスティック回帰分析により、自由な発想について、月次試算表の情報開示を行うことについて負の影響が統計的に有意（$Exp(B)=.591$、$Wald=1.700$、$P<.2$）となったものの、t検定では、統計的に有意とはなっていない。ただし、中小企業の経営姿勢因子については、一部の資料について、経営姿勢が高いほど積極的ではないとの結果が出ており、今後の検討課題となる。中小企業の経営姿勢、自由な発想の各因子は、リスクをとり市場環境変化へ対応する姿勢、経営戦略を遂行する組織を表しているが、いずれも情報開示への影響を持つことを示している。

仮説3-2については、金融機関の姿勢（外部対応力）、現在の行員（仕事に対する姿勢）、過去の行員（仕事に対する姿勢）については、一部の情報について、積極的な情報開示に影響を及ぼすことが明らかになり仮説を支持した。しかしながら、金融機関の姿勢（リレーションシップ阻害要因）については、リレーションシップ阻害要因が高いほど情報開示の積極性が高まる情報が多く、仮説と逆の結果となった。

仮説3-3については、一部の情報については積極的な情報開示についても、ファシリテーターの能力の影響が見られた。このことは、ファシリテーターの役割において、単なる知識の提供だけではなく、情報開示を行わせる行動を促進させることが明らかになり、仮説を支持する結果となった。

第4節 仮説の検証と結果

図表 4-4-3-4 分析結果

紙ベース		⑦資金繰表（紙）	⑬関係会社（紙）	⑭代表者確定申告（紙）	⑧進捗検討会（紙）	⑮代表者情報（紙）
内部プロセス	自社印象（自由な発想）	●「ある」が高い		●「ある」が高い		◎ ●「ある」が高い
	自社印象（経営姿勢）	●「ある」が高い		●「ある」が高い		●「ある」が高い
	情報収集姿勢	●「ある」が高い	●「ある」が高い	●「ある」が高い	●「ある」が高い	
	ファシリテーターの能力					●「ある」が高い
外部プロセス	金融機関の姿勢（外部対応力）				●「ある」が高い	
	金融機関の姿勢（リレーションシップ阻害要因）					◎ ●「ある」が高い
	現在の行員（仕事に対する姿勢）		●「ある」が高い			

口頭ベース		⑦資金繰表（口）	⑬関係会社（口）	⑭代表者確定申告（口）
内部プロセス	情報収集姿勢	●「ある」が高い		
外部プロセス	金融機関の姿勢（外部対応力）		●「ある」が高い	
	金融機関の姿勢（リレーションシップ阻害要因）	●「ある」が高い		●「ある」が高い

		(ア) 月次試算表	(ウ) 倒産	(エ) 役員人事	(オ) 資産内容変更	(カ) 銀取
内部プロセス	自社印象（自由な発想）	◎				
	自社印象（経営姿勢）	◎ ●「ある」が高い			●「ない」が高い	
	情報収集姿勢		●「ある」が高い		◎ ●「ある」が高い	●「ある」が高い
	ファシリテーターの能力	◎ ●「ある」が高い				●「ある」が高い
外部プロセス	金融機関の姿勢（リレーションシップ阻害要因）		●「ない」が高い		◎	
	現在の行員（仕事に対する姿勢）	◎				
	過去の行員（仕事に対する姿勢）			●「ある」が高い	◎	●「ある」が高い

「◎：ロジスティック回帰分析有意」、「●：t検定有意」を表す。
表の一覧性を高めるため全て 20％水準で有意と検証された要因とした。

第4章　中小企業の情報開示に及ぼす作用因

第5節　考察

　本章では、中小企業のような規制をうけない非規制企業に特有のコストがあるのか、また、そのコストにはどのような要因が影響を及ぼしているのか、開示を促している要因を実証的に分析し得るのかといった視点から分析を行った。

　課題1は、中小企業が情報開示に心理的抵抗感があるということに関して確認を行うものであった。その結果、中小企業が金融機関に開示する情報のうち、一部の資料（モラル・ハザードをチェックする資料）について、他の資料以上に心理的抵抗感が高いことが確認された。

　次に、課題2では、情報開示に対する心理的抵抗感について、企業の内部プロセスおよび外部プロセスが影響を与えるのかどうかを確認した。モデルを作成し、ロジスティック回帰分析およびt検定を行ったところ、内部プロセスについては、ファシリテーターの能力が一部の資料の情報開示について、心理的抵抗感を軽減することが確認された。また、外部プロセスについては、金融機関の外部対応力など全ての因子について、一部の資料で心理的抵抗感を軽減することが確認された。

　課題3としては、課題2のモデルの被説明変数を積極的な情報開示とした上で、企業の内部プロセスおよび外部プロセスが影響を与えるのかどうかを確認した。仮説2と同様の検定を行った結果、内部プロセスについては9種類、外部プロセスでは、8種類の情報の情報開示に対して影響を及ぼしていることが判明した。このことによって、積極的な情報開示においては、心理的抵抗感以上に企業の内部プロセス、外部プロセスが影響を及ぼしていることが確認された。

　以上から、中小企業は、金融機関に対し、一部の資料の情報開示について心理的抵抗感を持つことが判明し、心理的抵抗感や積極的な情報開示に当たっては、企業自身の内部のプロセス、外部のプロセスが影響を及ぼすことが確認された。

　課題1から課題3について検証を行うことによって、以下2点の知見を得ることができた。

第5節　考察

① 中小企業が金融機関に情報開示を行う際に、ためらい（心理的抵抗感）が発生している。このことは、情報開示を抑制するコストの存在を示唆できる。
② 企業の内部プロセスと外部プロセスが、多くの情報に対して、心理的抵抗感以上に情報開示の積極性に対して影響を及ぼしていることが示された。このことは、2つのプロセスと情報開示の積極性との間に媒介変数として開示誘因（開示を行う目的）が存在するのではないかと推測される。

第4章　中小企業の情報開示に及ぼす作用因

41 「リレーションシップ阻害要因」因子の Cronbach の信頼性が若干低いが、「外部対応力」因子の Cronbach の信頼性が高いため、これら2因子を採用した。

第5章　企業の開示目的および心理的抵抗感と情報開示との関係

第5章　企業の開示目的および心理的抵抗感と情報開示との関係

第1節　研究目的

　本章では開示目的（開示を行う誘因）を明らかにした上で、情報開示の積極性に対して、開示目的と心理的抵抗感がどのように影響を及ぼしているのかを確認する。

　課題1では、開示目的と情報開示の積極性との関係を、課題2では心理的抵抗感と情報開示の積極性との関係を検証する。最後に、課題3では、リレーションシップ・バンキングの推進のような企業の外部プロセスと情報開示の積極性との関係を検証する。課題3を検証することにより、企業の外部プロセスは、金融機関側からの要因であり、企業の内部プロセスのような企業側の要因と異なり開示目的や心理的抵抗感に影響を及ぼした上で、間接的に情報開示の積極性に影響を及ぼすのか、それとも開示目的や心理的抵抗感のような媒介変数を通さずに、直接積極性に影響を及ぼすのかを確認することができる。

　なお、前章での分析や考察を踏まえ、本章ではアンケート調査の見直しを行った。

　第4章では、四国内の経営革新計画承認企業に対してアンケートを実施したが、母集団が少ないこともあり、満足なサンプル数を得ることができなかった。ただし、経営革新計画承認企業は、経営革新計画を策定するなど、自社内である程度の情報整備が一定水準であることや、アンケートに対して真摯に取り組んでいる様子が伺えたことから、本章で活用するアンケート調査にあたっても、経営計画承認企業を対象とする。そこで、四国と距離が離れておらず、経営革新計画承認企業数が一定の企業数があること、四国内の金融機関と同一金融機関[42]も含まれると考えられる中国地方でのアンケートを実施した。

　また、分析結果からあまり影響を与えなかった項目を削除し、より具体的な分析ができるよう、アンケート内容についても見直しを実施した。第5章以降の分析については、この中国地方でのアンケート調査のデータを活用し、分析を進めていく。（図表5-1-1-1）。

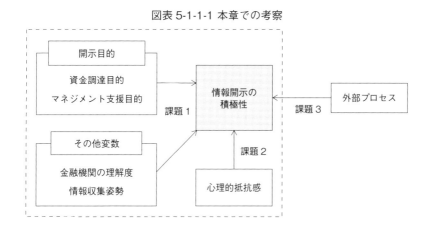

図表 5-1-1-1 本章での考察

第2節　仮説の設定

　中小企業による情報開示の積極性に影響を与える要因を検証するために、本稿では3つの研究課題をおく。

課題1：情報開示の積極性と開示目的の関係の検証
課題2：心理的抵抗感が情報開示の積極性に与える影響の検証
課題3：中小企業の外部要因が情報開示の積極性に与える影響の検証

　課題1は、情報開示の目的が開示の積極性に与える影響を検証することである。そのために次の仮説を置く。

仮説1-1　資金調達に対する目的が高まるほど、情報開示の積極性は高くなる。
仮説1-2　マネジメント支援に対する目的が高まるほど、非財務情報に対して情報開示の積極性は高くなる。

　課題2は、情報開示の積極性と心理的抵抗感との関係の検証である。金融機関に情報を開示する際に生じる心理的抵抗感については、情報の種類によって程度が異なるのではないか、と推測されるので次の3つの仮説をおく。

> 仮説 2-1　金融機関が業績モニタリングを行う資料については、実際に経営へのアドバイスや介入を行うと思われるため、心理的抵抗感が高まるほど、情報開示の積極性は低くなる。
> 仮説 2-2　企業の強みにつながる経営資源についての資料については、金融機関が情報流出を行うとは考えにくく、心理的抵抗感が高くても、情報開示の積極性に影響を及ぼさない。
> 仮説 2-3　社内の体制を表した資料については、社内体制の不備なポイントや未充足点について、金融機関が具体的な指導や指示を行うと思われるため、心理的抵抗感が高まるほど、情報開示の積極性は低くなる。

課題3は、金融機関の施策のような外部環境やファシリテーターのような外部支援者と情報開示の積極性との関係の検証である。

> 仮説 3-1　リレーションシップ・バンキングの推進の高まりは、情報開示の積極性を高める。
> 仮説 3-2　リレーションバンキングを阻害する要因の高まりは、情報開示の積極性を低くする。
> 仮説 3-3　外部支援者（ファシリテーター）の能力が高まると、情報開示の積極性を高くする。

第3節　研究方法

前節で提示した仮説を実証的に明らかにするため、2010年6～7月にかけて質問紙調査を実施した。中国地方5県の中小企業新事業活動支援法による経営革新企業 2,239 社の代表者宛に質問紙を送付し、回答数 293 社（回収率 13.1％）を得た（図表 5-3-1-1）。これらの回答データに仮説から導出した重回帰モデルを適用して、仮説の検証を行う。

第3節　研究方法

図表 5-3-1-1 回答企業の概要

所在地	送付数	回収数	回収率	構成比
鳥取	244	40	16.4%	13.7%
島根	428	54	12.6%	18.4%
岡山	438	62	14.2%	21.2%
広島	708	90	12.7%	30.7%
山口	421	47	11.2%	16.0%
合計	2,239	293	13.1%	100.0%

創業年数	回答数	構成比
2年以下	0	0.0%
2～5年	4	1.4%
5～30年	119	40.6%
30～50年	102	34.8%
50～100年	63	21.5%
100年以上	5	1.7%
合計	293	100.0%

主とする業種	回答数	構成比
建設業	47	16.0%
製造業	122	41.6%
情報通信業	12	4.1%
運輸業	7	2.4%
卸売・小売業	51	17.4%
不動産業	6	2.0%
飲食・宿泊業	6	2.0%
サービス業	35	11.9%
その他	7	2.4%
合計	293	100.0%

メインバンク	回答数	構成比
都市銀行	9	3.1%
地方銀行	217	74.1%
第二地方銀行	9	3.1%
信用金庫、信用組合	48	16.4%
その他	7	2.4%
無回答	3	1.0%
合計	293	100.0%

前期の売上高	回答数	構成比
1億円以下	59	20.1%
1億円超10億円以下	150	51.2%
10億円超30億円以下	45	15.4%
30億円超50億円以下	10	3.4%
50億円超100億円以下	6	2.0%
100億円超	4	1.4%
無回答	19	6.5%
合計	293	100.0%

副業種の有無	回答数	構成比
1 副業種あり	110	37.5%
0 副業種なし	183	62.5%
合計	293	100.0%

資本金	回答数	構成比
1,000万円以下	120	41.0%
1,000万円超3,000万円以下	101	34.5%
3,000万円超5,000万円以下	38	13.0%
5,000万円超1億円以下	28	9.6%
1億円超3億円以下	3	1.0%
3億円超	1	0.3%
無回答	2	0.7%
合計	293	100.0%

従業員数(パート除く)	回答数	構成比
10人以下	93	31.7%
11人から20人	63	21.5%
21人から50人	78	26.6%
51人から100人	29	9.9%
101人から299人	15	5.4%
300人以上	0	0.0%
無回答	15	5.1%
合計	293	100.0%

第4節　仮説の検証と結果

1　課題1および課題2の検証方法

　課題1および課題2については、被説明変数を情報開示の積極性とし、説明変数を開示目的、心理的抵抗感とした重回帰モデルを用いて分析する。重回帰モデルには、開示目的と心理的抵抗感以外に、情報開示に影響を及ぼしていると思われる要因をコントロール変数として加えている。

　(1) 変数の測定
　検証にあたり、被説明変数（情報開示の積極性）および説明変数（開示目的、心理的抵抗感、その他のコントロール変数）の測定方法について記載する。

① 情報開示の積極性の測定方法
　金融庁の金融検査マニュアルから、債務者格付け時に必要と思われる情報18種類について、資料の積極的な開示を行っているかどうかについて、「よく当てはまる」から「全くあてはまらない」までの5段階リッカート尺度で評価を求めた。18情報については、9種類の財務情報と9種類の非財務情報が含まれている（図表5-4-1-1）。第4章のアンケート項目から、分析結果としてあまり明確な数値が出なかった「IT化への取り組み状況（社内資料）」と、他の質問項目で内容をカバーできることから「人員（採用）計画」を外した。また、第4章のモニタリング資料であった「月次試算表」を新たに加えた。

第4節　仮説の検証と結果

図表 5-4-1-1 調査対象とした開示情報一覧

財務情報	・決算書の付属明細書を含む全て ・財務目標実績管理表・目標と実績の対比分析、資金繰り見通し・資金繰り実績 ・利益計画（行動計画）内部進捗管理会議資料 ・月次試算表 ・今後の事業計画を記載した資料 ・経営革新計画・異分野連携新事業分野開拓計画書 ・関係会社の決算書類等明細 ・代表者確定申告書 ・代表者の家庭状況や親戚などの資料
非財務情報	・新規受注契約書・契約リスト等、一覧にした資料 ・同業他社との違いなどを比較した資料 ・企業を取り巻く環境を調べた資料 ・技術力・販売力の将来性、経営者を評価した報告書など ・知的財産権（著作権、特許権、商標権等）の資料 ・従業員に対する教育や研修などの資料 ・組織図、事業承継についての説明資料 ・中小企業会計の会計基準採用、もしくは会計参与任用の資料 ・ISO資料（写）

② 情報開示の目的の測定方法

中小企業庁（2008）は、中小企業が金融機関に対して情報開示する目的を調査している。本論では、同調査で得られた8つの主要目的ごとに目的の強さを5段階リッカート尺度で評価を求めた。その上で、探索的因子分析を行い、2つの因子を抽出した（図表5-4-1-2）。負荷量の数値が小さいものがあったためそれらを外し、次に検証的因子分析を行った（図表5-4-1-3 ～ 4）。1つの因子として「資金調達目的」を抽出した（Cronbachの信頼性0.809）。また、2つ目の因子として「マネジメント支援目的」を抽出した（Cronbachの信頼性0.608）。

第5章　企業の開示目的および心理的抵抗感と情報開示との関係

図表 5-4-1-2 情報開示の目的（探索的因子分析）

質問番号	項目内容	N	平均値	S.D
Ⅵ（22）①	長期的に安定した資金供給をしてくれることを期待している	276	4.19	0.85
Ⅵ（22）②	事業内容を的確に理解してくれることを期待している	276	4.16	0.87
Ⅵ（22）③	突発的に発生する可能性がある、急なつなぎ資金にきちんと対応してくれることを期待している	276	4.08	0.98
Ⅵ（22）④	経営の指導やアドバイスをしてくれることを期待している	276	3.46	1.06
Ⅵ（22）⑤	メインバンクの行員や職員の教育、もしくはレベルの向上に活かしてくれることを期待している	276	3.13	1.06
Ⅵ（22）⑥	金利水準を低くしてくれることを期待している	276	4.00	1.02
Ⅵ（22）⑦	担保・保証条件を緩和してくれることを期待している	276	3.86	1.07
Ⅵ（22）⑧	取引先や販売先など自社の利益につながる企業や個人を紹介してくれることを期待している	276	3.53	1.20

		各因子の負荷量	
		因子1	因子2
質問番号	変数	資金調達目的	マネジメント支援目的
Ⅵ（22）①	長期的に安定した資金供給をしてくれることを期待している	0.906	0.102
Ⅵ（22）②	事業内容を的確に理解してくれることを期待している	0.661	0.256
Ⅵ（22）③	突発的に発生する可能性がある、急なつなぎ資金にきちんと対応してくれることを期待している	0.610	0.374
Ⅵ（22）⑥	金利水準を低くしてくれることを期待している	0.513	0.488
Ⅵ（22）⑤	メインバンクの行員や職員の教育、もしくはレベルの向上に活かしてくれることを期待している	0.121	0.704
Ⅵ（22）⑧	取引先や販売先など自社の利益につながる企業や個人を紹介してくれることを期待している	0.180	0.610
Ⅵ（22）⑦	担保・保証条件を緩和してくれることを期待している	0.521	0.535
Ⅵ（22）④	経営の指導やアドバイスをしてくれることを期待している	0.349	0.501
	固有値	3.964	1.110
	累積説明率	49.552	63.429
	Cronbach の α 係数	0.812 (N:278)	0.739 (N:277)

因子抽出法：主因子法

回転法：Kaiser の正規化を伴うバリマックス法

第4節 仮説の検証と結果

図表 5-4-1-3 資金調達目的（検証的因子分析）

質問番号	項目内容	N	平均値	S.D
Ⅵ (22) ①	長期的に安定した資金供給をしてくれることを期待している	278	4.19	0.85
Ⅵ (22) ②	事業内容を的確に理解してくれることを期待している	278	4.17	0.87
Ⅵ (22) ③	突発的に発生する可能性がある、急なつなぎ資金にきちんと対応してくれることを期待している	278	4.08	0.98

質問番号	変数	各因子の負荷量 因子1 資金調達目的
Ⅵ (22) ①	長期的に安定した資金供給をしてくれることを期待している	0.822
Ⅵ (22) ②	事業内容を的確に理解してくれることを期待している	0.786
Ⅵ (22) ③	突発的に発生する可能性がある、急なつなぎ資金にきちんと対応してくれることを期待している	0.692
	固有値	2.173
	累積説明率	72.441
	Cronbach の α 係数	0.809

因子抽出法：主因子法

図表 5-4-1-4 マネジメント支援目的（検証的因子分析）

質問番号	項目内容	N	平均値	S.D
Ⅵ (22) ⑤	メインバンクの行員や職員の教育、もしくはレベルの向上に活かしてくれることを期待している	278	3.13	1.06
Ⅵ (22) ⑧	取引先や販売先など自社の利益につながる企業や個人を紹介してくれることを期待している	278	3.51	1.21

質問番号	変数	各因子の負荷量 因子1 マネジメント支援目的
Ⅵ (22) ⑤	メインバンクの行員や職員の教育、もしくはレベルの向上に活かしてくれることを期待している	0.660
Ⅵ (22) ⑧	取引先や販売先など自社の利益につながる企業や個人を紹介してくれることを期待している	0.660
	固有値	1.436
	累積説明率	71.823
	Cronbach の α 係数	0.608

因子抽出法：主因子法

③ 心理的抵抗感の測定方法

中小企業経営者が感じるであろう心理的抵抗感を調査した先行研究が見当たらないため、情報開示の積極性と同じ情報18種類（図表5-4-1-1）について、情報開示の抵抗感（ためらい）について「よく当てはまる」から「全くあてはまらない」までの5段階リッカート尺度で評価を求めた。

④ 金融機関の理解度の測定方法

金融機関と中小企業の情報の非対称性を検証したScott（2004）の研究から、金融機関が把握していると推測される企業の実態について5つの質問項目を設け、5段階リッカート尺度によるこれらの回答について探索的因子分析を行い、1つの因子を採択し、「金融機関の理解度」と解釈された（Cronbachの信頼性 0.903）（図表5-4-1-5）。

図表5-4-1-5 金融機関の理解度（探索的因子分析）

質問番号	項目内容	N	平均値	S.D
Ⅳ (19) ①	貴社の事業内容を、よく知っている	284	3.88	0.92
Ⅳ (19) ②	貴社の経営陣やオーナーを、よく知っている	284	4.01	0.93
Ⅳ (19) ③	貴社の属する産業を、よく知っている	284	3.48	0.97
Ⅳ (19) ④	貴社の属する地域社会・経済を、よく知っている	284	3.70	0.95
Ⅳ (19) ⑤	貴社の活動する市場について、よく知っている	284	3.25	0.96

質問番号	変数	各因子の負荷量 因子1 金融機関の理解度
Ⅳ (19) ③	貴社の属する産業を、よく知っている	0.871
Ⅳ (19) ④	貴社の属する地域社会・経済を、よく知っている	0.822
Ⅳ (19) ②	貴社の経営陣やオーナーを、よく知っている	0.809
Ⅳ (19) ①	貴社の事業内容を、よく知っている	0.803
Ⅳ (19) ⑤	貴社の活動する市場について、よく知っている	0.730
	固有値	3.607
	累積説明率	72.149
	Cronbachのα係数	0.903

因子抽出法：主因子法

⑤ 情報収集姿勢の測定方法

金融機関との取引方法や格付け、審査の考え方など5つの質問項目から得られた回答について探索的因子分析を行い、1つの因子を採択し、「情報収

集姿勢」と解釈された（Cronbach の信頼性 0.761）（図表 5-4-1-6）。

図表 5-4-1-6 情報収集姿勢（探索的因子分析）

質問番号	項目内容	N	平均値	S.D
X (33) ①	セミナーの参加	248	3.03	1.53
X (33) ②	書籍やインターネットなどからの情報収集	248	3.12	1.58
X (33) ③	金融機関担当者からの情報収集	248	3.66	1.29
X (33) ④	同業他社からの情報収集	248	2.86	1.53
X (33) ⑤	従業員等からの情報収集	248	2.17	1.49

質問番号	変数	各因子の負荷量 因子1 情報収集姿勢
X (33) ②	書籍やインターネットなどからの情報収集	0.693
X (33) ④	同業他社からの情報収集	0.677
X (33) ⑤	従業員等からの情報収集	0.649
X (33) ③	金融機関担当者からの情報収集	0.562
X (33) ①	セミナーの参加	0.539
	固有値	2.561
	累積説明率	51.226
	Cronbach の α 係数	0.761

因子抽出法：主因子法

(2) 心理的抵抗感についての予備的確認

課題2を検証するためには、心理的抵抗感の程度により情報を分類する必要がある。そこで、18種類の情報の開示への心理的抵抗感に関する質問項目から得られたデータを活用し、因子分析を行った。主因子法により因子を抽出し、バリマックス回転を行ったところ3つの因子を抽出した（図表 5-4-1-7～8）。第1の因子は8項目の情報が主に寄与し「業績モニタリング資料」、第2の因子は7項目の情報が主に寄与し「経営資源資料」、第3の因子は3項目の情報が主に寄与し「社内体制資料」と解釈された。この結果を基に、18の情報を3種類（業績モニタリング資料、経営資源資料、社内体制資料）に分類することにした。

第5章　企業の開示目的および心理的抵抗感と情報開示との関係

図表 5-4-1-7 情報開示の心理的抵抗感（記述統計量）

質問番号	項目内容	N	平均値	S.D
Ⅵ（20）①	決算書の付属明細書を含む全て	66	2.24	1.24
Ⅵ（20）②	財務目標実績管理表・目標と実績の対比分析、資金繰り見通し・資金繰り実績（社内資料）	66	2.44	1.18
Ⅵ（20）③	利益計画（行動計画）内部進捗管理会議資料	66	2.61	1.19
Ⅵ（20）④	関係会社の決算書類等明細	66	2.77	1.19
Ⅵ（20）⑤	代表者確定申告書	66	2.76	1.23
Ⅵ（20）⑥	代表者の家族状況や親戚などの資料	66	3.14	1.18
Ⅵ（20）⑦	月次試算表	66	2.24	1.15
Ⅵ（20）⑧	新規受注契約書・契約リスト等、一覧にした資料	66	2.61	1.09
Ⅵ（20）⑨	同業他社との違いなどを比較した資料	66	2.73	1.05
Ⅵ（20）⑩	企業を取り巻く環境を調べた資料	66	2.67	1.10
Ⅵ（20）⑪	今後の事業計画を記載した資料	66	2.32	1.14
Ⅵ（20）⑫	技術力・販売力の将来性、経営者を評価した報告書など	66	2.62	1.06
Ⅵ（20）⑬	従業員に対する教育や研修などの資料	66	2.65	1.10
Ⅵ（20）⑭	組織図、事業承継についての説明資料	66	2.41	0.96
Ⅵ（20）⑮	経営革新計画・異分野連携新事業分野開拓計画書（公的中小企業支援策利用事例）	66	2.41	1.10
Ⅵ（20）⑯	中小企業会計の会計基準採用、もしくは会計参与任用の資料	66	2.23	1.08
Ⅵ（20）⑰	知的財産権（著作権、特許権、商標権等）の資料	66	2.21	1.06
Ⅵ（20）⑱	ISO資料（写）	66	2.36	1.02

第4節　仮説の検証と結果

図表 5-4-1-8 情報開示の心理的抵抗感（探索的因子分析）

各因子の負荷量

質問番号	変数	因子1 業績モニタリング資料	因子2 経営資源資料	因子3 社内体制資料
Ⅵ (20) ①	決算書の付属明細書を含む全て	0.846	0.154	0.154
Ⅵ (20) ⑦	月次試算表	0.791	0.249	0.239
Ⅵ (20) ③	利益計画（行動計画）内部進捗管理会議資料	0.741	0.397	0.214
Ⅵ (20) ⑪	今後の事業計画を記載した資料	0.730	0.413	0.259
Ⅵ (20) ②	財務目標実績管理表・目標と実績の対比分析、資金繰り見通し・資金繰り実績（社内資料）	0.678	0.371	0.279
Ⅵ (20) ⑮	経営革新計画・異分野連携新事業分野開拓計画書（公的中小企業支援策利用事例）	0.560	0.231	0.350
Ⅵ (20) ⑭	組織図、事業承継についての説明資料	0.477	0.397	0.438
Ⅵ (20) ④	関係会社の決算書類等明細	0.467	0.390	0.150
Ⅵ (20) ⑨	同業他社との違いなどを比較した資料	0.274	0.865	0.173
Ⅵ (20) ⑩	企業を取り巻く環境を調べた資料	0.343	0.736	0.224
Ⅵ (20) ⑫	技術力・販売力の将来性、経営者を評価した報告書など	0.321	0.729	0.188
Ⅵ (20) ⑬	従業員に対する教育や研修などの資料	0.314	0.664	0.423
Ⅵ (20) ⑥	代表者の家族状況や親戚などの資料	0.164	0.591	0.281
Ⅵ (20) ⑤	代表者確定申告書	0.304	0.582	0.376
Ⅵ (20) ⑧	新規受注契約書・契約リスト等、一覧にした資料	0.406	0.566	0.368
Ⅵ (20) ⑯	中小企業会計の会計基準採用、もしくは会計参与任用の資料	0.363	0.259	0.822
Ⅵ (20) ⑰	知的財産権（著作権、特許権、商標権等）の資料	0.200	0.232	0.771
Ⅵ (20) ⑱	ISO 資料（写）	0.200	0.314	0.684
	固有値	10.082	1.496	1.266
	累積説明率	56.009	64.321	71.356
	Cronbach の α 係数	0.932 (N:176)	0.912 (N:194)	0.859 (N:79)

因子抽出法：主因子法
回転法：Kaiser の正規化を伴うバリマックス法

(3) 重回帰分析による検証

　被説明変数を18種類の情報開示の積極性とし、開示目的を示す2変数（資金調達目的、マネジメント支援目的）、心理的抵抗感およびその他変数（金融機関の理解度、情報収集姿勢）を説明変数としたそれぞれの重回帰分析の結果を要約したのが以下である（図表 5-4-1-9〜10）。

第5章　企業の開示目的および心理的抵抗感と情報開示との関係

図表 5-4-1-9 重回帰分析一覧（5変数）：財務情報

被説明変数	情報開示の積極性（決算書）	情報開示の積極性（資金繰り）	情報開示の積極性（進捗管理）	情報開示の積極性（月次試算表）	情報開示の積極性（事業計画）	情報開示の積極性（経営革新計画）	情報開示の積極性（関係会社決算書）	情報開示の積極性（代表者確定申告）	情報開示の積極性（代表者家族）
	β	β	β	β	β	β	β	β	β
資金調達目的	.211**	.184**	.186**	.353**	.282**	.164**	.109	.084	.123
マネジメント支援目的	.109	.101	.109	-.029	.053	.085	.131	.166**	.109
金融機関の理解度	.145**	-.093	-.079	-.071	-.140**	-.025	.050	-.204**	-.164**
情報収集姿勢	.012	.089	.133*	.094	.074	.088	-.065	.104	.090
心理的抵抗感	-.326**	-.345**	-.257**	-.144*	-.188**	-.313**	-.216**	-.174**	-.182**
自由度調整済 R2	.250**	.182**	.136**	.141**	.130**	.159**	.063**	.067**	.048**
N	176	171	169	170	172	170	155	169	168

*p<.1　**p<.05

図表 5-4-1-10 重回帰分析一覧（5変数）：非財務情報

被説明変数	情報開示の積極性（新規受注）	情報開示の積極性（同業他社比較）	情報開示の積極性（外部環境）	情報開示の積極性（技術力・販売力）	情報開示の積極性（知的財産権）	情報開示の積極性（従業員教育）	情報開示の積極性（組織図・事業承継）	情報開示の積極性（中小企業会計）	情報開示の積極性（ISO）
	β	β	β	β	β	β	β	β	β
資金調達目的	.278**	.146*	.249**	.187**	.070	.115	.108	.335**	-.040
マネジメント支援目的	.086	.129	.061	.120	.100	.204**	.222**	.014	.207**
金融機関の理解度	-.121	-.157*	-.152*	-.219**	-.271**	-.225**	-.171**	-.223**	.050
情報収集姿勢	.071	.087	.155**	.102	.142	.075	.097	.102	.161
心理的抵抗感	-.095	-.025	.017	-.075	-.233**	-.025	-.210**	-.113	-.164
自由度調整済 R2	.092**	.042**	.079**	.075**	.083**	.078**	.124**	.106**	.077**
N	169	166	167	167	89	166	169	79	93

*p<.1　**p<.05

　資金調達目的に関する仮説1-1については、9種類の財務情報のうち6情報が統計的に有意（p<.05）な正の回帰係数を示した。また、9種類の非財務情報のうち4情報が統計的に有意（p<.05）な正の回帰係数を示した。この結果、すべてではないが過半の回帰式で有意なt値が得られたので、仮説は強く支持された。

　マネジメント支援目的に関する仮説1-2については、9種類の財務情報の

第4節　仮説の検証と結果

うち1情報が統計的に有意（p＜.05）な正の回帰係数を示した。また、9種類の非財務情報のうち2情報が統計的に有意（p＜.05）な正の回帰係数を示した。この結果、少数の回帰式では有意なt値を得ることができたので、仮説は部分的な支持を得たといえる。

また、重回帰分析の結果、資金調達目的が影響を及ぼす情報とマネジメント支援目的が影響を及ぼす情報が異なっていることが判明した。さらに仮説には含まれていなかったが、情報の非対称性の克服といった目的をもつ金融機関の理解度について、開示する情報により、統計的に有意（p＜.1）な正の回帰係数や負の回帰係数が得られことが確認できた。

次に、心理的抵抗感を3分類した予備的確認をもとに、分類ごとに、説明変数である心理的抵抗感の偏回帰係数のみを一覧表にした（図表5-4-1-11～13）。

図表5-4-1-11　心理的抵抗感に関する回帰係数（業績モニタリング資料）

被説明変数	情報開示の積極性（決算書）	情報開示の積極性（資金繰り）	情報開示の積極性（進捗管理）	情報開示の積極性（月次試算表）	情報開示の積極性（事業計画）	情報開示の積極性（経営革新計画）	情報開示の積極性（関係会社決算書）	情報開示の積極性（組織図・事業承継）
	β	β	β	β	β	β	β	β
心理的抵抗感	-.326**	-.345**	-.257**	-.144*	-.188**	-.313**	-.216**	-.210**
自由度調整済R2	.250**	.182**	.136**	.141**	.130**	.159**	.063**	.124**
N	176	171	169	170	172	170	155	169

*p＜.1　**p＜.05

図表5-4-1-12　心理的抵抗感に関する回帰係数（経営資源資料）

被説明変数	情報開示の積極性（代表者確定申告）	情報開示の積極性（代表者家族）	情報開示の積極性（新規受注）	情報開示の積極性（同業他社比較）	情報開示の積極性（外部環境）	情報開示の積極性（技術力・販売力）	情報開示の積極性（従業員教育）
	β	β	β	β	β	β	β
心理的抵抗感	-.174**	-.182**	-.095	-.025	.017	-.075	-.025
自由度調整済R2	.067**	.048**	.092**	.042**	.079**	.075**	.078**
N	169	168	169	166	167	167	166

*p＜.1　**p＜.05

第5章　企業の開示目的および心理的抵抗感と情報開示との関係

図表 5-4-1-13 心理的抵抗感に関する回帰係数（社内体制資料）

被説明変数	情報開示の積極性（知的財産権）	情報開示の積極性（中小企業会計）	情報開示の積極性（ISO）
	β	β	β
心理的抵抗感	－.233**	－.113	－.164
自由度調整済 R2	.083**	.106**	.077**
N	89	79	93

*p<.1　**p<.05

　心理的抵抗感に関する仮説2-1については、8種類の情報のうち7種類について情報開示の積極性に対して統計的に有意（p<.05）な負の回帰係数を示した。この結果、業績モニタリング資料については、すべてではないが過半の回帰式で有意なt値が得られたので、仮説は強く支持された。

　仮説2-2については、7情報のうち2情報が、心理的抵抗感が情報開示の積極性に対して、統計的に有意（p<.05）な負の回帰係数を示した。この結果、経営資源資料は一部を除いて、心理的抵抗感の高まりは情報開示の積極性に対して影響を及ぼしていないと推測され、仮説は部分的な支持を得たといえる。

　仮説2-3については、3情報のうち1情報が、心理的抵抗感が情報開示の積極性と統計的に有意（p<.05）な負の回帰係数を示した。この結果、少数の回帰式では有意なt値を得ることができたので、仮説は部分的な支持を得たといえる。

　仮説2-1～2-3を検証した結果、情報開示の積極性に対して、心理的抵抗感が影響を及ぼす情報は、業績モニタリング資料が主な情報だと考えられる。これは、金融機関の取引において、業績などをモニタリングされる資料を開示することで、経営についてのなにがしかの介入が行われたのではないかと推測される。

2　課題3について

　課題3については、課題1、課題2と同じ被説明変数を活用する。説明変

第4節　仮説の検証と結果

数については、課題1、課題2の説明変数に金融機関の施策などを追加し、やはり重回帰モデルにて検証を行う。なお、課題3ではコントロール変数として、金融機関や金融機関担当者の姿勢に関する回答データを使用する。このことにより、主たる目的である、金融機関のリレーションシップ・バンキング施策やリレーションシップを阻害する要因が情報開示の積極性に及ぼす影響を明確にする。

(1) 変数の測定

課題3における主たる説明変数である、金融機関施策（リレーションシップ・バンキングの推進の代理変数）、リレーションシップ阻害要因、ファシリテーターの能力に加えて、コントロール変数として、金融機関の姿勢（外部対応力）、現在および過去の担当者姿勢、担当者の信頼感の測定方法について記載する。

①金融機関施策の測定方法

金融庁が発表している地域密着金融の取組み状況をもとに、8つの質問項目について探索的因子分析を行い、1つの因子を採択し、「金融機関施策」と解釈された（Cronbachの信頼性 0.922）（図表5-4-2-1～2）。

図表5-4-2-1 金融機関施策（記述統計量）

質問番号	項目内容	N	平均値	S.D
Ⅳ (18) ①	企業の創業や新規事業に対する支援・相談等の取り組み	280	3.30	0.98
Ⅳ (18) ②	企業の経営改善を行うための計画策定支援や、商談会、販路拡大の支援	280	3.14	1.01
Ⅳ (18) ③	事業承継の相談・支援や、行員・職員と専門的な知識を持った外部専門家との連携	280	2.98	0.95
Ⅳ (18) ④	地域のビジョン策定の支援や、地元産業の活性化への支援に対する取り組み	280	3.01	0.96
Ⅳ (18) ⑤	金融セミナーの開催、多重債務者問題への貢献、NPO等への支援・融資	280	2.85	0.93
Ⅳ (18) ⑥	企業の将来性や技術力を的確に評価できる「目利き能力」を持った行員・職員の育成	280	2.79	0.89
Ⅳ (18) ⑦	再生企業に対し、公的機関等との連携を通した積極的な金融支援	280	2.84	0.89
Ⅳ (18) ⑧	不動産担保・個人保証に過度に依存しない融資への取り組み	280	2.84	1.00

第5章　企業の開示目的および心理的抵抗感と情報開示との関係

図表 5-4-2-2 金融機関施策（探索的因子分析）

各因子の負荷量

質問番号	変数	因子1 金融機関施策
Ⅳ（18）⑥	企業の将来性や技術力を的確に評価できる「目利き能力」を持った行員・職員の育成	0.822
Ⅳ（18）③	事業承継の相談・支援や、行員・職員と専門的な知識を持った外部専門家との連携	0.816
Ⅳ（18）④	地域のビジョン策定の支援や、地元産業の活性化への支援に対する取り組み	0.808
Ⅳ（18）②	企業の経営改善を行うための計画策定支援や、商談会、販路拡大の支援	0.803
Ⅳ（18）⑦	再生企業に対し、公的機関等との連携を通した積極的な金融支援	0.770
Ⅳ（18）⑤	金融セミナーの開催、多重債務者問題への貢献、NPO 等への支援・融資	0.763
Ⅳ（18）⑧	不動産担保・個人保証に過度に依存しない融資への取り組み	0.719
Ⅳ（18）①	企業の創業や新規事業に対する支援・相談等の取り組み	0.688
	固有値	5.195
	累積説明率	64.938
	Cronbach の α 係数	0.922

因子抽出法：主因子法

②リレーションシップ阻害要因の測定方法

　金融機関に対する印象について、藤井（2010）を基に10の質問項目を設定した（図表5-4-2-3）。これらの質問への回答について探索的因子分析を行い、2つの因子を抽出した（図表5-4-2-4）。第1の因子を主たる説明変数である「金融機関の姿勢（リレーションシップ阻害要因）」（Cronbach の信頼性0.893）、第2の因子をコントロール変数である「金融機関の姿勢（外部対応力）」（Cronbach の信頼性0.809）と解釈された。

第4節　仮説の検証と結果

図表 5-4-2-3 金融機関の姿勢（記述統計量）

質問番号	項目内容	N	平均値	S.D
Ⅲ（15）①	支店長自ら顧客と直接接触したり、見聞する機会が多く、市場の機微がよくわかる	277	3.38	1.14
Ⅲ（15）②	金融機関全体や支店がまとまりやすく、市場に対応しやすい	277	3.19	0.98
Ⅲ（15）③	既得損益が少ないので、思い切った施策をとっている	277	2.95	0.85
Ⅲ（15）④	金融機関経営に一貫性がある	277	3.33	0.84
Ⅲ（15）⑤	行員数や施設などが少なく、活用に工夫を凝らしている	277	2.96	0.83
Ⅲ（15）⑥	状況の変化に対応力がある	277	3.16	0.85
Ⅲ（15）⑦	リスクに、かかんに挑戦している	277	2.73	0.90
Ⅲ（15）⑧	金融機関政策等によって、金融機関の姿勢が大きく変わりやすい	277	3.24	0.80
Ⅲ（15）⑨	組織が大きく、金融機関担当者の考え方と、金融機関そのものの考え方が違う	277	2.85	0.88
Ⅲ（15）⑩	担保主義であり、融資先の事業の本質を理解しようとしていない	277	3.02	1.03

図表 5-4-2-4 金融機関の姿勢(探索的因子分析)

質問番号	変数	因子1 金融機関の姿勢 (リレーション シップ阻害要因)	因子2 金融機関の姿勢 (外部対応力)
Ⅲ (15) ⑨	組織が大きく、金融機関担当者の考え方と、金融機関そのものの考え方が違う	0.954	-0.094
Ⅲ (15) ⑧	金融機関政策等によって、金融機関の姿勢が大きく変わりやすい	0.461	-0.004
Ⅲ (15) ⑩	担保主義であり、融資先の事業の本質を理解しようとしていない	0.458	-0.390
Ⅲ (15) ②	金融機関全体や支店がまとまりやすく、市場に対応しやすい	-0.149	0.831
Ⅲ (15) ⑥	状況の変化に対応力がある	-0.114	0.812
Ⅲ (15) ③	既得損益が少ないので、思い切った施策をとっている	-0.059	0.755
Ⅲ (15) ⑦	リスクに、かかんに挑戦している	-0.107	0.722
Ⅲ (15) ①	支店長自ら顧客と直接接触したり、見聞する機会が多く、市場の機微がよくわかる	-0.094	0.704
Ⅲ (15) ④	金融機関経営に一貫性がある	-0.139	0.685
Ⅲ (15) ⑤	行員数や施設などが少なく、活用に工夫を凝らしている	-0.039	0.608
	固有値	1.545	4.602
	累積説明率	61.468	46.017
	Cronbach の a 係数	0.647	0.893

因子抽出法:主因子法

回転法:Kaiser の正規化を伴うバリマックス法

③ファシリテーターの能力の測定方法

　海野(2004)をもとに、5つの質問項目を設定した(図表 5-4-2-5)。これらの質問への回答について探索的因子分析を行い、1つの因子を採択し、「ファシリテーターの能力」と解釈された(Cronbach の信頼性 0.857)(図表 5-4-2-6)。

第4節 仮説の検証と結果

図表 5-4-2-5 ファシリテーターの能力（記述統計量）

質問番号	項目内容	N	平均値	S.D
Ⅸ（32）①	金融機関についての知識がある	205	4.16	0.82
Ⅸ（32）②	金融機関との交渉について経験が豊富である	205	3.84	0.98
Ⅸ（32）③	貴社と金融機関との考え方の違いをアドバイスしてくれる	205	3.77	0.96
Ⅸ（32）④	資金調達できなくなるリスクを回避してくれる	205	3.42	0.93
Ⅸ（32）⑤	具体的に貴社がどのように金融機関と接すればよいのかをアドバイスしてくれる	205	3.60	1.01

図表 5-4-2-6 ファシリテーターの能力（探索的因子分析）

		各因子の負荷量
		因子1
質問番号	変数	ファシリテーターの能力
Ⅸ（32）①	金融機関についての知識がある	0.823
Ⅸ（32）②	金融機関との交渉について経験が豊富である	0.784
Ⅸ（32）③	貴社と金融機関との考え方の違いをアドバイスしてくれる	0.752
Ⅸ（32）④	資金調達できなくなるリスクを回避してくれる	0.694
Ⅸ（32）⑤	具体的に貴社がどのように金融機関と接すればよいのかをアドバイスしてくれる	0.646
	固有値	3.192
	累積説明率	63.835
	Cronbach の α 係数	0.857

因子抽出法：主因子法

④現在および過去の担当者姿勢の測定方法

　金融機関に対する印象とほぼ同じ項目を尋ねたが、一部の質問は個人への印象には適切ではないため削除した。5つの質問項目への回答について探索的因子分析を行い、1つの因子を採択し、「仕事に対する姿勢」と解釈された（現担当者 Cronbach の信頼性 0.885、過去担当者 Cronbach の信頼性 0.884）（図表 5-4-2-7 ～ 8）。[43]

第5章　企業の開示目的および心理的抵抗感と情報開示との関係

図表 5-4-2-7 現担当者（仕事に対する姿勢）（探索的因子分析）

質問番号	項目内容	N	平均値	S.D
Ⅲ（16）①	担当者自ら顧客と直接接触したり、見聞する機会が多く、市場の機微がよくわかる	282	3.31	1.11
Ⅲ（16）②	融資審査の姿勢に一貫性がある	282	3.43	0.96
Ⅲ（16）③	発想が自由である	282	2.71	0.86
Ⅲ（16）④	リスクに、かかんに挑戦している	282	2.57	0.93
Ⅲ（16）⑤	環境の変化については、チャンスだと考えている	282	2.83	0.82

質問番号	変数	各因子の負荷量 因子1 現担当者（仕事に対する姿勢）
Ⅲ（16）③	発想が自由である	0.879
Ⅲ（16）④	リスクに、かかんに挑戦している	0.816
Ⅲ（16）⑤	環境の変化については、チャンスだと考えている	0.740
Ⅲ（16）②	融資審査の姿勢に一貫性がある	0.739
Ⅲ（16）①	担当者自ら顧客と直接接触したり、見聞する機会が多く、市場の機微がよくわかる	0.722
	固有値	3.433
	累積説明率	68.660
	Cronbach の α 係数	0.885

因子抽出法：主因子法

第4節　仮説の検証と結果

図表 5-4-2-8 過去担当者（仕事に対する姿勢）（探索的因子分析）

質問番号	項目内容	N	平均値	S.D
Ⅲ（17）①	担当者自ら顧客と直接接触したり、見聞する機会が多く、市場の機微がよくわかる	284	3.96	0.85
Ⅲ（17）②	融資審査の姿勢に一貫性がある	284	3.77	0.87
Ⅲ（17）③	発想が自由である	284	3.40	0.87
Ⅲ（17）④	リスクに、かかんに挑戦している	284	3.31	0.95
Ⅲ（17）⑤	環境の変化については、チャンスだと考えている	284	3.43	0.84

		各因子の負荷量
		因子1
質問番号	変数	過去担当者（仕事に対する姿勢）
Ⅲ（17）③	発想が自由である	0.875
Ⅲ（17）⑤	環境の変化については、チャンスだと考えている	0.826
Ⅲ（17）④	リスクに、かかんに挑戦している	0.799
Ⅲ（17）②	融資審査の姿勢に一貫性がある	0.705
Ⅲ（17）①	担当者自ら顧客と直接接触したり、見聞する機会が多く、市場の機微がよくわかる	0.688
	固有値	3.430
	累積説明率	68.607
	Cronbach の α 係数	0.884

因子抽出法：主因子法

⑤担当者の信頼感の測定方法

Chan and Renee（1997）による信頼を積み上げるプロセスをもとに、3の質問項目への回答について探索的因子分析を行い、1つの因子を採択し、「担当者の信頼感」と解釈された（Cronbach の信頼性 0.816）（図表 5-4-2-9）。

第5章　企業の開示目的および心理的抵抗感と情報開示との関係

図表 5-4-2-9 担当者の信頼感（探索的因子分析）

質問番号	項目内容	N	平均値	S.D
Ⅶ（23）①	貴社を尊敬し、対等な立場で議論している	275	3.63	0.94
Ⅶ（23）②	貴社からの申し出を断った場合など、その理由を明確に説明している	275	3.33	1.06
Ⅶ（23）③	新規融資など新しい取引を行う際に、条件が変更になる場合のルールを説明している	275	3.48	1.03

		各因子の負荷量
質問番号	変数	因子1
		担当者の信頼感
Ⅶ（23）③	新規融資など新しい取引を行う際に、条件が変更になる場合のルールを説明している	0.865
Ⅶ（23）②	貴社からの申し出を断った場合など、その理由を明確に説明している	0.860
Ⅶ（23）①	貴社を尊敬し、対等な立場で議論している	0.606
	固有値	2.200
	累積説明率	73.327
	Cronbach の α 係数	0.816

因子抽出法：主因子法

(2) 重回帰分析による検証

　被説明変数を情報開示の積極性とし、全ての説明変数を投入し重回帰分析を行った。上記を要約したのが、下記である（図表 5-4-2-10 〜 11）。

第4節　仮説の検証と結果

図表 5-4-2-10 重回帰分析一覧（12 変数）：財務情報

被説明変数	情報開示の積極性（決算書）	情報開示の積極性（資金繰り）	情報開示の積極性（進捗管理）	情報開示の積極性（月次試算表）	情報開示の積極性（事業計画）	情報開示の積極性（経営革新計画）	情報開示の積極性（関係会社決算書）	情報開示の積極性（代表者確定申告）	情報開示の積極性（代表者家族）
	β	β	β	β	β	β	β	β	β
資金調達目的	.186**	.171*	.227**	.353**	.318**	.157	.171	.126	.190*
マネジメント支援目的	.069	.078	.105	-.092	.050	.078	.158	.155	.071
金融機関の理解度	.078	-.148	-.017	-.066	-.117	.051	.208	-.189	-.175
情報収集姿勢	-.041	.009	.117	.028	.039	.058	-.091	.060	.009
心理的抵抗感	-.256**	-.350**	-.253**	-.146*	-.200**	-.325**	-.117	-.181**	-.221**
金融機関施策	.312**	.167	.211	.326**	.119	.055	.121	.248*	.061
金融機関の姿勢（リレーションシップ阻害要因）	.137*	.030	.209**	.143	.088	.139	.303**	.286**	.253**
ファシリテーターの能力	.056	-.015	-.065	.004	.000	-.038	-.063	-.051	-.138
現担当者（仕事に対する姿勢）	-.134	-.134	-.166	-.235	-.075	-.044	-.066	.052	-.105
過去担当者（仕事に対する姿勢）	.073	-.003	.066	.021	.085	.169*	.032	-.079	-.019
金融機関の姿勢（外部対応力）	-.010	.135	.640	.045	.009	-.060	-.116	-.034	.250*
担当者の信頼感	.023	.093	-.090	.006	-.085	-.010	-.021	-.007	-.004
自由度調整済 R2	.243**	.188**	.183**	.157**	.126**	.170**	.100**	.121**	.098**
N	136	133	132	133	134	132	117	131	130

*p<.1　**p<.05

第5章　企業の開示目的および心理的抵抗感と情報開示との関係

図表 5-4-2-11 重回帰分析一覧（12 変数）：非財務情報

被説明変数	情報開示の積極性（新規受注）	情報開示の積極性（同業他社比較）	情報開示の積極性（外部環境）	情報開示の積極性（技術力・販売力）	情報開示の積極性（知的財産権）	情報開示の積極性（従業員教育）	情報開示の積極性（組織図・事業承継）	情報開示の積極性（中小企業会計）	情報開示の積極性（ISO）
	β	β	β	β	β	β	β	β	β
資金調達目的	.356**	.152	.346**	.214**	.200	.158	.138	.476**	.072
マネジメント支援目的	.117	.154	.066	.184*	.025	.199**	.204**	-.147	.135
金融機関の理解度	-.135	-.206	-.208	-.086	-.214	-.184	-.174	-.302	-.202
情報収集姿勢	.082	.078	.132	.167*	.015	.079	.022	-.067	.063
心理的抵抗感	-.064	-.011	-.059	-.048	-.259*	.003	-.265**	-.154	-.290**
金融機関施策	.144	.024	-.008	-.115	.139	.037	.248*	.189	.337
金融機関の姿勢（リレーションシップ阻害要因）	.136	.140	.182**	.169*	.088	.240**	.154*	.175	.240*
ファシリテーターの能力	-.059	.074	-.053	.019	.070	-.079	.074	.110	-.007
現担当者（仕事に対する姿勢）	-.016	.079	.111	-.090	.145	.060	.023	-.170	.301
過去担当者（仕事に対する姿勢）	-.006	-.009	.000	-.004	-.101	-.053	-.068	.158	-.151
金融機関の姿勢（外部対応力）	.070	.114	.127	.186	-.201	.053	.056	.200	-.241
担当者の信頼感	-.046	-.075	-.072	-.117	-.063	-.041	-.137	.006	.125
自由度調整済 R2	.137**	.042	.133**	.108**	-.017	.078**	.163**	.118	.136*
N	131	128	129	129	70	128	131	61	70

*p<.1　**p<.05

　仮説 3-1 については、9 情報の財務情報のうち 2 情報が統計的に有意（p<.05）な正の回帰係数を示した。この結果、少数の回帰式では有意な t 値を得ることができたので、仮説は部分的な支持を得たといえる。

　仮説 3-2 については、9 情報の財務情報のうち 4 情報が統計的に有意（p<.05）な正の回帰係数を示した。また、9 情報の非財務情報のうち 2 情報が統計的に有意（p<.05）な正の回帰係数を示した。しかし、回帰係数の符号が正で、仮説とは逆であるので、仮説は支持されなかった。同時に、情報開示の目的および心理的抵抗感のみを説明変数とした重回帰分析結果と比較すると、リレーションシップ阻害要因が統計的に有意（p<.1）になった情報のうち 7 情報で、説明変数である金融機関の理解度が統計的に有意でなくなっている。このことは、リレーションシップ阻害要因と金融機関の理解度

は、統計的に同じ因子を含むのではないかと推測される。

　仮説3-3については、財務情報、非財務情報いずれも統計的に有意な回帰係数は得られず、仮説を支持しなかった。

第5節　考察

　本章においては、情報開示の積極性に対して、資金調達のような目的や情報開示に対する心理的抵抗感が影響を及ぼしているのではないか、という問題意識から実証的な検証を行った。重回帰分析の結果、回収率13.1％の数値であったが、資金調達目的については、仮説は強く支持され情報開示の積極性に対して正の影響を及ぼしている。一方、マネジメント支援目的については、仮説は部分的な支持となった。資金調達目的とマネジメント支援目的が影響を及ぼしている情報が異なることも判明した。また、情報の非対称性の克服といった目的をもつ金融機関の理解度が、影響を及ぼしていることも確認できた。心理的抵抗感については、業績モニタリングを行う資料について仮説が強く支持され、業績モニタリング資料を開示する際に生じる心理的抵抗感が情報開示の積極性を低くしていると考えられる。また、一部の資料については、リレーションシップ・バンキングの施策の向上や、金融機関組織による阻害要因が高まるほど開示の積極性が高まることが判明した。

　このことは、企業の外部プロセスの中でも、リレーションシップ・バンキングの施策の向上や金融機関組織による阻害要因の高まりは、開示目的や心理的抵抗感と独立して、情報開示の積極性に影響を及ぼしているのではないかと推測される。

　今後の課題としては、以下3点がある。第1は、資金調達のような目的に、影響を及ぼしている要因を検証する必要があることである。第2に、心理的抵抗感に影響を及ぼす要因を、因子分析結果をもとに、詳細に確認することである。最後に、積極性に対して金融機関の施策など外部要因が影響を及ぼすことが確認できたが、目的や心理的抵抗感に対しても影響を及ぼすのかどうかの確認である。

42 例えば、中国地方に本店を持つ中国銀行や広島銀行などが四国内に支店があり、四国内に本店を持つ百十四銀行や伊予銀行などが中国地方に支店がある。四国地方もしくは中国地方の企業と接触をもつ金融機関は、同一金融機関の可能性があると考えられる。
43 第4章でも同様の因子を採択したが、調査対象データが異なるため、因子を構成する要素が若干異なる。そこで、第4章の因子と区別するために、異なる因子名としている。

第6章 企業の内部プロセスと外部プロセスが心理的抵抗感および情報開示目的に及ぼす影響

第6章　企業の内部プロセスと外部プロセスが心理的抵抗感および情報開示目的に及ぼす影響

第1節　研究目的

　第4章では、四国四県の経営革新企業に対して行った質問調査票から得たデータの分析に基づき、一部の開示情報に対して企業の内部プロセスや外部プロセスが情報開示を行う際に発生するであろう心理的抵抗感に影響を及ぼしていることが確認された。また、多くの開示情報に対して、やはり企業の内部プロセスや外部プロセスが情報開示の積極性に影響を及ぼしていることが確認された。このことにより、情報開示の積極性に対しては、心理的抵抗感のような負の影響を及ぼす要因だけではなく、開示目的のような正の影響を及ぼす要因があることが示唆された。

　また、第5章では、アンケート対象先を拡大し、中国地方五県の経営革新企業に対して行った質問調査票から得たデータの分析に基づき、18種類の開示情報によって、情報開示の積極性に及ぼす心理的抵抗感の種類や開示目的（資金調達目的、マネジメント支援目的）が違っていることを検証した。また、一部の情報に対しては、中小企業が金融機関の求める情報について知識を得ることにより開示を促進すること（情報収集姿勢）や、情報の非対称性の縮小を意図した目的（金融機関の理解度）も、資金調達目的やマネジメント支援目的とは独立して情報開示の積極性に影響を及ぼしていることが検証された。

　本章では、心理的抵抗感や開示目的（資金調達目的やマネジメント支援目的）および弱い目的と考えられる情報収集姿勢や金融機関の理解度に対して、中小企業の動因のような内部プロセスや金融機関の対応のような外部プロセスが影響を及ぼしているのかを実証的に検証することが目的である。

　本章から得られた分析結果と第5章で得られた分析結果をもとに最終的に情報開示の積極性を高める要因を確認することが可能になると考えられる。

第2節　研究方法

　情報開示に対して影響を及ぼす要因については多くの先行研究があり、企

業の資金調達ニーズや情報の非対称性の克服などが情報開示の増大をもたらすとともに、preparing cost や competitive cost が情報開示への抵抗となる検証されている。また、先行研究においての実証研究は、情報開示の積極性に影響を及ぼす要因を、財務内容など代理変数を活用し、情報開示のボリュームと代理変数との関係を分析している。ただし、このような分析では、企業の動因のような代理変数を活用することが難しい要因と情報開示の積極性との関係を実証することが困難である。よって、本研究では、代理変数を活用せずに、情報開示の積極性に影響を及ぼす要因として、心理的抵抗感や開示目的を媒介変数と設定した上で、それぞれの媒介変数に対して影響を及ぼす要因について分析を行う。また、影響要因については、質問調査票を独自に作成することにより、説明変数や被説明変数を財務変数のような代理変数ではなく、企業の経営姿勢など一般的には入手できない情報を活用した。

以下では、質問調査票の内容および重回帰モデルを使った検証について記載する。

1 質問調査票について

第6章では、第5章で実施した調査内容（2010年6～7月、中国地方五県の経営革新計画承認企業に対する調査）の回答データにて分析を行った（図表5-3-1-1）。

質問調査票は、次の①から⑩の10セクションにて構成されている。

① 回答企業および取引金融機関のプロフィール
② 開示候補18情報について、金融機関に対する情報開示の積極性についての質問
③ 開示候補18情報について、金融機関に対する心理的抵抗感についての質問
④ 金融機関に対する情報開示を行う目的についての質問（2項目）
⑤ 金融機関に対する情報を収集する自社の姿勢についての質問
⑥ 自社についての印象（企業の特性など）についての質問（3項目）
⑦ 金融機関の姿勢、金融機関担当者への認識についての質問（3項目）
⑧ ファシリテーター（助言者）の能力と評価についての質問

> ⑨　財務内容などについての質問
> ⑩　金融機関との取引内容についての質問

回答はすべて5段階リッカートスケールで、1～5の評価で求めた。

2　重回帰モデルを使った検証

　本研究では、2つの課題を検証する。課題1は、心理的抵抗感を被説明変数とし、中小企業の動因や金融機関の対応が及ぼす影響について仮説検証を行うものである。課題2については、開示目的を被説明変数とし、先行研究で活用されている財務内容に関する変数や企業属性に関する変数などが開示目的に対して及ぼす影響を仮説検証した上で、中小企業の動因や金融機関の対応などが影響を及ぼしているのかを確認する。

> 課題1：心理的抵抗感に対する中小企業の動因や金融機関の対応が及ぼす
> 　　　　影響の検証
> 課題2：開示目的に対する財務内容に関する変数や企業属性に関する変数
> 　　　　などが及ぼす影響の検証

　検証は、多くの先行研究と同様に、重回帰分析を用いて行う。重回帰モデルの説明変数は、財務内容に加え、中小企業の動因を表す企業の内部プロセス、金融機関の対応のような企業の外部プロセス、ファシリテーターの能力を設定した。外部支援者であるファシリテーターは、第4章では内部プロセスの変数として取り扱ったが、本章では内部プロセスと外部プロセスをつなぐ間の存在として取り扱う。ファシリテーターの能力は、第5章の情報開示の積極性では統計的に有意な水準を示さなかったが、被説明変数を「心理的抵抗感」「開示目的」とした場合について、本章で検証をすすめた。

　重回帰モデルにおける被説明変数および説明変数は、質問調査票（前ページ参照）全10項目の内、③～⑨の7項目の質問を活用した。③で課題1の被説明変数を、④⑤で課題2の被説明変数を調査した。また、説明変数については、課題1、課題2とも共通であり、⑥で企業の内部プロセスを、⑦で企業の外部プロセスを、⑧でファシリテーターの能力を、⑨で財務内容などを調査した。

図表 6-2-2-1 本章での考察

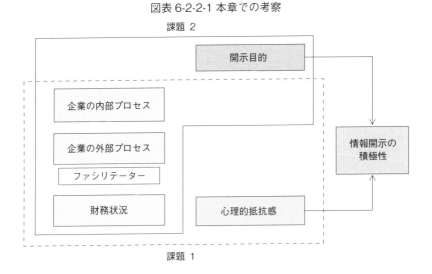

第3節　心理的抵抗感に対する影響要因の検証

　以下では、1項で被説明変数を設定し、2項で説明変数を設定するとともに仮説を順次述べていく。3項では重回帰分析を行うための被説明変数の尺度などデータの抽出について、4項では重回帰分析の結果を述べる。

1　被説明変数の設定

　課題1での心理的抵抗感については、第5章で質問調査票を用いて18種類の情報について個別に心理的抵抗感を測定し、得られたデータを基に因子分析の結果3因子を抽出した。本研究では、因子分析で得られた3因子を被説明変数として設定する（図表5-3-1-9）。
　第1番目の因子は、「業績モニタリング資料」因子であり、決算書や月次試算表、利益計画の進捗管理資料など8情報が大きな寄与を行っている。これらは、企業業績について、予算、実績を把握するために必要な情報であり、金融機関が企業をモニタリングする場合に活用する資料と考えられる。
　第2番目の因子は、「経営資源資料」因子であり、同業他社との違いを比

較した資料や企業を取り巻く環境、技術力・販売力の資料など7情報が大きな寄与を行っている。企業の強み・弱みなどを記載した情報である。これらの情報により、金融機関は財務諸表に記載されていない、企業の内部資源を把握すると思われる。

第3番目の因子は、「社内体制資料」因子であり、中小企業の会計基準の採用や知的財産権の資料、ISO情報の3情報が大きな寄与を行っている。これらは、社内体制の整備やリスク管理、適正な情報開示を行うための情報である。これらの資料により、金融機関は、ワンマン経営から組織的な経営への移行などを通じて、金融機関の融資の返済確実性を確認していると考えられる。

2　説明変数および仮説の設定

本研究においての主たる説明変数は、中小企業側の要因である内部プロセス、金融機関側の要因である外部プロセス、両者の間に介在するファシリテーターの役割、財務内容に分類した。

第1に、内部プロセスについては、企業家的中小企業の特徴である2特性を設定した。1つ目は、積極的にリスクをとる企業家的経営者の特性（企業家の特性：経営者）であり、2つ目は企業家的経営の基盤となる組織特性（企業家の特性：組織特性）である。次に、経営の全体最適を重視する経営品質、および利害関係者の配慮を重視するサスティナビリティ志向（持続可能性志向）の4変数を設定した。企業家的中小企業の2特性と比較して、後者の2特性は中小企業の特性に限定せず、企業の安定的な成長や、持続的な成長を表している。

第2に、金融機関側の要因である外部プロセスについては、金融機関が積極的にリスクをとる姿勢（金融機関の姿勢：外部対応力）、金融機関側担当者が中小企業のリスクの一部を共有するような姿勢（現担当者、過去担当者の仕事に対する姿勢）、および金融機関が中小企業から信頼されようとする姿勢（担当者の信頼感）の4点である。第5章で一部の資料については、リレーションシップ・バンキングの施策の向上や、金融機関の姿勢（リレーションシップ阻害要因）が高まるほど、情報開示に対して影響があることが判明したため、被説明変数を「心理的抵抗感」「開示目的」とした分析では、こ

の説明変数を外すこととする。

　第3に、中小企業診断士や税理士のような中小企業に対する助言者のアドバイス力をファシリテーターの能力として設定した。

　第4に、先行研究で検証されている財務内容などを設定した。

　このような内部プロセスや外部プロセスが、どのような要因で心理的抵抗感に影響を及ぼすのかについては、以下仮説の設定で説明を行う。

　　(1) 心理的抵抗感（業績モニタリング資料）に影響を及ぼす要因
　多くの先行研究にて、金融機関が企業に対して行うモニタリングを取り上げている。そのなかでも、代表的研究であるAoki（1994）によると、メインバンクによるモニタリングは、事前、中間、事後の3段階に分けることができると主張している。

　「事前的モニタリング」は、企業によって提案された投資計画の評価と選別であり、逆選択や調整の失敗を防ぐために有効であるとされる。「中間的モニタリング」は、資金が供給された後も経営者の行動や企業活動全般、特に資金の使途などを投資家が不断にチェックすることをいい、モラル・ハザード問題に対処するために必要となる。「事後的モニタリング」は、企業の投資活動の結果、すなわち、財務状況を識別し、財務困難な状況においては、企業の長期存在性についての判断を下して、匡正的ないしは懲罰的行動をとることである。事後的な結果に応じて、一定の行動をとることにコミットするということは、経営者の事前のインセンティブや中間段階の行動に影響する。ただし、このような3段階は、概念的なものであり、実際には、それらが分かちがたく結びついていると説明している。

　中小企業が、金融機関に対してモニタリング資料を開示することに対して心理的抵抗感を抱くためには、金融機関がモニタリングを増加させることと、モニタリングの増加に対して抵抗感を抱くことの両面があり、いずれかの変化が心理的抵抗感に影響を及ぼすと考えられる。前者については、事前的モニタリングの主な役割である逆選択の増加要因、中間的なモニタリングの主な役割であるモラル・ハザードの増加要因を検討する必要がある。また、後者については、金融機関がモニタリング時に行う、経営へのアドバイスや経営介入について、どのような感情を抱くのかを考える。

第6章　企業の内部プロセスと外部プロセスが心理的抵抗感および情報開示目的に及ぼす影響

　第1に企業の内部プロセスの観点である。まず、経営者が自由な発想で積極的にリスクをとる姿勢については、金融機関にとって、不確実性を増加させる要因となるため、事前的モニタリングが増加する。また、過大投資の要因となるのではないかと推測されるため、中間的モニタリングも増加する。同時にこのような経営者は、金融機関が経営介入していると感じ、その結果束縛されたくない、という感情を抱くため、モニタリングの増加に対して抵抗感を抱くであろう。

　次に、組織が小さいといった中小企業の特徴は、金融機関の情報の非対称性を小さくするため、事前的モニタリングは減少すると考えられる。中間的モニタリングについては、特に影響を及ぼさない。その一方で、経営介入に対して嫌がる感情の一つとして、アドバイスを受けても、柔軟に戦略や経営の方向性を転換できないといったものが考えられる。このような観点では、柔軟な組織特性を持つ企業は、金融機関のアドバイスなどに、的確に対応することが可能であるため、モニタリングについても抵抗感を減少させる役割を持つと考えられる。

　経営品質が高い企業については、金融機関にとって、不確実性が増大するかどうかは明らかではないため、事前的モニタリングの変化も予想が難しい。すなわち、経営品質が高まり、企業の経営が金融機関の過去の審査体験を超えることにより、モニタリングが増大する可能性がある。その一方で、企業の全体最適を確認することで、金融機関が、いわば安心する可能性もあり、その場合のモニタリングは増大しないであろう。中間モニタリングについては、特に影響を及ぼさない。また、このような企業の経営者がモニタリングに対して抵抗感を抱くかについては、どちらともいえないだろう

　持続可能性志向は、金融機関にとって、不確実性が増大するかどうかは明らかではないため、事前モニタリングの変化の予想は難しい。一方、モラル・ハザードは抑制されると考えられるため、中間モニタリングは減少する。また、このような企業は、金融機関のアドバイスなどを中小企業に対する配慮と受け取るため、モニタリングについても抵抗感を減少させる役割を持つと考えられる。

　第2に外部プロセスである金融機関の観点である。金融機関組織や担当者が、積極的に中小企業に対応しようとするとともに、中小企業の信頼を得よ

うとする姿勢は、情報の非対称性を縮小すると考えられるため事前モニタリングや中間的モニタリングは減少する。その一方で、このような対応は、直接中小企業を訪問し、事業についてのヒアリング等を行う頻度を増やすため、事前および中間的モニタリングを増加させる。よって、モニタリングの増加については予想が難しい。その一方で、このような金融機関の姿勢は、中小企業の経営をサポートするといった、前向きな姿勢を表すため、中小企業が抱きがちな経営介入という消極的な感情を和らげる役割があると思われる。

第3にファシリテーターの能力については、中小企業と金融機関との間に存在する情報の非対称性を縮小すると思われるため、金融機関による事前的・中間的モニタリングが減少する。また、中小企業の抱きがちな経営介入という消極的な感情を和らげる役割もあると思われる。

第4に企業の財務内容や企業属性の観点である。財務の観点では、金融機関のモニタリングを増加させる要因と思われるモラル・ハザードと関係した指標に加えて債務償還を困難にさせる指標を検証する。

以上4つの仮説を整理すると、以下の仮説1-1〜1-4となる。外部プロセスについては、第4章の検証結果を考慮し、第4章の仮説から変更している。

仮説1-1　企業の内部プロセスについては、企業家の特性（経営者）が高まるほど心理的抵抗感は高くなる。企業家の特性（組織特性）やサスティナビリティ（持続可能性）志向が高まるほど、心理的抵抗感は低くなる。経営品質はどちらとも言えない。

仮説1-2　企業の外部プロセスについては、金融機関の組織や担当者の外部対応力が高まり、担当者の信頼感が高まるほど中小企業の心理的抵抗感は低くなる。

仮説1-3　ファシリテーターの能力が高まるほど、中小企業の心理的抵抗感は低くなる。

仮説1-4　財務内容や企業属性については、モラル・ハザードに関連した指標が高くなるほど心理的抵抗感が高まる。同様に債務償還の困難性に関連した指標が高くなるほど心理的抵抗感が高まる。

第6章　企業の内部プロセスと外部プロセスが心理的抵抗感および情報開示目的に及ぼす影響

（2）心理的抵抗感（経営資源資料）に影響を及ぼす要因

　経営資源資料は、業績モニタリング資料のような金融機関の働きかけから生じる心理的抵抗感とは異なると思われる。すなわち、経営資源資料は、本来金融機関に対して開示しない、中小企業経営者のプライベートな情報であったり、企業の強みであったりする。よって、情報を開示することにより生じる心理的抵抗感は、中小企業経営者のプライバシーや企業の強みを見られる不快や不安によって引き起こされると推測される。

　本来、金融機関に対して開示を行わない資料を開示することに伴う心理的抵抗感に影響を及ぼす要因しては、パーソナリティなど多くの要因が考えられるが、本研究においては、企業の経営資源を開示することにより生じるcompetitive costに注目する。competitive costは、情報開示により、競合他社に自社の競争優位性を知られ、模倣されることにより生じる。

　第1に企業の内部プロセスの観点である。中小企業の観点からは、competitive costを増大する要因は考えにくい。その一方で、抵抗感を抱く感情については次の2点が考えられる。まずは、業績モニタリング資料と同様に金融機関の経営介入を嫌がるであろう経営者の姿勢が増加するほど、心理的抵抗感も大きくなると考えられる。その一方で、他者への不信感を下げるであろう社会性に注目し、このような要素が、開示に対する心理的抵抗感を下げることから、抵抗感を抑制する持続可能性の役割に焦点を当てる。

　第2に外部プロセスの観点である。中小企業が感じるであろう心理的抵抗感を軽減する金融機関の対応としては、金融機関担当者が信頼感を得る姿勢に注目する。金融機関担当者が、中小企業に対して、対等に話し合うといった信頼を積み上げるプロセスが、competitive costを減少させると思われる。すなわち、信頼感を高める姿勢が企業の強みのような情報を、他者に漏らしたりしないといった安心感につながるであろう。

　第3にファシリテーターの能力は、competitive costの削減にはあまり影響がないと思われるが、企業の感情を和らげることは可能であろう。

　第4に財務内容や企業属性の観点である。competitive costが生じると思われる情報については、Prencipe（2004）やDepoers（2000）などの研究をもとにcompetitive costの代理変数について検証を行う。

　以上4つの仮説を整理すると、以下の仮説2-1～2-4となる。

第3節　心理的抵抗感に対する影響要因の検証

> 仮説 2-1　企業の内部プロセスについては、企業家の特性（経営者）が高まるほど心理的抵抗感が高まる。また、持続可能性志向が高まるほど、心理的抵抗感は低くなる。
> 仮説 2-2　企業の外部プロセスについては、担当者が信頼感を積み上げることにより、心理的抵抗感が低くなる。
> 仮説 2-3　ファシリテーターの能力が高まると、心理的抵抗感が低くなる。
> 仮説 2-4　一部の資料については、competitive cost が高まるであろう財務内容や企業属性が高まると、心理的抵抗感も高くなる。

(3) 心理的抵抗感（社内体制資料）に影響を及ぼす要因

社内体制資料は、金融機関にとって、逆選択やモラル・ハザードのようなリスクを軽減させる体制を中小企業が構築しているかどうかを確認する資料である。社内体制資料の開示により生じる心理的抵抗感は、資料を適正に整えることに対しての抵抗感であり、先行研究では、preparing cost に該当すると推測される。

第1に企業の内部プロセスの観点である。まず、preparing cost の増加に関係する要因として、経営品質を取り上げる。経営のバランスや全体最適の概念を取り入れた経営品質の高まりは、オーナーのワンマン経営から組織的な管理への移行など経営管理に重点を置くようになるため、preparing cost の減少につながると考えられる。

また、心理的抵抗感の感情については、金融機関の経営介入を嫌がるであろう経営者の姿勢が増加するほど、心理的抵抗感も大きくなると考えられる。その一方で、持続可能性志向が高まるほど心理的抵抗感は低くなる。

第2に外部プロセスの観点である。金融機関担当者が、中小企業に対して、対等に話し合うなどといった信頼を積み上げるプロセスが、心理的抵抗感を軽減すると思われる。

第3にファシリテーターの能力については、両方の影響が考えられる。まず、ファシリテーターの能力が高まることにより、社内体制や資料整備の要求水準が高まり、結果として preparing cost の増大を生むことである。反対に、金融機関に開示することを嫌がる感情を抑えることも考えられる。

第 4 に財務内容や企業属性の観点である。この観点では、Singhvi and Desai（1971）などの研究をもとに preparing cost の代理変数について検証を行う。

　以上 4 つの仮説を整理すると、以下の仮 3-1 〜 3-4 となる。

仮説 3-1	企業の内部プロセスについては、企業家の特性（経営者）が高まるほど心理的抵抗感が高まる。また、経営品質が高まるほど、持続可能性志向が高まるほど、心理的抵抗感は低くなる。
仮説 3-2	企業の外部プロセスについては、担当者が信頼感を積み上げることにより、心理的抵抗感が低くなる。
仮説 3-3	ファシリテーターの能力は、両方の影響が考えられる。
仮説 3-4	preparing cost が高まるであろう財務内容や企業属性が高まると、心理的抵抗感も高くなる。

　以下図表 6-3-2-1 は、課題 1 の仮説を一覧にしたものである。

第3節　心理的抵抗感に対する影響要因の検証

図表 6-3-2-1 課題1仮説一覧

		被説明変数		
		業績モニタリング資料	経営資源資料	社内体制資料
		仮説 (1-1 ～ 1-4)	仮説 (2-1 ～ 2-4)	仮説 (3-1 ～ 3-4)
企業の 内部プロセス	企業家の特性 (経営者)	＋	＋	＋
	企業家の特性 (組織特性)	－		
	経営品質	両方の側面あり		－
	持続可能性志向	－	－	－
企業の 外部プロセス	金融機関の姿勢 (外部対応力)	－		
	現担当者 (仕事に対する姿勢)			
	過去担当者 (仕事に対する姿勢)	－		
	担当者の信頼感	－	－	－
ファシリテーター	ファシリテーターの能力	－	－	両方の側面あり
財務数値	前期売上高(対数)		－	
	前期経常利益(対数)			
	当期の成長性	－		
財務指標	ROA		＋	
	売上高経常利益率		＋	
	レバレッジ	＋		
	流動比率			
	自己資本比率	－		
	債務償還年数	＋		
	固定資産比率		－	
その他の企業属性	社歴(対数)			－
	副業種有無		＋	＋
	連帯保証有無	－		

3　データの抽出

検証にあたり、被説明変数である、心理的抵抗感の3因子(「業績モニタ

第6章　企業の内部プロセスと外部プロセスが心理的抵抗感および情報開示目的に及ぼす影響

リング資料」因子、「経営資源資料」因子、「社内体制資料」因子）および、説明変数である企業の内部プロセス、外部プロセスの尺度を設定する必要がある。以下①で被説明変数を、②から④で説明変数である内部プロセス、⑤から⑦で説明変数である外部プロセスを記載する。また、内部プロセスと外部プロセスをつなぐファシリテーターを⑧で、財務内容や企業属性について⑨で説明する。

①情報開示の心理的抵抗感について

　第5章で抽出した「業績モニタリング資料」「経営資源資料」「社内体制資料」の因子を活用する（図表5-3-1-8 ～ 9）。

②企業家の特性（経営者、組織特性）

　清成ら（1996）は、企業家を市場機会に敏感に反応し、意思決定を行う事業家が企業家であるとし、中小企業の戦略的経営として、小さいがゆえに、弱点もあるがむしろ特有の優位性を活かすことで存在し、成長しようとする組織の事例を述べている。この事例をもとに、自社についてどのように考えているのか9つの質問項目を尋ね、その上で因子分析を行った。負荷量の数値が小さいものがあったため、再度7つの質問項目につき因子分析を行い、2つの因子を抽出した。第1の因子は「企業家の特性（経営者）」、第2の因子は「企業家の特性（組織特性）」と解釈された（Cronbachの信頼性 0.763、0.645）。[44]

図表 6-3-3-1　企業家の特性（検証的因子分析）

質問番号	質問項目内容	N	平均値	S.D
Ⅱ（12）①	社長自ら顧客と直接接触したり、見聞する機会が多く、市場の機微がよくわかる	281	4.171	0.974
Ⅱ（12）②	組織がまとまりやすく、市場に対応しやすい	281	3.751	0.863
Ⅱ（12）③	既得権益が少ないので、思い切ったことができる	281	3.637	1.009
Ⅱ（12）④	個性的なアイディアや技術にこだわる経営姿勢である	281	3.790	0.965
Ⅱ（12）⑤	自社資源が少ないので、いかに活用するかが重要	281	3.683	0.987
Ⅱ（12）⑥	従業員の自由な発想を取り入れている	281	3.491	0.858
Ⅱ（12）⑦	経営者が自由な発想で経営を行っている	281	3.829	0.894
Ⅱ（12）⑧	リスクに、かかんに挑戦している	281	3.448	0.977
Ⅱ（12）⑨	環境の変化については、チャンスだと考えている	281	3.893	0.923

第3節　心理的抵抗感に対する影響要因の検証

			各因子の負荷量	
			因子1	因子2
質問番号		変数	企業家の特性 （経営者）	企業家の特性 （組織特性）
Ⅱ (12) ⑦		経営者が自由な発想で経営を行っている	0.736	0.291
Ⅱ (12) ⑧		リスクに、かかんに挑戦している	0.710	0.171
Ⅱ (12) ⑨		環境の変化については、チャンスだと考えている	0.523	0.215
Ⅱ (12) ④		個性的なアイディアや技術にこだわる経営姿勢である	0.515	0.388
Ⅱ (12) ②		組織がまとまりやすく、市場に対応しやすい	0.145	0.701
Ⅱ (12) ③		既得権益が少ないので、思い切ったことができる	0.270	0.582
Ⅱ (12) ⑥		従業員の自由な発想を取り入れている	0.315	0.440
	固有値		3.162	1.009
	累積説明率		45.167	59.574
	Cronbach の α 係数		0.763 (N:287)	0.645 (N:286)

因子抽出法：主因子法
回転法：Kaiser の正規化を伴うバリマックス法

③経営品質

　日本経営品質賞委員会（2009）は「日本経営品質賞」（Japan Quality Award: 以下 JQA）基準書を出しており、経営品質をアセスメントする基準を8つのカテゴリーに分けている。各カテゴリーから9つの質問項目を抽出し、この9つの質問項目につき主成分分析を行った。因子を抽出したところ、1つの因子を採択し「経営品質」と解釈された（Cronbach の信頼性 0.882）。

第6章　企業の内部プロセスと外部プロセスが心理的抵抗感および情報開示目的に及ぼす影響

図表 6-3-3-2 経営品質（探索的因子分析）

質問番号	項目内容	N	平均値	S.D
Ⅱ（13）①	企業の理想的な姿を描き、挑戦的な目標を明示し、部下との共通の価値観を高めている	283	3.72	0.93
Ⅱ（13）②	顧客の視点に立って考え、市場も含めた情報収集を行っている	283	3.94	0.72
Ⅱ（13）③	目標に対する課題を明確にして、実現性の高い戦略を策定している	283	3.61	0.88
Ⅱ（13）④	計画的に従業員の養成を行い、組織が環境に対して柔軟に対応できる体制を作っている	283	3.30	0.92
Ⅱ（13）⑤	顧客ニーズに的確な対応をし、常に新たな商品やサービスを提供するしくみ（企画・開発や生産・提供など）を、作っている	283	3.51	0.90
Ⅱ（13）⑥	顧客ニーズに的確な対応をし、常に新たな製品やサービスを提供するしくみ（企画・開発や生産・提供など）を、積極的に顧客との連携やビジネスパートナーとの連携を通して、作っている。	283	3.48	0.90
Ⅱ（13）⑦	経営に必要な情報の収集・管理をし、またそれに基づいた検証や管理、意思決定を行っている	283	3.55	0.88
Ⅱ（13）⑧	常に結果を検証して、次に活かす風土づくりを心掛けている	283	3.44	0.88
Ⅱ（13）⑨	社会性と高い倫理観をもち、オープンに振る舞い、隠し事をしない	283	3.83	0.83

第3節　心理的抵抗感に対する影響要因の検証

質問番号	変数	各因子の負荷量
		因子1
		経営品質
Ⅱ (13) ⑦	経営に必要な情報の収集・管理をし、またそれに基づいた検証や管理、意思決定を行っている	0.781
Ⅱ (13) ⑧	常に結果を検証して、次に活かす風土づくりを心掛けている	0.753
Ⅱ (13) ⑥	顧客ニーズに的確な対応をし、常に新たな製品やサービスを提供するしくみ（企画・開発や生産・提供など）を、積極的に顧客との連携やビジネスパートナーとの連携を通して、作っている。	0.739
Ⅱ (13) ⑤	顧客ニーズに的確な対応をし、常に新たな商品やサービスを提供するしくみ（企画・開発や生産・提供など）を、作っている	0.734
Ⅱ (13) ②	顧客の視点に立って考え、市場も含めた情報収集を行っている	0.724
Ⅱ (13) ①	企業の理想的な姿を描き、挑戦的な目標を明示し、部下との共通の価値観を高めている	0.723
Ⅱ (13) ③	目標に対する課題を明確にして、実現性の高い戦略を策定している	0.680
Ⅱ (13) ⑨	社会性と高い倫理観をもち、オープンに振る舞い、隠し事をしない	0.659
Ⅱ (13) ④	計画的に従業員の養成を行い、組織が環境に対して柔軟に対応できる体制を作っている	0.656
固有値		4.638
累積説明率		51.536
Cronbachのα係数		0.882

因子抽出法：主成分分析

④持続可能性志向

　Savitz（2008）では、企業のサスティナビリティに対する努力を計測、監視、報告する国際的な主要規格として、GRI指標を取り上げている。この指標は、1997年に「環境に責任を持つ経済のための連合（CERES）」が考案した。現在のGRI指標には146の指標があり、環境、社会、経済のどれかに分類される。この指標をもとに、4つの質問項目につき主成分分析を行った。因子を抽出したところ、1つの因子を採択し「持続可能性志向」と解釈された（Cronbachの信頼性0.801）。

図表 6-3-3-3 持続可能性志向（探索的因子分析）

質問番号	項目内容	N	平均値	S.D
Ⅱ（14）①	支払先や従業員への給料支払いを、適切な水準にて行っている	287	4.16	0.82
Ⅱ（14）②	自社だけではなく、関係者の利益も十分考慮し、地域に対する寄付や貢献等を行っている	287	3.69	0.93
Ⅱ（14）③	環境への配慮をしている	287	3.82	0.89
Ⅱ（14）④	従業員の労働条件・雇用形態・安全衛生を配慮している	287	4.02	0.74

質問番号	変数	各因子の負荷量 因子1 持続可能性志向
Ⅱ（14）①	支払先や従業員への給料支払いを、適切な水準にて行っている	0.785
Ⅱ（14）②	自社だけではなく、関係者の利益も十分考慮し、地域に対する寄付や貢献等を行っている	0.830
Ⅱ（14）③	環境への配慮をしている	0.738
Ⅱ（14）④	従業員の労働条件・雇用形態・安全衛生を配慮している	0.812
	固有値	2.510
	累積説明率	62.741
	Cronbach の α 係数	0.801

因子抽出法：主成分分析

⑤金融機関の姿勢（外部対応力）

　第5章で抽出したうち、第2の因子である「金融機関の姿勢（外部対応力）」を活用する（図表5-3-2-3 ～ 4）。

⑥現在のおよび過去の担当者の姿勢

　第5章で抽出した「現担当者（仕事に対する姿勢）」、「過去担当者（仕事に対する姿勢）」の因子を活用する（図表5-3-2-7 ～ 8）。

⑦担当者の信頼感

　第5章で抽出した「担当者の信頼感」の因子を活用する（図表5-3-2-9）。

⑧ファシリテーターの能力

　第5章で抽出した「ファシリテーターの能力」の因子を活用する（図表5-3-2-5）。

⑨財務内容や企業属性について

　財務内容については、実数を記載してもらった指標と、業界平均を参考情報として質問調査票に記載した上で、業界平均に対しての高低を「非常に悪

第3節　心理的抵抗感に対する影響要因の検証

い1」「やや悪い2」「ほぼ平均並み3」「やや良い4」「非常に良い5」いずれか1つに○をつける5段階リッカート尺度で評価を求めた指標がある（図表6-3-3-4）。

　実数については、規模変数として前期売上高、利益変数として、前期経常利益額を記載してもらった。業界平均に対しての高低は、収益性、安全性の財務分析指標について記載してもらった。収益性指標として、ROA、売上高経常利益率を、安全性指標として、レバレッジ、流動比率、自己資本比率、債務償還年数、固定資産比率を記載してもらった。なお、成長性指標については、当期の成長性について上昇見込みか下降見込みかを記載してもらった。また、その他の企業内容として、創業年数、副業種の有無、社長が会社の債務に対して連帯保証人になっているかどうかを記載してもらった（図表6-3-3-5）。

図表6-3-3-4　財務内容

Ⅰ（11）財務内容	1 非常に悪い		2 やや悪い		3 ほぼ平均並み		4 やや良い		5 非常に良い		合計	
	回答数	構成比	回答数	構成比	回答数	構成比	回答数	構成比	回答数	構成比	回答数	平均
①ROA	86	31.9%	86	31.9%	48	17.8%	32	11.9%	18	6.7%	270	2.30
②売上高経常利益率	77	27.9%	94	34.1%	41	14.9%	45	16.3%	19	6.9%	276	2.40
③レバレッジ	66	25.0%	72	27.3%	50	18.9%	46	17.4%	30	11.4%	264	2.63
④流動比率	42	15.4%	81	29.7%	57	20.9%	56	20.5%	37	13.6%	273	2.87
⑤自己資本比率	58	20.9%	97	35.0%	40	14.4%	46	16.6%	36	13.0%	277	2.66
⑥債務償還年数	62	22.6%	85	31.0%	55	20.1%	41	15.0%	31	11.3%	274	2.61
⑦固定資産比率	36	13.1%	72	26.2%	69	25.1%	66	24.0%	32	11.6%	275	2.95
全体　平均値	61.00	22.4%	83.86	30.7%	51.43	18.9%	47.43	17.4%	29.00	10.6%	272.71	2.63

図表6-3-3-5　当期の成長性、連帯保証人の有無

当期の成長性	回答数	構成比	連帯保証人の有無	回答数	構成比
上昇	162	55.3%	はい	247	84.3%
下降	103	35.2%	いいえ	27	9.2%
無回答	28	9.6%	無回答	19	6.5%
合計	293	100.0%	合計	293	100.0%

　課題1の尺度としては、仮説1では、モラル・ハザードに関連した指標と

して、レバレッジ、自己資本比率、連帯保証の有無を、モニタリングに関連した指標として、成長性、ROA、売上高経常利益率、債務償還年数を設定する。仮説2ではcompetitive cost に関連した指標として、先行研究より前期売上高、ROA、売上高経常利益率、固定資産比率、副業種の有無を設定した。仮説3では、preparing cost に関連した指標として、やはり先行研究を基に前期売上高、社歴、ROA、売上高経常利益率、副業種の有無を設定した。

4　仮説の検証と結果

被説明変数を3つの心理的抵抗感因子(「業績モニタリング資料」因子、「経営資源資料」因子、「社内体制資料」因子)とし、説明変数を企業の内部プロセス、外部プロセスや財務内容などとした重回帰分析を行った。その結果が図表6-3-4-1である。

第3節　心理的抵抗感に対する影響要因の検証

図表6-3-4-1 重回帰分析結果（心理的抵抗感）

		業績モニタリング資料			経営資源資料			社内体制資料		
		β	事前予想	結果	β	事前予想	結果	β	事前予想	結果
企業の内部プロセス	企業家の特性（経営者）	-.103	正	×	-.435	正	×	.646**	正	○
	企業家の特性（組織特性）	-.998**	負	○	.429			-.493		
	経営品質	.549**	正・負	▲	-.256			.402	負	×
	持続可能性志向	-1.567**	負	○	.439	負	×	-1.085**	負	○
企業の外部プロセス	金融機関の姿勢（外部対応力）	-.218	負	×	.196			-.247		
	現担当者（仕事に対する姿勢）	-.221	負	×	.808*			-.191		
	過去担当者（仕事に対する姿勢）	-.469*	負	○	-.064			-.399		
	担当者の信頼感	1.465**	負	×（逆）	-.657	負	×	-.179	負	×
ファシリテーター	ファシリテーターの能力	-.206	負	×	-.143	負	×	.913**	正・負	▲
財務数値	前期売上高（対数）	.228			-.473	負	×	.557*	負	×（逆）
	前期経常利益額（対数）	.235			.267			.118		
	当期の成長性	.273	負	×	-.231			.615**		
財務指標	ROA	.010	負	×	-.018	正	×	.813**	負	×（逆）
	売上高経常利益率	-.059	負	×	-.148	正	×	-.356	負	×
	レバレッジ	.487	正		.440			.316		
	流動比率	-.261			.263			-.045		
	自己資本比率	-.135	負		-.055			-.507		
	債務償還年数	-.082	正		-.483			.116		
	固定資産比率	-.412			-.355	負	×	.374		
その他企業属性	社歴（対数）	-.931**			-.264			.604	負	×
	副業種有無	-.023			.497*	正	○	-.297	正	×
	連帯保証有無	-.547**	負	○	.410*			-.208		
	自由度調整済R2	.608			.329			.460		
	モデルの有意確率	.038**			.210			.110		
	N	32			32			32		

*$p<.1$　**$p<.05$

以下、仮説ごとに、検証から得られた結果について記載する。

（1）仮説1について

仮説1-1については、企業家の特性（組織特性）および持続可能性が、統計的に有意（$p<.05$）な負の値を示し、仮説は検証されたと考えられる。一方、企業家の特性（経営者）は負の値を示し、統計的に有意にならず、仮説は支持されなかった。経営品質は正の方向を示し、統計的に有意（$p<.1$）になった。

仮説1-2については、過去担当者（仕事に対する姿勢）が、統計的に有意（$p<.1$）な負の値を示した。また、金融機関の姿勢（外部対応力）や現担当者（仕事に対する姿勢）は負の値を示したものの統計的に有意にならなかった。よって、仮説は概ね支持されたと考えられる。担当者の信頼感が、統計的に有意（$p<.05$）な正の値を示し仮説とは逆になった。

仮説1-3については、負の方向を示したものの統計的には有意にならなかった。したがって、仮説は検証されなかったと考えられる。

仮説1-4については、モラル・ハザードを検証した社長個人の企業債務に対する連帯保証の有無が統計的に有意（$p<.05$）な負の値を示した。したがって、仮説は検証されたと考えられる。

重回帰分析の有意確率は0.038、自由度調整済$R2$が60.8％とモデルの適合性、説明力とも高い。分析の結果、業績モニタリング資料に対する心理的抵抗感に対しては、企業の内部プロセス、外部プロセス、企業属性が影響を及ぼすことが確認された。主として企業の内部プロセスである企業家の特性（組織特性）や持続可能性志向の高まりが心理的抵抗感を和らげる影響を持つことが検証された。外部プロセスについては、過去担当者（仕事に対する姿勢）の高まりが心理的抵抗感を和らげる影響を持つことが検証された。一方、担当者の信頼感の高まりは心理的抵抗感を強めていることが示された。企業属性については、社長が金融機関に対して連帯保証を差し入れていることや社歴の長さが、心理的抵抗感を和らげる影響を持つことが検証された。

（2）仮説2について

仮説2-1については、企業家の特性（経営者）は負、持続可能性志向は正の値を示した。したがって仮説は検証されなかったと考えられる。

仮説2-2については、担当者の信頼感が、負の方向を示したが統計的に有意にならず、仮説については弱い検証結果になった。また、現担当者（仕事

に対する姿勢）が、統計的に有意（p<.1）な正の値を示した。

仮説2-3については、負の方向をとったものの統計的には有意にならなかった。したがって仮説は検証されなかったと考えられる。

仮説2-4については、副業種の有無が、統計的に有意（p<.1）な正の値を示した。したがって、仮説は検証されたと考えられる。

重回帰分析の有意確率は0.210、自由度調整済R2が32.9％と説明力は低くないものの、モデルの適合率は低くなった。分析の結果、経営資源資料に対する心理的抵抗感に対しては、企業の外部プロセスや企業属性が影響を及ぼすことが確認された。

(3) 仮説3について

仮説3-1については、企業家の特性（経営者）が統計的に有意（p<.05）な正の値を示し、また、持続可能性志向が、統計的に有意（p<.05）な負の値を示した。したがって、仮説は検証されたと考えられる。一方、経営品質は正の値を示し、統計的にも有意にならなかった。

仮説3-2については、担当者の信頼感が負の方向であったものの統計的には有意にならなかった。したがって、仮説は検証されなかったと考えられる。

仮説3-3については、ファシリテーターの能力が統計的に有意（p<.05）な正の方向を示した。このことは、ファシリテーターの能力が高まると、社内体制や資料整備の要求水準が高まり、結果としてpreparing costの増大を生んでいるのではないかと推測される。

仮説3-4については、前期売上高が統計的に有意（p<.1）な正、ROAも統計的に有意（p<.05）な正の値を示したものの仮説とは逆の値であり、仮説は検証されなかったと考えられる。

重回帰分析の有意確率は0.110、自由度調整済R2が46.0％とモデルの適合率および説明力とも低くない数値が得られた。分析の結果、社内体制資料に対する心理的抵抗感に対しては、企業の内部プロセスが主に影響を及ぼし、その中でも企業家の特性（経営者）が高まると心理的抵抗感が高まり持続可能性志向が高まると、心理的抵抗感が和らぐことが検証された。

第6章　企業の内部プロセスと外部プロセスが心理的抵抗感および情報開示目的に及ぼす影響

第4節　情報開示の目的に対する影響要因の検証

　以下では、1項で被説明変数を設定し、2項で説明変数を設定するとともに仮説を順次述べていく。3項では重回帰分析を行うための被説明変数の尺度、4項ではデータの抽出および重回帰分析の結果を述べる。

1　被説明変数の設定

　課題2の被説明変数として設定する情報開示を行う目的を特定するために、前述の質問紙調査において、金融機関に対する開示目的をアンケート調査で行った。質問紙調査の回答から、強い意欲をもった目的として、資金調達目的、マネジメント支援目的を抽出した（図表5-3-1-4〜5）。また、第5章で、情報開示の積極性に対して、資金調達目的とマネジメント支援目的とは独立して、情報収集姿勢と金融機関の理解度が影響を及ぼしていることが明らかになった。よって、中小企業が金融機関の求めている情報についての知識を得ることにより、開示を促進させること（情報収集姿勢）（図表5-3-1-7）および自社や自社を取り巻く経営環境を理解して欲しいと志向すること（金融機関の理解度）（図表5-3-1-6）の2要素も加え、計4つの被説明変数を設定する。

2　説明変数および仮説の設定

　ここではまず、多くの先行研究で検証されているのと同様に財務内容や企業属性などの変数が4つの開示目的に対して影響を及ぼしているという仮説を検証する。併せて前節で検証した、企業の内部プロセスや外部プロセス、ファシリテーターの能力が、4つの開示目的に影響を及ぼしているのかを確認する。

　また、課題1では、被説明変数と全ての説明変数間の関係について仮説を設定したが、課題2では、最初に、以下（1）、（2）、（3）、（4）で、先行研究で検証されてきた財務内容や企業属性などが資金調達目的のような開示目的に対して影響を及ぼしているのか検証する。最後に（5）では、企業の内部プロセスなどが開示目的に対して影響を及ぼしていることを確認する。

第4節　情報開示の目的に対する影響要因の検証

(1) 仮説4：資金調達目的に影響を及ぼす財務内容や企業属性について

　Giner（1997）、Ferguson et al.（2002）、Ahmed and Courtis（1999）などの研究より、資金調達需要の代理変数である、規模、負債比率、成長性を設定する。

> 仮説4　企業規模が大きくなるほど、負債比率が大きくなるほど、また成長性が高まるほど資金調達に対する目的は高くなる。

(2) 仮説5：マネジメント支援目的に影響を及ぼす財務内容や企業属性について

　先行研究では、マネジメント支援目的を対象とした研究は見当たらない。本論では、独自の仮説として副業種の有無に注目する。すなわち、複数の事業を保有している企業が、単一の事業を営む企業に比べて、マネジメントが複雑になるため、金融機関からの支援を期待すると考えられる。

> 仮説5　複数の事業を営む企業がよりマネジメント支援への目的が高くなる。

(3) 仮説6：情報収集姿勢に影響を及ぼす財務内容や企業属性について

　先行研究では、情報収集姿勢を対象とした研究は見当たらない。本論では、マネジメント支援目的と同様に副業種の有無に注目する。すなわち複数の事業を保有している企業が、単一の事業を営む企業に比べて、情報収集に積極的ではないかと考えられる。

> 仮説6　複数の事業を営む企業がより情報収集姿勢は高まる。

(4) 仮説7：金融機関の理解度に影響を及ぼす財務内容や企業属性について

　金融機関の理解度については、中小企業と金融機関との間に存在する情報

の非対称性に注目する。すなわち、財務内容などが情報の非対称性の拡大に影響を及ぼすのかを検討する。先行研究では、情報の非対称性についての代理変数はCooke（1991）など数多くあり、企業規模や成長性、使用資産、副業種の有無を設定する。

仮説7　規模を表す財務数値や成長性が高くなるほど、複数の事業を営むほど金融機関の理解度が低くなる。また、固定資産の割合が大きい企業は金融機関の理解度が高くなる。

（5）仮説8：企業の内部プロセスや外部プロセス、ファシリテーターの能力が開示目的に及ぼす影響について

仮説8-1　企業の内部プロセスを構成する要素は、開示目的に影響を及ぼす。
仮説8-2　企業の外部プロセスを構成する要素は、開示目的に影響を及ぼす。
仮説8-3　ファシリテーターの能力は、開示目的に影響を及ぼす。

以下、図表6-4-2-1は、課題2の仮説を一覧にしたものである。

第4節　情報開示の目的に対する影響要因の検証

図表 6-4-2-1　課題 2 仮説一覧

		被説明変数			
		資金調達目的	マネジメント支援目的	情報収集姿勢	金融機関の理解度
		仮説（4）	仮説（5）	仮説（6）	仮説（7）
企業の内部プロセス	企業家の特性（経営者）	仮説（8-1）影響の確認			
	企業家の特性（組織特性）				
	経営品質				
	持続可能性志向				
企業の外部プロセス	金融機関の姿勢（外部対応力）	仮説（8-2）影響の確認			
	現担当者（仕事に対する姿勢）				
	過去担当者（仕事に対する姿勢）				
	担当者の信頼感				
ファシリテーター	ファシリテーターの能力	仮説（8-3）影響の確認			
財務数値	前期売上高（対数）	＋			－
	前期経常利益（対数）				
	当期の成長性	＋			
財務指標	ROA				
	売上高経常利益率				
	レバレッジ	＋			
	流動比率				
	自己資本比率	－			
	債務償還年数				
	固定資産比率				＋
その他の企業属性	社歴（対数）				
	副業種有無		＋	＋	－
	連帯保証有無				

3　尺度

検証にあたり、①から③で被説明変数である、4変数（資金調達目的、マネジメント支援目的、情報収集姿勢、金融機関の理解度）の測定方法を記載する。また、説明変数である財務内容や企業属性について④にて説明する。なお、説明変数である企業の内部プロセス、外部プロセスの尺度は前節と同じデータを用いる。

①資金調達目的、マネジメント支援目的

第5章で抽出した「資金調達目的」「マネジメント支援目的」の因子を活用する（Cronbachの信頼性 0.809,0.608）（図表5-3-1-4～5）。

②情報収集姿勢

第5章で抽出した「情報収集姿勢」の因子を活用する（Cronbachの信頼性 0.761）（図表5-3-1-7）。

③金融機関の理解度

第5章で抽出した「金融機関の理解度」の因子を活用する（Cronbachの信頼性 0.903）（図表5-3-1-6）。

④財務内容や企業属性について

課題2の尺度としては、仮説4で前期売上高、当期の成長性、レバレッジ、自己資本比率を、仮説5、仮説6で副業種の有無を、仮説7で前期売上高、当期の成長性、固定資産比率、副業種の有無を活用する。データは、前節と同様に質問紙調査によって回答を得られた内容を活用する。

4　データを用いた検証と結果

被説明変数を資金調達目的、マネジメント支援目的、情報収集姿勢、金融機関の理解度とし、説明変数を企業の内部プロセス、外部プロセスや財務内容や企業属性を課題1と同様の変数を投入し重回帰分析を行った。その結果が図表6-4-4-1である。

第4節 情報開示の目的に対する影響要因の検証

図表 6-4-4-1 重回帰分析結果（開示目的）

		資金調達目的 β	事前予想	結果	マネジメント支援目的 β	事前予想	結果	情報収集姿勢 β	事前予想	結果	金融機関の理解度 β	事前予想	結果
企業の内部プロセス	企業家の特性（経営者）	.026			.099			.187			−.127		
	企業家の特性（組織特性）	−.025			−.003			.081			−.017		
	経営品質	.108			−.071			.047			.076		
	持続可能性志向	.073			.237**		○	.005			.096		
企業の外部プロセス	金融機関の姿勢（外部対応力）	−.021			−.168			.011			.326**		○
	現担当者（仕事に対する姿勢）	.000			.216			.156			.167		
	過去担当者（仕事に対する姿勢）	.110			−.133			.056			−.042		
	担当者の信頼感	.336**		○	.295**		○	.073			.278**		○
ファシリテーター	ファシリテーターの能力	.092		×	.045		×	.099		×	.076		×
財務数値	前期売上高（対数）	.300**	正	○	−.026			.117			.105	負	×
	前期経常利益額（対数）	−.124			−.039			−.236*			−.075		
	当期の成長性	.156*	正	○	.004			−.152			.006	負	×
財務指標	ROA	.096			.038			.066			.119		
	売上高経常利益率	−.170			−.017			.128			−.194*		
	レバレッジ	.136	正	×	.104			−.118			.090		
	流動比率	−.077			.040			−.011			−.001		
	自己資本比率	−.271**	負	○	−.131			−.077			.028		
	債務償還年数	.047			.042			.049			.051		
	固定資産比率	−.051			−.149			.006			−.089	正	×
その他企業属性	社歴（対数）	.003			−.036			−.049			.118		
	副業種有無	−.119			.046	正	×	.126	正	×	−.038	負	×
	連帯保証有無	−.111			−.197**			.049			−.056		
	自由度調整済 R2	.318			.072			.056			.460		
	モデルの有意確率	.000**			.107			.171			.000**		
	N	129			130			124			129		

*p<.1 **p<.05

以下、仮説の設定の順に、検証から得られた結果について記載する。

（1）仮説4：資金調達目的に影響を及ぼす財務内容や企業属性について

　前期売上高（対数）が、統計的に有意（p＜.05）な正の値を示し、当期の成長性も（p＜.1）で統計的に有意な正の値を示した。また、自己資本比率は統計的に有意（p＜.05）な負の値を示した。レバレッジは正の値を示したものの統計的に有意にはならなかった。したがって仮説4は概ね支持されたと考えられる

（2）仮説5：マネジメント支援目的に影響を及ぼす財務内容や企業属性について

　副業種有無が、正の値を示したものの統計的には有意にならなかった。よって、仮説5は検証されなかったと考えられる。また、その他の要因としては社長個人が企業の債務について金融機関に対して連体保証している企業が負の影響を及ぼしていることが示された。

（3）仮説6：情報収集姿勢に影響を及ぼす財務内容や企業属性について

　副業種有無が、正の値を示したものの統計的には有意にならなかった。よって、仮説6は検証されなかったと考えられる。また、前期経常利益額が高くなると、情報収集姿勢が弱くなることが示された。

（4）仮説7：金融機関の理解度に影響を及ぼす財務内容や企業属性について

　前期売上高、当期の成長性が正、固定資産比率が負の値を示した。この結果は仮説7とは逆の方向であり、仮説は検証されなかったと考えられる。また、副業種の有無は、負の値を示したものの、統計的に有意にならなかったため、やはり仮説7は検証されなかったと考えられる。その他要因としては、売上高経常利益率が向上すると金融機関の理解度が低くなることが示された。

（5）仮説8：企業の内部プロセスや外部プロセス、ファシリテーターの能力が開示目的に及ぼす影響について

　仮説8-1については、企業内部プロセスを構成する要因のうち、持続可能性志向が、被説明変数であるマネジメント支援目的に対して、統計的に有意（p＜.05）な正の値を示した。企業の内部プロセスを構成するその他の要因は、被説明変数である4開示目的いずれも統計的に有意な影響を及ぼさなかった。

　仮説8-2については、企業外部プロセスを構成する要因のうち、金融機関の姿勢（外部対応力）が被説明変数である金融機関の理解度に対して統計的に有意（p＜.05）な正の値を示した。また、担当者の信頼感が、被説明変数である3つの開示目的（資金調達目的、マネジメント支援目的、金融機関の理解度）に統計的に有意（p＜.05）な正の値を示した。

　仮説8-3については、いずれの開示目的に対しても統計的に有意にならなかった。

第5節　考察

　第3節では、心理的抵抗感に対して、企業の内部プロセスや外部プロセス、ファシリテーター、または財務内容や企業属性が影響を及ぼしているのかを検証してきた。

　その結果、業績モニタリング資料については、企業の内部プロセス、外部プロセス、企業属性が影響を及ぼすことが確認された。主として企業の内部プロセスである企業家の特性（組織特性）や持続可能性志向が心理的抵抗感を和らげる影響を持つことが検証された。外部プロセスについては、過去担当者（仕事に対する姿勢）が心理的抵抗感を和らげる影響を持つことが検証された。財務内容については、経営者が金融機関に対して連帯保証を差し入れていることや社歴の長さが、心理的抵抗感を和らげる影響を持つことが検証された。

　経営資源資料については、主として、企業属性である、副業種がある企業のほうが、心理的抵抗感を高めることが検証された。また、社長の連帯保証の差し入れが心理的抵抗感を高めており、業績モニタリング資料とは逆の結

果を示した。

　社内体制資料については、企業の内部プロセスと財務内容が主に影響を及ぼしている。企業の内部プロセスについては、企業家の特性（経営者）が高まると心理的抵抗感が高まり持続可能性志向が高まると、心理的抵抗感が和らぐことが検証された。また、財務内容については、売上高、成長性、ROAが高まるほど心理的抵抗感を高めていることが示されている。このことは、仮説とは逆の結果になっている。おそらく、企業の規模や収益性が高まるにつれ、社内体制を整備する必要に迫られるが故に心理的抵抗感が高まっているのではないかと推測される。

　次に第4節では、情報開示の目的を4つの目的に分けて捉え、それぞれの目的に対して、同様のプロセスが影響を及ぼしているのかを検証、確認してきた。

　資金調達目的は、主として前期売上高や当期の成長性、自己資本比率といった財務内容が影響を及ぼしていると同時に、企業の外部プロセスである担当者の信頼感が影響を及ぼしていることが検証された。

　マネジメント支援目的については、主として企業の内部プロセスである持続可能性志向と外部プロセスである、担当者の信頼感が強い影響を及ぼしていることが検証された。

　情報収集姿勢については、統計的に有意な相関関係を検出できなかった。

　金融機関の理解度については、主として企業の外部プロセスである金融機関の姿勢（外部対応力）や担当者の信頼感が影響を及ぼしていることが検証された。

　その結果、企業の内部プロセスについては、持続可能性志向の高まりが、被説明変数であるマネジメント支援目的を高めることが検証された。企業の外部プロセスについては、金融機関の姿勢（外部対応力）が高まると、被説明変数である金融機関の理解度（金融機関から理解されていると認識する程度）が高まり、担当者の信頼感の高まりが、複数の目的（資金調達目的など）を高めていることが確認された。企業の外部プロセスを構成する担当者の信頼感の高まりは、心理的抵抗感も高めているとともに（第3節仮説1-2）情報開示の目的も高めている結果となった。

第5節　考察

　最後に、企業の内部プロセス、外部プロセスの視点で、得られたインプリケーションを述べる。

　企業の内部プロセスは、心理的抵抗感については、企業家の特性（経営者）が社内体制資料に対して統計的に有意（$p<.05$）な正の影響を及ぼし、企業家の特性（組織特性）が業績モニタリング資料に対して統計的に有意（$p<.05$）な負の影響を及ぼしている。また、持続可能性志向は、業績モニタリング資料、社内体制資いずれの資料に対しても統計的に有意（$p<.05$）な負の影響を及ぼしている。一方、情報開示の目的に対してはあまり大きな影響を及ぼしていないと思われる。持続可能性志向が、マネジメント支援に対して統計的に有意（$p<.05$）な正の影響を及ぼしている程度である。

　企業の外部プロセスは、心理的抵抗感については、担当者の信頼感が統計的に有意（$p<.05$）な正の影響を示した他は、過去担当者（仕事に対する姿勢）が統計的に有意（$p<.1$）な負の影響を、現担当者（仕事に対する姿勢）が統計的に有意（$p<.1$）な正の影響を及ぼしている。一方、情報開示の目的に対して、金融機関の姿勢（外部対応力）、担当者の信頼感が影響を及ぼしている。特に、担当者の信頼感は、金融機関の理解度、資金調達支援、マネジメント支援いずれも統計的に有意（$p<.05$）な正の影響を及ぼしている。この結果から、企業の内部プロセスは、心理的抵抗感に及ぼす影響が大きく、企業の外部プロセスは心理的抵抗感、開示目的いずれに対しても影響を及ぼすものの、やや開示目的に対して影響が大きいのではないかと推測される。

第6章　企業の内部プロセスと外部プロセスが心理的抵抗感および情報開示目的に及ぼす影響

図表 6-5-1-1 分析結果

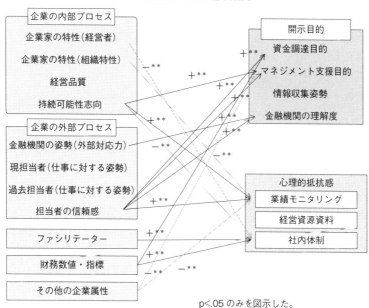

p<.05のみを図示した。
資金調達目的への財務数値・財務指標の影響は、
前期売上高・当期の成長性についてである。

44 第4章でも同様の因子を採択したが、調査対象データが異なるため、因子を構成する要素が異なる。区別するために、異なる因子名としている。

第7章　金融機関への接触に及ぼす作用因

第7章　金融機関への接触に及ぼす作用因

第1節　研究目的

　第5章、第6章での研究により、得られた知見について振り返ってみると、以下、3点に要約されるであろう。

　第1は、中小企業経営者の金融機関に対する情報開示の積極性と開示目的や心理的抵抗感との関係の検証を行った第5章で得られた知見である。

　多くの業績モニタリング資料では、開示目的である資金調達目的の高まりにより、情報開示に対する積極性が高まることが確認できた。また、開示に伴うコスト（proprietary cost）である心理的抵抗感が高まると、情報開示に対する積極性が低くなることが示された。

　経営資源資料については、開示情報によって開示を促進する目的が異なっていた。また、代表者確定申告や代表者個人の情報については心理的抵抗感が情報開示の積極性に対して負の影響を及ぼしていたことが確認できたが、同業他社比較、技術力・販売力のような企業の強み・弱みについての情報の開示に対しての影響は弱いことが示された。

　社内体制資料については、開示情報によって開示を促進する目的が異なっていた。また、知的財産権についての情報は心理的抵抗感が情報開示の積極性に対して負の影響を及ぼしていたことが確認できたが、中小企業会計の導入やISOの導入のような情報の開示に対しての影響は弱いことが示された。

　第2は、心理的抵抗感や開示目的を情報開示の積極性に影響を及ぼす媒介変数とした上で、中小企業の内部プロセスや金融機関などの外部プロセス、その橋渡しとなるファシリテーター、財務内容が心理的抵抗感に対して及ぼす影響について分析を行った第6章で得られた知見である。

　業績モニタリング資料についてはモデルの有意性、説明力とも高い結果となった。また、中小企業が柔軟な組織であることや持続可能性志向によって心理的抵抗感が軽減することが確認できた。また、経営者が金融機関に対して連帯保証をしていることも心理的抵抗感を和らげる影響になることが示された。ただし、金融機関担当者への信頼感の高まりは心理的抵抗感を強めることが示された。

　経営資源資料については説明力は低くないものの、モデルの有意性は低く

第1節　研究目的

なった。また、心理的抵抗感に対して強い影響を及ぼしている要因は多くなかった。

　社内体制資料についてはモデルの有意性、説明力とも低くない数値が得られた。積極的にリスクをとるような企業家の特性が高まりは心理的抵抗感に負の影響を及ぼすことが確認された。また持続可能性志向によって心理的抵抗感が軽減することが確認できた。当期の成長性やROAのような財務数値・財務指標が心理的抵抗感に影響を及ぼすことが示された。

　第3は、中小企業の内部プロセスや金融機関などの外部プロセス、その橋渡しとなるファシリテーター、財務内容が開示目的に対して及ぼす影響について分析し得られた知見である。

　資金調達目的についてはモデルの有意性、説明力とも高い結果となった。担当者の信頼感の高まりが資金調達目的に正の影響を及ぼしていること、前期売上高など財務数値・財務指標が資金調達目的に影響を及ぼしていることが確認できた。

　マネジメント支援目的についてはモデルの有意性は低くないものの、説明力は低い結果となった。持続可能性志向と担当者の信頼感の高まりがマネジメント支援目的に正の影響を及ぼしていることが確認できた。

　情報収集姿勢についてはモデルの有意性、説明力とも低い結果となり、情報収集姿勢に影響を及ぼしている要因も確認できなかった。

　金融機関の理解度についてはモデルの有意性、説明力とも高い結果となった。金融機関の姿勢（外部対応力）と担当者の信頼感の高まりが金融機関の理解度に正の影響を及ぼしていることが確認できた。

　上記の知見から推測すると、以下の3点が推測される。

　第1に業績モニタリング資料については、中小企業の柔軟な組織体制であることや持続可能性志向が心理的抵抗感を和らげ情報開示の積極性に正の影響を及ぼす。担当者の信頼感は、媒介変数である資金調達目的と心理的抵抗感の両方に正の影響を及ぼすため、情報開示の積極性に対しては相反する要因となっている。ただし、資金調達目的に対しては前期売上高など財務数値・財務指標が影響を及ぼしており、この影響は情報開示の積極性に正の影響を及ぼす。

　第2に経営資源資料については、第6章で検証の結果、モデルの説明力は

低くないものの有意性が低く心理的抵抗感に対して強い影響を及ぼしている要因は多くない。また開示を促進する目的は開示情報によって異なっているため経営資源資料の情報開示に対して影響を及ぼす特徴的な要因を見出すことはできなかった。

 第3に、社内体制資料については、開示情報によって開示する目的が違っていたり、心理的抵抗感が情報開示の積極性に対して及ぼす影響の強さも異なっているため、社内体制資料の情報開示に対して影響を及ぼす特徴的な要因を見出すことはできなかった。

 このように、中小企業経営者の情報開示に対する積極性や心理的抵抗感についての影響要因について検証を進めてきたが、そもそもリレーションシップ・レンディングは、中小企業と金融機関との長期間にわたる接触により、金融機関が定性的な情報を取得すること（Berger and V dell, 2002, 2003）を鑑みれば、中小企業が「情報」を積極的に開示することに加えて、「接触」を積極的に行うかどうかも重要な論点であると思われる。

 そこで、本章では、金融機関との接触に及ぼす作用因について検証を進めたい。まず、第5章と同様に、中小企業経営者の金融機関に対する接触の積極性と接触目的や心理的抵抗感との関係の検証を行う。検証にあたっては、情報開示の積極性と接触の積極性、情報開示の心理的抵抗感と接触の心理的抵抗感との違いについても確認する。次に、企業の内部プロセスおよび外部プロセスと接触の心理的抵抗感との関係を検証する。さらに、メインバンク担当者の役割に着目し、担当者の訪問頻度が、心理的抵抗感や接触目的に与える影響の程度を確認し、内部プロセスや外部プロセス、ファシリテーター、企業属性から心理的抵抗感・接触目的、接触の積極性に至るプロセスが、どのように変化するのかを統合的に検証していく。最後に、金融機関との接触に及ぼす作用因の分析をもとに、金融機関とのリレーションシップについて考察する。

第2節　課題

 課題1は、接触の積極性と接触目的および接触の心理的抵抗感との関係を

第2節　課題

検証するものである。第5章では、情報開示の積極性に対して影響を及ぼす要因としては、資金調達のような強い目的意識をもった要因や、情報開示の積極性を弱める要因として、情報開示に対する心理的抵抗感が影響を及ぼすのではないかとの仮説をもとに検証を行った。

接触に対する積極性についても、中小企業経営者が金融機関に対して積極的に接触を行うためには、情報開示の積極性と同様に、資金調達やマネジメント支援のような目的や、接触に対する心理的抵抗感が影響を及ぼしていると考えられる。そこで、同様の説明変数での影響を確認する。

課題2は、企業の内部プロセスおよび外部プロセスと接触の心理的抵抗感との関係を検証するものである。第6章では、情報開示の心理的抵抗感に対して影響を及ぼす要因としては、企業家の特性（経営者）、企業家の特性（組織特性）、持続可能性志向、担当者の信頼感などを確認した。そこで、同様の説明変数での影響を確認する。

図表 7-2-1-1 本章での考察

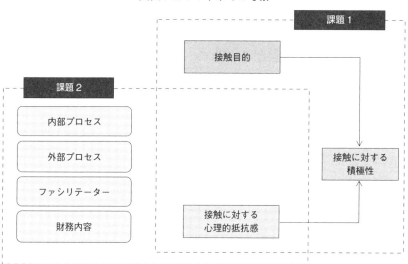

開示目的への内部プロセス、外部プロセスの影響については、第6章で検証した情報開示目的と接触に対する目的は同じと仮定して進める。

課題3は、金融機関担当者が中小企業を訪問する頻度により、接触の積極

性や接触の心理的抵抗感に与える影響の程度に違いが見られるのか、についての検証である。金融機関担当者の訪問頻度が高い中小企業者は、より接触回数も密度も高くなる。このことは中小企業側の観点での積極性（自主的な接触）にどのような影響を与えるのか、訪問頻度が高まることで積極的な接触にマイナスの影響があるのであればその要因についても検証したい。

なお、本章では、接触をより厳密に検証するため、複数の変数（狭義、広義）を設定する。狭義の接触は実際に中小企業経営者が金融機関担当者と接触することである。広義の接触には狭義の接触に加えて、金融機関にさまざまな口座を開設することを含める。

第3節　研究方法

第7章でも、第5章、第6章で実施した調査内容の回答データにて分析を実施する（図表5-3-1-1）。

第4節　検証確認と結果

1　課題1について

（1）課題1の尺度

①で被説明変数である接触の積極性を、②〜⑤で説明変数である開示目的および心理的抵抗感の尺度設定について記載する。

① 接触の積極性

狭義の接触については、金融機関に対して積極的に接触しているかどうか、「よく当てはまる」から「全くあてはまらない」までの5段階リッカート尺度で評価を求めた。

広義の接触については、売上代金入金口座、決済口座、代表者資産口座、代表者家族口座、関係会社資産口座の5口座に対して積極性の強さを、「よ

く当てはまる」から「全くあてはまらない」までの5段階リッカート尺度で評価を求めた。その上で、狭義の接触である「金融機関との接触」変数を加えた6変数で探索的因子分析を行った。その結果、1つの因子は「企業の口座開設」を抽出した。また、2つ目の因子「代表者等の口座開設」を抽出した。（Cronbachの信頼性0.859, 0.872）（図表7-4-1-1）

図表 7-4-1-1 接触の積極性（探索的因子分析）

質問番号	項目内容	N	平均値	S.D
Ⅵ（21）①	貴社の売上代金入金口座の開設	211	3.92	1.09
Ⅵ（21）②	貴社の決済口座の開設	211	3.94	1.11
Ⅵ（21）③	代表者の資産を預金するための口座開設	211	3.33	1.21
Ⅵ（21）④	代表者の家族の資産を預金するための口座開設	211	3.10	1.27
Ⅵ（21）⑤	関係会社の主な資産を預金するための口座開設	211	3.06	1.29
Ⅵ（21）⑥	金融機関との接触	211	3.67	1.11

		各因子の負荷量	
		因子1	因子2
質問番号	変数	企業の口座開設（積極性）	代表者等の口座開設（積極性）
Ⅵ（21）②	貴社の決済口座の開設	0.962	0.235
Ⅵ（21）①	貴社の売上代金入金口座の開設	0.877	0.271
Ⅵ（21）⑥	金融機関との接触	0.584	0.264
Ⅵ（21）④	代表者の家族の資産を預金するための口座開設	0.216	0.926
Ⅵ（21）③	代表者の資産を預金するための口座開設	0.330	0.844
Ⅵ（21）⑤	関係会社の主な資産を預金するための口座開設	0.238	0.656
	固有値	3.693	1.169
	累積説明率	61.548	81.035
	Cronbachのα係数	0.859 (N:230)	0.872 (N:243)

因子抽出法：主因子法
回転法：Kaiserの正規化を伴うバリマックス法

② 接触の目的

第5章で確認した「資金調達目的」「マネジメント支援目的」の因子を活用する（図表5-4-1-3～4）。

第7章　金融機関への接触に及ぼす作用因

③　情報収集
　第5章で確認した「情報収集姿勢」の因子を活用する（図表5-4-1-6）。
④　金融機関の理解度
　第5章で確認した「金融機関の理解度」の因子を活用する（図表5-4-1-5）。
⑤　接触の心理的抵抗感
　狭義の接触については、金融機関への接触に対して抵抗感（ためらい）の強さを、「よく当てはまる」から「全くあてはまらない」までの5段階リッカート尺度で評価を求めた。
　広義の接触については、売上代金入金口座、決済口座、代表者資産口座、代表者家族口座、関係会社資産口座の5口座に対して抵抗感（ためらい）の強さを、「よく当てはまる」から「全くあてはまらない」までの5段階リッカート尺度で評価を求めた。その上で、狭義の接触である「金融機関との接触」変数を加えた6変数で探索的因子分析を行った。その結果、1つの因子は「企業の口座開設」を抽出した。また、2つ目の因子「代表者等の口座開設」を抽出した。（Cronbachの信頼性 0.902, 0.891）（図表7-4-1-2）

図表7-4-1-2 接触の心理的抵抗感（探索的因子分析）

質問番号	項目内容	N	平均値	S.D
Ⅵ（21）①	貴社の売上代金入金口座の開設	168	2.07	1.06
Ⅵ（21）②	貴社の決済口座の開設	168	2.02	1.03
Ⅵ（21）③	代表者の資産を預金するための口座開設	168	2.48	1.06
Ⅵ（21）④	代表者の家族の資産を預金するための口座開設	168	2.70	1.22
Ⅵ（21）⑤	関係会社の主な資産を預金するための口座開設	168	2.55	1.17
Ⅵ（21）⑥	金融機関との接触	168	2.23	1.03

		各因子の負荷量	
		因子1	因子2
質問番号	変数	企業の口座開設（心理的抵抗感）	代表者等の口座開設（心理的抵抗感）
Ⅵ（21）②	貴社の決済口座の開設	0.944	0.237
Ⅵ（21）①	貴社の売上代金入金口座の開設	0.840	0.309
Ⅵ（21）⑥	金融機関との接触	0.703	0.256
Ⅵ（21）④	代表者の家族の資産を預金するための口座開設	0.200	0.960
Ⅵ（21）⑤	関係会社の主な資産を預金するための口座開設	0.271	0.789
Ⅵ（21）③	代表者の資産を預金するための口座開設	0.482	0.733

固有値	3.991	1.117
累積説明率	66.516	85.141
Cronbach の α 係数	0.902 (N:175)	0.891 (N:192)

因子抽出法：主因子法

回転法：Kaiser の正規化を伴うバリマックス法

(2) 課題1の検証

被説明変数を狭義の接触の積極性、広義の接触の「企業の口座開設」の積極性、広義の接触の「代表者等の口座開設」の積極性とし、全ての説明変数を投入し、重回帰分析を行った（図表7-4-1-3）。

図表7-4-1-3 重回帰分析（接触の積極性）

被説明変数 (接触の積極性)		狭義の接触	広義の接触	
			企業の口座開設	代表者等の口座開設
		β	β	β
接触目的	資金調達目的	.204**	.128	.052
	マネジメント支援目的	.007	−.078	.108
	金融機関の理解度	.167**	.114	−.045
	情報収集姿勢	.097	.078	.067
接触の心理的抵抗感		−.284**	−.352**	−.304**
自由度調整済R2		.229**	.179**	.082**
N		156	147	147

*p<.1 **p<.05

(3) 結果

(2) の課題1の検証より、狭義の接触については、資金調達目的および金融機関の理解度で統計的に有意（p<.05）な正の回帰係数が得られた。接触の心理的抵抗感については、推測通り、統計的に有意（p<.05）な負の回帰係数が得られた。第5章で検証した情報開示の積極性を被説明変数とした分析では「決算書」が、資金調達目的が正、金融機関の理解度が正、心理的

抵抗感が負の回帰係数を示していたため、ほぼ同じ方向を示していると考えられる。

　広義の接触については、接触の心理的抵抗感のみ統計的に有意（p＜.05）な負の回帰係数が得られた。開示目的を表す変数が影響を及ぼさないとの観点からは、「関係会社決算書」とほぼ同じ方向を示していると考えられる。

2　課題2について

　課題2では、企業の内部プロセスと外部プロセスと接触の心理的抵抗感との関係を検証する。第6章では、企業の内部プロセスと外部プロセスと情報開示の心理的抵抗感を既に検証している。そこで、第6章の検証結果を踏まえて、企業の内部プロセスと外部プロセスと接触の心理的抵抗感の検証をすすめたい。

　（1）課題2の尺度
　①で被説明変数である接触に対する心理的抵抗感を、②から④で説明変数である内部プロセスを、⑤から⑦で説明変数である外部プロセスを記載する。また、⑧でファシリテーターの能力を⑨で財務内容や企業属性について記載する。

①　接触に対する心理的抵抗感
　1項（2）相関分析の尺度で確認した狭義の接触の心理的抵抗感の数値および、広義の接触の心理的抵抗感の「企業の口座開設」「代表者等の口座開設」因子を活用する（図表7-4-1-1）。
②　企業家の特性（経営者の特性）
　第6章で確認した「企業家の特性（経営者）」「企業家の特性（組織特性）」の因子を活用する（図表6-3-3-1）
③　経営品質
　第6章で抽出した「経営品質」の因子を活用する（図表6-3-3-2）。
④　持続可能性志向
　第6章で抽出した「持続可能性志向」の因子を活用する（図表6-3-3-3）。

⑤　金融機関の姿勢（外部対応力）
　第5章で抽出したうち、第2の因子である「金融機関の姿勢（外部対応力）」を活用する（図表5-3-2-3～4）。
⑥　現在および過去担当者の姿勢
　第5章で抽出した「現担当者（仕事に対する姿勢）」、「過去担当者（仕事に対する姿勢）」の因子を活用する（図表5-3-2-7～8）。
⑦　担当者の信頼感
　第5章で抽出した「担当者の信頼感」の因子を活用する（図表5-3-2-9）。
⑧　ファシリテーターの能力
　第5章で抽出した「ファシリテーターの能力」の因子を活用する（図表5-3-2-5）。
⑨　財務内容や企業属性について
　第6章で確認した財務内容や企業内容を活用する（図表6-3-3-4～5）。

　（2）課題2の検証
　被説明変数を狭義の接触の心理的抵抗感、広義の接触の「企業の口座開設」の心理的抵抗感、広義の接触の「代表者等の口座開設」の心理的抵抗感とし、全ての説明変数を投入し重回帰分析を行った。上記を要約したのが、図表7-4-2-1である。

図表 7-4-2-1 重回帰分析（接触に対する心理的抵抗感）

被説明変数 （心理的抵抗感）		狭義の接触	広義の接触	
			企業の 口座開設	代表者等の 口座開設
		β	β	β
企業の 内部プロセス	企業家の特性（経営者）	.061	.198	.194
	企業家の特性（組織特性）	-.379**	-.312**	-.210
	経営品質	.144	.146	-.154
	持続可能性志向	.033	-.090	-.227
企業の 外部プロセス	金融機関の姿勢（外部対応力）	.262	.213	-.051
	現担当者（仕事に対する姿勢）	-.200	-.225	.206
	過去担当者（仕事に対する姿勢）	.193	.296	.330*
	担当者の信頼感	-.185	-.247	-.046
ファシリテーター	ファシリテーターの能力	-.281**	.035	.030
財務数値	前期売上高（対数）	-.196	-.149	.095
	前期経常利益額（対数）	.034	-.073	-.055
	当期の成長性	-.001	.063	-.029
財務指標	ROA	-.070	.176	-.122
	売上高経常利益率	.007	.023	.303
	レバレッジ	-.054	.023	-.014
	流動比率	-.218	-.178	-.232
	自己資本比率	.040	.174	.079
	債務償還年数	.181	.099	.202
	固定資産比率	-.038	-.011	.184
その他 企業属性	社歴（対数）	-.013	.153	-.250*
	副業種有無	-.002	.009	.052
	連帯保証有無	.097	.146	.094
自由度調整済 R2		.047	.028	.055
N		87	78	78

*p<.1 **p<.05

(3) 結果

狭義の接触では、企業家の特性（組織特性）およびファシリテーターの能力について、統計的に有意（p<.05）な負の回帰係数を示し、また、それ以外の変数については、統計的に有意（p<.05）な回帰係数は得られなかった。

第4節　検証確認と結果

　第6章での検証作業では、業績モニタリング資料を被説明変数とした分析で、企業家の特性（組織特性）が統計的に有意（$p<.05$）な負の回帰係数を示しており、狭義の接触と業績モニタリング資料に対する心理的抵抗感については、何らかの共通する心理的特性を持つと推測される。

　広義の接触の「企業の口座開設」では、重回帰分析をした結果、企業家の特性（組織特性）について、統計的に有意（$p<.05$）な負の回帰係数を示した。また、それ以外の変数については、統計的に有意（$p<.05$）な回帰係数は得られなかった。

　広義の接触の「代表者等の口座開設」では、重回帰分析をした結果、統計的に有意（$p<.05$）な回帰係数は得られなかった。

　いずれのモデルでも、モデルの有意性や説明力が低く改善の余地があると思われる。

3　課題3について

　金融機関担当者が中小企業を訪問する頻度により、接触の積極性や心理的抵抗感に与える影響の程度に違いが見られるのか、についての検証である。

（1）検証方法

　すでに、課題1で接触の積極性と接触目的および接触の心理的抵抗感との関係、課題2で企業の内部プロセスおよび外部プロセスと接触の心理的抵抗感との関係について検証を行った。また、第6章で企業の内部プロセスおよび外部プロセスと接触目的との関係、について検証を進めてきた。

　課題3の検証にあたっては、サンプル群を金融機関担当者の訪問頻度の程度（全体、増加）を分割することで、訪問頻度の増加による影響を検証する。

（2）検証

　課題1、2と同様のモデルで重回帰分析を行った。課題1の分析結果に対して、訪問頻度が増加した分析を追加したものが図表7-4-3-1である。また、課題2の分析結果に対して、訪問頻度が増加した分析を追加したものが図表7-4-3-2である。

　さらに、第6章で検証した企業の内部プロセスおよび外部プロセスと接触

第7章　金融機関への接触に及ぼす作用因

目的との関係の分析結果に対して、「資金調達目的」「金融機関の理解度」を被説明変数とした場合に、訪問頻度が増加した分析を追加したものが図表7-4-3-3である。なお、第6章では被説明変数を「資金調達目的」、「マネジメント支援目的」、「情報収集姿勢」、「金融機関の理解度」の4変数としたが、「マネジメント支援目的」および「情報収集姿勢」は課題1での検証を行った結果、統計的に有意にならなかったため分析から外した。

図表7-4-3-1 重回帰分析（接触に対する積極性：担当者の訪問頻度による検証）

被説明変数 （積極性）	狭義の接触		広義の接触			
			企業の 口座開設		代表者等の 口座開設	
	全体	増加	全体	増加	全体	増加
	β	β	β	β	β	β
資金調達目的	.204**	.219**	.128	.163	.052	.089
マネジメント支援目的	.007	-.129	-.078	-.188	.108	.149
金融機関の理解度	.167**	.342**	.114	.208*	-.045	.029
情報収集姿勢	.097	-.004	.078	.050	.067	-.040
心理的抵抗感	-.284**	-.297**	-.352**	-.178	-.304**	-.264**
自由度調整済 R2	.229**	.318**	.179**	.092**	.082**	.055
N	156	85	147	79	147	79

*p<.1　**p<.05

図表7-4-3-2 重回帰分析(接触に対する心理的抵抗感:担当者の訪問頻度による検証)

被説明変数 (心理的抵抗感)		狭義の接触		広義の接触			
				企業の 口座開設		代表者等の 口座開設	
		全体	増加	全体	増加	全体	増加
		β	β	β	β	β	β
企業の 内部プロセス	企業家の特性(経営者)	.061	-.258	.198	-.117	.194	-.004
	企業家の特性 (組織特性)	-.379**	-.646**	-.312**	-.709**	-.210	-.494*
	経営品質	.144	-.047	.146	.254	-.154	-.082
	持続可能性志向	.033	.154	-.090	.011	-.227	-.493
企業の 外部プロセス	金融機関の姿勢 (外部対応力)	.262	.709**	.213	.393	-.051	.101
	現担当者 (仕事に対する姿勢)	-.200	-.280	-.225	-.082	.206	.171
	過去担当者 (仕事に対する姿勢)	.193	-.151	.296	-.017	.330*	.723**
	担当者の信頼感	-.185	-.114	-.247	.045	-.046	.135
ファシリ テーター	ファシリテーターの能力	-.281**	-.175	.035	-.168	.030	.085
財務数値	前期売上高(対数)	-.196	-.172	-.149	-.401	.095	.039
	前期経常利益率(対数)	.034	.011	-.073	.109	-.055	-.075
	当期の成長性	-.001	.009	.063	.195	-.029	-.143
財務指標	ROA	-.070	-.380	.176	.094	-.122	.108
	売上高経常利益率	.007	-.005	.023	-.319	.303	-.323
	レバレッジ	-.054	.211	.023	.155	-.014	.196
	流動比率	-.218	-.129	-.178	-.172	-.232	-.397
	自己資本比率	.040	-.413	.174	-.130	.079	.245
	債務償還年数	.181	.551*	.099	.389	.202	.112
	固定資産比率	-.038	-.048	-.011	-.049	.184	.105
その他 企業属性	社歴(対数)	-.013	.076	.153	.225	-.250*	-.282
	副業種有無	-.002	-.223	.009	-.146	.052	.201
	連帯保証有無	.097	.194	.146	.238	.094	.234
自由度調整済R2		.047	.094	.028	.124	.055	.157
N		87	48	78	43	78	43

*p < .1 **p < .05

第7章　金融機関への接触に及ぼす作用因

図表 7-4-3-3 重回帰分析（開示目的：担当者の訪問頻度による検証）

被説明変数		資金調達目的		金融機関の理解度	
		全体	増加	全体	増加
		β	β	β	β
企業の内部プロセス	企業家の特性（経営者）	.026	.119	−.127	−.074
	企業家の特性（組織特性）	−.025	.150	−.017	.128
	経営品質	.108	−.019	.076	.134
	持続可能性志向	.073	.055	.096	.055
企業の外部プロセス	金融機関の姿勢（外部対応力）	−.021	−.087	.326 **	.345 **
	現担当者（仕事に対する姿勢）	.000	.170	.167	−.037
	過去担当者（仕事に対する姿勢）	.110	.179	−.042	.155
	担当者の信頼感	.336 **	.137	.278 **	.238
ファシリテーター	ファシリテーターの能力	.092	.175	.076	.034
財務数値	前期売上高（対数）	.300 **	.284 *	.105	.119
	前期経常利益額（対数）	−.124	−.064	−.075	−.111
	当期の成長性	.156 *	.136	.006	−.020
財務指標	ROA	.096	.169	.119	.127
	売上高経常利益率	−.170	−.170	−.194 *	−.270
	レバレッジ	.136	.001	.090	.095
	流動比率	−.077	−.246 *	−.001	.051
	自己資本比率	−.271 **	−.099	.028	.050
	債務償還年数	.047	.003	.051	.044
	固定資産比率	−.051	−.046	−.089	−.103
その他企業属性	社歴（対数）	.003	−.073	.118	.049
	副業種有無	−.119	−.095	−.038	.026
	連帯保証有無	−.111	−.074	−.056	−.095
自由度調整済 R2		.318 **	.188 **	.460 **	.335 **
N		129	76	129	75

*p＜.1　**p＜.05

（3）結果

　まず、接触の積極性と接触目的および接触の心理的抵抗感との関係について確認する。担当者の訪問頻度が増加した企業を確認すると、狭義の接触では資金調達目的、金融機関の理解度で統計的に有意（p＜.05）な正の回帰係数、

心理的抵抗感で統計的に有意（p＜.05）な負の回帰係数を示した。回帰係数の値の変化は、資金調達目的と心理的抵抗感ではあまり大きくならなかった。その一方で、金融機関の理解度は 0.167 から 0.342 と大きく変化した。また、広義の接触のうち「企業の口座開設」では、心理的抵抗感で統計的に有意（p＜.05）な回帰係数を得られなかった。「代表者等の口座開設」については、心理的抵抗感で統計的に有意（p＜.05）な負の回帰係数を示し、また回帰係数の値は－0.304 から－0.264 と変化した。

　この結果から、金融機関の訪問頻度が増加したといっても、資金調達目的の及ぼす影響はさほど強くなるわけではない。その一方で、金融機関の理解度が及ぼす影響は大きい。このことは、金融機関担当者の訪問頻度を上げ、より中小企業に対する知識を増加させることで、中小企業の接触への積極性を高めるという循環を推測できる。また、広義の接触については、金融機関担当者の訪問頻度を上げることにより、心理的抵抗感が和らぐことが確認できた。このことは、訪問頻度の増加により、心理的抵抗感が和らぐ要因の存在があるのではないかと推測される。

　つぎに、企業の内部プロセスおよび外部プロセスと接触の心理的抵抗感との関係を確認する。担当者の訪問頻度が増加した企業を確認すると、狭義の接触では企業家の特性（組織特性）で統計的に有意（p＜.05）でかつ負の回帰係数を示した。また、広義の接触のうち「企業の口座開設」では、企業家の特性（組織特性）で統計的に有意（p＜.05）なより強い負の回帰係数を示した。ただし、モデルの有意性・説明力とも低く改善の余地があると思われる。

　さらに、企業の内部プロセスおよび外部プロセスと接触目的との関係について確認する。担当者の訪問頻度が増加した企業を確認すると、金融機関の理解度については、金融機関の姿勢（外部対応力）で統計的に有意（p＜.05）な正の回帰係数を示した。また回帰係数の値は 0.326 から 0.345 と変化した。資金調達目的では、統計的に有意（p＜.05）な回帰係数が得られなかった。

　第6章の検証結果では、担当者の信頼感が、資金調達目的、金融機関の理解度に与える影響が確認できたが、担当者の訪問頻度が増えると、影響の強さが弱くなることが確認された。

　これらの結果により、金融機関の姿勢（外部対応力）では、金融機関の理解度について、担当者の訪問頻度が増加したことで、やや強い回帰係数を示

し、影響が強まったといえる。このことは、金融機関担当者の訪問頻度を高めることにより、情報の非対称性が縮小し、金融機関自身のリスクをとる姿勢などがより強く媒介変数である金融機関の理解度に影響を及ぼすと推測される。すなわち、金融機関担当者の訪問頻度が増加し、金融機関の姿勢(外部対応力)が高まることで、金融機関の理解度が高まり、その結果、最終の被説明変数である接触の積極性に影響を及ぼすのではないかと思われる。

4　追加的検証

(1) 検証

課題3で、訪問頻度が増加した場合について検証を進めた。追加的検証として、課題1の接触の積極性と接触目的および接触の心理的抵抗感との関係、第6章で企業の内部プロセスおよび外部プロセスと接触目的との関係について、訪問頻度が減少した場合の検証を進める(図表7-4-4-1〜2)。

図表7-4-4-1 重回帰分析(接触に対する積極性:担当者の訪問頻度が減少した場合)

被説明変数 (積極性)	狭義の接触		広義の接触			
			企業の 口座開設		代表者等の 口座開設	
	全体	減少	全体	減少	全体	減少
	β	β	β	β	β	β
資金調達目的	.204**	.199	.128	.125	.052	.003
マネジメント支援目的	.007	.117	－.078	－.015	.108	.161
金融機関の理解度	.167**	－.019	.114	－.007	－.045	－.225*
情報収集姿勢	.097	.295**	.078	.081	.067	.129
心理的抵抗感	－.284**	－.315**	－.352**	－.594**	－.304**	－.459**
自由度調整済R2	.229**	.252**	.179**	.350**	.082**	.151**
N	156	62	147	60	147	60

*p＜.1　**p＜.05

図表 7-4-4-2 重回帰分析（開示目的：担当者の訪問頻度が減少した場合）

被説明変数		資金調達目的		金融機関の理解度	
		全体	減少	全体	減少
		β	β	β	β
企業の内部プロセス	企業家の特性（経営者）	.026	－.365	－.127	.193
	企業家の特性（組織特性）	－.025	－.438**	－.017	.074
	経営品質	.108	.588*	.076	－.464
	持続可能性志向	.073	.154	.096	.318
企業の外部プロセス	金融機関の姿勢（外部対応力）	－.021	.342	.326**	.063
	現担当者（仕事に対する姿勢）	.000	－.484*	.167	.206
	過去担当者（仕事に対する姿勢）	.110	－.140	－.042	－.088
	担当者の信頼感	.336**	.484**	.278**	.570**
ファシリテーター	ファシリテーターの能力	.092	－.072	.076	－.253
財務数値	前期売上高（対数）	.300**	.377**	.105	.255
	前期経常利益額（対数）	－.124	－.201	－.075	.160
	当期の成長性	.156*	.183	.006	.171
財務指標	ROA	.096	－.029	.119	.115
	売上高経常利益率	－.170	－.217	－.194*	－.171
	レバレッジ	.136	.342	.090	－.190
	流動比率	－.077	.164	－.001	－.144
	自己資本比率	－.271**	－.644**	.028	.248
	債務償還年数	.047	－.086	.051	.249
	固定資産比率	－.051	－.117	－.089	－.007
その他企業属性	社歴（対数）	.003	－.298	.118	.148
	副業種有無	－.119	－.265*	－.038	.044
	連帯保証有無	－.111	－.201	－.056	.049
自由度調整済 R2		.318**	.487**	.460**	.371**
N		129	45	129	46

* $p<.1$ ** $p<.05$

（2）結果

まず、接触の積極性と接触目的および接触の心理的抵抗感との関係について確認する。担当者の訪問頻度が減少した企業を確認すると、狭義の接触、広義の接触の「企業の口座開設」「代表者等の口座開設」のいずれも、心理

的抵抗感で統計的に有意（p＜.05）なより強い負の回帰係数を示した。回帰係数の値は、狭義の接触では−0.284から−0.315、企業の口座開設では−0.352から−0.594、代表者等の口座開設では−0.304から−0.459となった。

次に、企業の内部プロセスおよび外部プロセスと接触目的との関係について確認する。担当者の訪問頻度が減少した企業を確認すると、資金調達目的および金融機関の理解度について、担当者の信頼感で統計的に有意（p＜.05）なより大きい正の回帰係数を示したことが確認できた（回帰係数の値は、資金調達目的は0.336から0.484、金融機関の理解度は0.278から0.570となった）。このことは、担当者の訪問頻度が減少すると、担当者の信頼感が、資金調達目的および金融機関の理解度に対する影響が大きくなることであり、ややもすると多忙のあまり、顧客企業への訪問頻度が低下しているメインバンク担当者にとっては、なによりも顧客企業との信頼関係を醸成しておくことがリレーションシップの維持につながると思われる。

第5節　考察

本章において、中小企業経営者が金融機関への情報開示を積極的に行うにあたりさまざまな影響要因が見られることと同様に金融機関に対する接触についても企業の内部プロセスおよび外部プロセスの影響を受けているのではないか、という問題意識から実証的な研究を行った。また、その影響を及ぼす程度は、金融機関担当者が中小企業を訪問する頻度により違いが生じるのではないかと推測し、その要因についても検証を進めた。

課題1での接触の積極性と接触目的および接触の心理的抵抗感の検証では、狭義の接触については、資金調達目的や金融機関の理解度が高まるほど接触の積極性が高まること、接触の心理的抵抗感が高まるほど接触の積極性が低くなることが確認できた。この結果は、第5章の分析を確認すると、「決算書」と同様の傾向を示した。広義の接触については、4つの接触目的についての変数は統計的に有意な回帰係数が得られず、接触の心理的抵抗感が高まるほど接触の積極性が低くなることが確認できた。この結果は、第5章の分析を確認すると、「関係会社決算書」と同様の傾向を示した。これらから、

情報開示の積極性と接触の積極性、情報開示の心理的抵抗感と接触の心理的抵抗感では、一部の情報開示の資料と同様の分析結果を示したことが確認できた。

課題2での企業の内部プロセスと外部プロセスと接触の心理的抵抗感との検証では、狭義の接触については、企業家の特性（組織特性）が高まることや、ファシリテーターの能力が高まることで、接触の心理的抵抗感が和らぐことが示された。また、この結果は、第6章の分析を確認すると、「業績モニタリング資料」と同様の傾向ではないかと推測される。ただし、モデルの有意性・説明力ともに低く改善の余地があると思われる。

課題3での金融機関担当者が中小企業を訪問する頻度による接触の積極性や接触の心理的抵抗感に与える影響の程度の検証では、重回帰分析の結果、接触の積極性に及ぼす影響については、金融機関担当者の訪問頻度が増加すると金融機関への理解度が高まることで接触の積極性が高まること、金融機関担当者の訪問頻度が減少すると接触の心理的抵抗感が高まることが確認できた。外部プロセスと接触目的の関係については、「金融機関の姿勢」では、金融機関の訪問頻度が増加すると、金融機関の理解度に対して、やや強い影響を及ぼすことが確認できた。また、金融機関担当者の訪問頻度が減少すると、「担当者の信頼感」が資金調達目的および金融機関の理解度に及ぼす影響が大きくなることが確認できた。

これらから、金融機関担当者の訪問頻度が増加することにより、①中小企業に対する知識を増加させることで中小企業の接触への積極性を高めるという循環があるのではないか、②広義の接触について心理的抵抗感が和らぐ要因の存在があるのではないか、③情報の非対称性が縮小し、金融機関自身のリスクをとる姿勢などがより強く媒介変数である金融機関の理解度に影響を及ぼすのではないか、と推測される。

また、金融機関担当者の訪問頻度が減少することにより、担当者の信頼感が資金調達目的および金融機関の理解度に及ぼす影響が大きいため、中小企業との信頼関係の構築が重要だと示唆されていると考えられる。

また、今後の課題としては、全てのモデルで調整済みR^2が小さく、被説明変数に対して、説明変数とは異なった要因が大きく影響していることが考えられる。よって、全体を統合するモデルとしては、やや弱いのではないか

と思われる。また、分析手法が主として、重回帰分析を用いているが、単純なパスで分析できるかについて再度検討する必要があると考えられる。これらについては、今後の課題としたい。

参考文献

【1】天野倫文（2003）「中小企業とイノベーション」（財団法人中小企業総合研究機構編『日本の中小企業研究 1990-1999』同友館），389-416.

【2】由里宗之（2003）『リレーションシップ・バンキング入門』金融財政事情研究会.

【3】有田辰男（2003）「本質論的研究」（財団法人中小企業総合研究機構編『日本の中小企業研究 1990-1999』同友館），1-23.

【4】家森信善（2007）「リレーションシップバンキング機能は強化されたか？－関西地域企業アンケートに基づく分析－」（筒井義郎・植村修一編『リレーションシップバンキングと地域金融』日本経済新聞出版社），47-80.

【5】一般財団法人商工総合研究所（2009）『中小企業の金融取引に関するアンケート調査』

【6】今井賢一・村上泰亮・筑井甚吉編（1969）「情報と技術の経済分析」『日本経済研究センター研究報告 24 号』

【7】内田浩史（2007）「リレーションシップバンキングの経済学」（筒井義郎・植村修一編『リレーションシップバンキングと地域金融』日本経済新聞出版社），13-46.

【8】海野素央（2004）『異文化コラボレーターの仕事　合併はなぜうまくいかないのか』中央経済社，7-38.

【9】岡室博之（2003）「零細企業・小規模企業」（財団法人中小企業総合研究機構編『日本の中小企業研究 1990-1999』同友館），531-551.

【10】加納正二（2007）「リレーションシップバンキングはどのような場合に中断されるのか－関西経済における実証分析」（筒井義郎・植村修一編『リレーションシップバンキングと地域金融』日本経済新聞出版社），101-123.

【11】清成忠男・田中利見・港徹雄（1996）『中小企業論』有斐閣.

【12】金融審議会金融分科会第二部会（2003）『リレーションシップバンキングの機能強化に向けて』金融庁.

【13】金融審議会金融分科会第二部会（2007）『地域密着型金融の取組みについての評価と今後の対応について　－地域の情報集積を活用した持続可

能なビジネスモデルの確立を−』金融庁.
- 【14】金融庁（2002）『金融再生プログラム』
- 【15】金融庁（2003）『リレーションシップバンキングの機能強化に関するアクションプログラム −中小・地域金融機関の不良債権問題の解決に向けた中小企業金融の再生と持続可能性（サステナビリティー）の確保−』
- 【16】金融庁（2004）『金融改革プログラム』
- 【17】金融庁（2004）『金融検査マニュアル別冊（中小企業融資編）』
- 【18】金融庁（2010）『金融資本市場及び金融産業の活性化等のためのアクションプラン −新成長戦略の実現に向けて−』
- 【19】金融庁（2011）『地域金融機関の地域密着型金融の取組み等に対する利用者等の評価に関するアンケート調査結果等の概要』
- 【20】金融庁（2013）『新規融資や経営改善・事業再生支援等における参考事例集』
- 【21】金融庁（2013）『地域金融機関の地域密着型金融の取組み等に対する利用者等の評価に関するアンケート調査結果等の概要』
- 【22】金融庁（2015）『地域密着型金融の機能強化の推進に関するアクションプログラム（平成17〜18年度）』
- 【23】金融庁（2011, 2012, 2013）『中小・地域金融機関向けの総合的な監督指針』
- 【24】工藤南海夫・藤井一郎（2007）『建設業の資金調達のすすめ方』大成出版社.
- 【25】黒瀬直宏（2012）『複眼的中小企業論 −中小企業は発展性と問題性の統一物−』同友館.
- 【26】経済産業省（2004）『知的財産情報開示指針』
- 【27】経済産業省（2005）『知的資産経営の開示ガイドライン』
- 【28】経済産業省（2008）『ソーシャルビジネス研究会報告書』
- 【29】経済産業省（2013）『地域金融機関と連携した知的資産経営の推進について』
- 【30】事業承継・第二創業研究会（2001）『事業体の継続・発展のために −中間報告−』，経済産業省中小企業庁.
- 【31】古賀智敏（2007）「知的資本情報と金融機関の融資決定有用性」（古賀智敏・榊原茂樹・與三野禎倫『知的資産ファイナンスの探求』中央経済

参考文献

社），197-216.
- 【32】古賀智敏・榊原茂樹・姚俊（2008）「知的資産情報と投資意思決定有用性：ファンドマネージャー対ベンチャーキャピタル」『国民経済雑誌』197(5), 1-13
- 【33】古賀智敏（2012）『知的資産の会計　改訂増補版－マネジメントと測定・開示』千倉書房.
- 【34】国際統合報告評議会（IIRC）（2013）『統合報告フレームワーク』
- 【35】粂野博行（2005）「中小企業のネットワーキング」（湖中齊・前田啓一・粂野博行『多様化する中小企業ネットワーク－事業連携と地域産業の再生』ナカニシヤ出版），40-43
- 【36】湖中齊（2005）「異業種交流と産学官連携による開発戦略」（湖中齊・前田啓一・粂野博行『多様化する中小企業ネットワーク－事業連携と地域産業の再生』ナカニシヤ出版），1-27.
- 【37】財団法人中小企業総合研究機構編（2003）『日本の中小企業研究 1990-1999』同友館.
- 【38】財団法人中小企業総合研究機構編（2013）『日本の中小企業研究 2000-2009』同友館.
- 【39】財務省（2002, 2012）『法人企業統計調査　時系列データ』
- 【40】榊原茂樹・與三野禎倫・Bo, Hansson（2005）「株式価値評価における知的資本の重要性：証券アナリストのパーセプション」『国民経済雑誌』191(5), 1-19.
- 【41】坂本孝司（2008）『「中小会計要領」対応版　会計で会社を強くする』TKC出版.
- 【42】参議院（2008）『立法と調査』No.287, 41.
- 【43】J.A. シュンペーター（1998）『企業家とは何か』清成忠男編訳, 東洋経済新報社.
- 【44】須田一幸・首藤昭信・太田浩司（2004）「ディスクロージャーが株主資本コストに及ぼす影響」（須田一幸編著『ディスクロージャーの戦略と効果』森山書店），9-43.
- 【45】須田一幸（2000）『財務会計の機能　理論と実証』白桃書房.
- 【46】髙橋德行（2013）「小企業」（財団法人中小企業総合研究機構編『日本

の中小企業研究 2000-2009』同友館),501-519.
【47】 高橋美樹(2013)「中小企業とイノベーション」(財団法人中小企業総合研究機構編『日本の中小企業研究 2000-2009』同友館),373-391.
【48】 中小企業基盤整備機構(2007)『中小企業のための知的資産経営マニュアル』
【49】 中小企業基盤整備機構(2008)『中小企業のための知的資産経営実践の指針』
【50】 中小企業庁(1994.12)『海外事業活動実態調査』
【51】 中小企業庁(1997.12)『海外企業国際化実態調査』
【52】 中小企業庁(2002)『中小企業の会計に関する研究会報告書』
【53】 中小企業庁(2003,2011)『中小企業実態基本調査』
【54】 中小企業庁(2005)『中小企業白書(2005 年版)』ぎょうせい,88-117.
【55】 中小企業庁(2006)『中小企業白書(2006 年版)』ぎょうせい,44-66.
【56】 中小企業庁(2008)『中小企業白書(2008 年版)』ぎょうせい,163-187.
【57】 中小企業庁(2012)『中小企業の会計に関する基本要領』
【58】 中小企業庁『中小企業白書(1994 年版〜2014 年版)』ぎょうせい
【59】 寺岡寛(2013)「中小企業とグローバリゼーション」(財団法人中小企業総合研究機構編『日本の中小企業研究 2000-2009』同友館),301-323.
【60】 戸田俊彦(2003)「中小企業とライフサイクル」(財団法人中小企業総合研究機構編『日本の中小企業研究 1990-1999』同友館),351-373.
【61】 中村中(2003)『中小企業経営者のための格付けアップ作戦「金融検査マニュアル別冊」完全準拠』TKC 出版.
【62】 中村中(2004)『中小企業経営者のための金融検査マニュアル別冊(中小企業融資編)のすべて』TKC 出版.
【63】 中山健(2001)『中小企業のネットワーク戦略』同友館,36-41.
【64】 西田直樹(2013)「中小企業金融円滑化法の期限到来に当たって講ずる総合的な対策」TKC5,484,24-31.
【65】 日本銀行(1983 - 2012)『全国企業短期経済観測調査(短観)』
【66】 日本銀行(2000 - 2013)『主要銀行貸出動向アンケート調査』
【67】 日本経営品質賞委員会(2009)『2009 年度版日本経営品質賞アセスメ

ント基準書』

- 【68】日本税理士会連合会・日本公認会計士協会・日本商工会議所・企業会計基準委員会（2005）『中小企業の会計に関する指針』
- 【69】日向野幹也（1986）『金融機関の審査能力』東京大学出版会.
- 【70】廣住亮（2003）「中小企業金融とリレーションシップバンキング - 欧米主要国の事例との比較 -」『金融調査情報』15 － 3 号
- 【71】藤井一郎（2009）「中小企業の金融機関に対する心理的抵抗感について－フィールドワークを通じた質的研究－」『東京国際大学論叢集 79』93-104.
- 【72】藤井一郎（2010）「中小企業の金融機関に対する情報開示に影響を及ぼす要因について－心理的抵抗感の軽減および積極的な情報開示への影響－」『日本経営診断学会論集 10』121-127.
- 【73】藤井一郎（2011）「中小企業の金融機関への接触に与える目的および心理的抵抗感について」『経営会計研究第 15 号』（経営会計学会），51-63.
- 【74】藤井　郎（2012）「リレーションシップバンキングの推進が情報開示の積極性に与える影響－開示的、心理的抵抗感及び開示の積極性によるモデル構築」『日本経営診断学会第 44 回全国大会予稿集』, 192-195.
- 【75】藤井一郎（2012）「リレーションシップバンキングの推進が情報開示の積極性に与える影響－開示的、心理的抵抗感及び開示の積極性によるモデル構築」『日本経営診断学会論集 12』, 70-77
- 【76】藤井一郎（2013）「経営革新企業の金融機関に対する抵抗感について」『日本経営診断学会論集 13』44–49.
- 【77】藤井一郎（2013）「中小企業の内部プロセスや外部プロセスが、金融機関に対する心理的抵抗感および情報開示目的に及ぼす影響について」『証券経済学会年報 第 48 号』95-110.
- 【78】堀潔（2013）「中小企業と社会的責任」（財団法人中小企業総合研究機構編『日本の中小企業研究 2000-2009』同友館），239-256.
- 【79】益田安良（2006）『中小企業金融のマクロ経済分析 －健全化へ向けた経済政策と金融システム』中央経済社.
- 【80】松永宣明（2003）「中小企業とグローバリゼーション」（財団法人中小企業総合研究機構編『日本の中小企業研究 1990-1999』同友館），325-

349.

【81】三井逸友（2013）「理論・本質論的研究」（財団法人中小企業総合研究機構編『日本の中小企業研究2000-2009』同友館），3-26.

【82】村上泰亮（1969）「情報概念と経済分析」『日本経済研究センター研究報告24号』

【83】村本孜（2010）『リレーションシップバンキングと知的資産』金融財政事情研究会.

【84】森信親（2013）「金融検査の見直しの真意」『週刊金融財政事情』（2013.10.21），10-15.

【85】安田武彦（2013）「中小企業のライフサイクル」（財団法人中小企業総合研究機構編『日本の中小企業研究2000-2009』同友館），325-346.

【86】藪下史郎（1995）『金融システムと情報の理論』東京大学出版会.

【87】山中宏（1997）『メインバンクの審査機能』税務経理協会.

【88】Aboody, D., R. Kasznik (2000) CEO Stock Option Awards and the Timing of Corporate Voluntary Disclosures, *Journal of Accounting and Economics*, vol. 29, 72-100

【89】Abowd, J. M. (1990) Does Performance?-Based Managerial Compensation Affect Corporate Performance, *Industrial and Labor Relations Review*, vol. 43, 52-73.

【90】Ahmed, K., J. K. Courtis (1999) Associations between Corporate Characteristics and Disclosure Levels in Annual Reports: A Meta-Analysis, *The British Accounting Review*, vol. 31, no. 1, 35-61.

【91】Anthony Saunders (2001) *Credit Risk Measurement : New Approaches to Value at Risk and Other Paradigms*. （森平爽一郎監訳『信用リスクの測定方法の全て VARへの新しいアプローチ』金融財政事情研究会，2001）.

【92】Aoki, M., H. Patrick (1994) *The Japanese Main Bank System - Its Relevance for Developing and Transforming Economies*, Oxford University Press.（白鳥正喜監訳『日本のメインバンク・システム』東洋経済新報社，1996）.

【93】Archambault, J. J., M. E. Archambault (2003) A Multinational Test of Determinants of Corporate Disclosure, *The International Journal of Accounting*, vol. 38, no. 2, 173-194.

【94】 Baker, M., W. B. McFarkand (1968) *External Reporting for Segments of A Business*, New York, NAA.

【95】 Berger, A. N., G. F. Udell (1995) Relationship Lending and Lines of Credit in Small Firm Finance, *Journal of Business*, vol. 68, 3-351.

【96】 Berger, A. N., G. F.Udell (1998) The Economics of Small Business Finance: The Roles of Private Equity and Debt Markets in the Financial Growth Cycle, *Journal of Banking and Finance*, vol. 22, 613-673.

【97】 Berger, A. N., G. F.Udell (2002) Small Business Credit Availability and Relationship Lending: The Importance of Bank Organisational Structure, *The Economic Journal*, vol. 112, no. 477, 32-53.

【98】 Berger, A. N., G. F.Udell (2003) *The future of Relationship Lending*, Quorum Books, 203-227.

【99】 Berger, A. N., N. H. Miller, M. A.Petersen, R.G. Rajan, J.C.Stein (2005) Does Function Follow Organizational Form? Evidence from the Lending Practices of Large and Small Banks, *Journal of Financial Economics*, Vol.75, no.4, 641-679.

【100】 Boot, A. W. A. (2000) Relationship Banking: What Do We Know, *Journal of Financial Intermediation*, vol. 9, no.1, 7-25.

【101】 Brennan, N. (1999) Voluntary Disclosure of Profit Forecasts by Target Companies in Takeover Bids, *Journal of Business Finance and Accounting*, vol. 26, 883-918.

【102】 Bruggen, A., P. Vergauwen., M. Dao. (2009) Determinants of Intellectual Capital Disclosure: Evidence from Australia, *Management Decision*, vol. 47, no. 2, 233-245.

【103】 Bujaki, M., B. J. McConomy (2002) Corporate Governance: Factors Influencing Voluntary Disclosure by Publicly Traded Canadian Firms, *Canadian Accounting Perspectives*, vol. 1, no. 2, 105-139.

【104】 Cahan, S. F., A Rahman., H. Perera (2005) Global Diversification and

Corporate Disclosure, *Journal of International Accounting Research*, vol. 4, no. 1, 73-93.

【105】 Cerbioni, F., A Parbonetti, (2007) Exploring the Effect of Corporate Governance on Intellectual Capital Disclosure: An Analysis of European Biotechnology Companies, *European Accounting Review*, vol.16, no.4, 791-826.

【106】 Chau, G. K., S. J. Gray (2002) Ownership Structure and Corporate Voluntary Disclosure in HongKong and Singapore, *The International Journal of Accounting*, vol. 37, no. 2, 247-265.

【107】 Chavent, M., Y Ding., L. Fu , H. Stolowy, H. Wang (2006) Disclosure and Determinants Studies:An Extension Using the Divisive Clustering Method (DIV), *European Accounting Review*, vol. 15, no. 2, 181-218.

【108】 Chow, C. W., A. Wong-Boren, (1987) Voluntary Financial Disclosure by Mexican Corporations, *The Accounting Review*, vol. 62, no. 3, 533-541.

【109】 Cole, C. (1990) MD&A Trends in Standard&Poor's Top 100 Companies, *Journal of Corporate Accounting and Finance*, vol. 2. Winter, 127-136.

【110】 Cooke, T. E. (1989a) Disclosure in the Corporate Annual Reports of Swedish Companies, *Accounting and Business Research*, vol. 19, no. 74, 113-124.

【111】 Cooke, T. E. (1989b) Voluntary Corporate Disclosure by Swedish Companies, *Journal of International Financial Management and Accounting*, vol. 1, no. 2, 171-195.

【112】 Cooke, T. E. (1991) An Assessment of Voluntary Disclosure in the Annual Reports of Japanese Corporations, *The International Journal of Accounting Education and Research*, vol. 26, no. 3, 174-189.

【113】 Darrough, M. N., N. M. Stoughton (1990) Financial Disclosure Policy in an Entry Game, *Journal of Accounting and Economics*, vol. 12, 219-243.

【114】 DeAngelo, H., L. DeAngelo, D. J. Skinner (1994) Accounting Choice in Troubled Companies, *Journal of Banking and Finance*, vol. 17, 113-143.

[115] Dechow, P., R. G. Sloan., A. P. Sweeney. (1996) Causes and Consequences of Earnings Manipulation: An Analysis of Firms Subject to Enforcement Actions by the SEC, *Contemporary Accounting Research*, vol. 13, no. 1, 1-36.

[116] DeFond, M. L., J. Jiambalvo (1994) Debt Covenant Violation and Manipulation of Accruals, *Journal of Accounting and Economics*, vol. 17, 145-176.

[117] Depoers, F. (2000) A Cost -Benefit Study of Voluntary Disclosure: Some Empirical Evidence from French Listed Companies, *The European Accounting Review*, vol. 9, no. 2, 245-263.

[118] Deppe, L., S. C. Omer (2000) Disclosing Disaggregated Information, *Journal of Accountancy*, vol. 190, no. 3, 47-52.

[119] Duke, J. C., H. G. Hunt (1990) An Empirical Examination of Debt Covenant Restriction and Accounting-Related Debt Proxies, *Journal of Accounting and Economics*, vol. 12, 45-63.

[120] Dye, R. A. (1986) Proprietary and Nonproprietary Disclosures, *Journal of Business*, vol. 59, no. 2, 331-366.

[121] E*KNOW-NET (2003), A European Research Arena on Intangibles, *Report of Workpackage 2*.

[122] Eccles, R. G., S. C. Mavrinac (1995) Improving the Corporate Disclosure Process, *Sloan Management Review*, vol.36, no. 4. 11-25.

[123] Edvinsson, L. (1997) Developing Intellectual Capital at Skandia, *Long range planning*, vol.30, no.3, 366-373.

[124] Erickson, M., S. Wang (1999) Earnings Management by Acquiring Firms in Stock for Stock Mergers, *Journal of Accounting and Economics*, vol. 27, 149-176.

[125] Eriksson, K., J. Mattsson (2002) Managers' Perception of Relationship Management in Heterogeneous Markets, *Industrial Marketing Management*, vol.31, no.6, 535-543.

【126】 Ferguson, M. J., K. C Lam., G. M. Lee (2002) Voluntary Disclosure by State-Owned Enterprises Listed on the Stock Exchange of Hong Kong, *Journal of International Financial Management and Accounting*, vol. 13, no. 2, 125-152.

【127】 Francis, J., I. Khurana, R. Pereira (2005) Disclosure Incentive and Effects on Cost of Capital around the World, *The Accounting Review*, vol. 80, 1125-1162.

【128】 Francis, J., D. Philbrick, K. Schipper (1994) Shareholder Litigation and Corporate Disclosures, *Journal of Accounting Research*, vol. 32, 137-165.

【129】 Garcia-meca, Emma., I. Parra, M. Larran, I. Martinez (2005) The Explanatory Factors of Intellectual Capital Disclosure to Finacial Analysts, *European Accounting Review*, vol. 14, no. 1, 63-94.

【130】 Garcia-meca Emma., I. Martinez (2007) The Use of Intellectual Capital Information in Investment Decisions An Empirical Study Using Analyst Reports, *The International Journal of Accounting*, vol. 42, no. 1, 57-81.

【131】 Gaver, J., K. Gaver, J. Austin (1995) Additional Evidence on Bonus Plans and Income Management, *Journal of Accounting and Economics*, vol. 19, 3-28.

【132】 Giner, B. (1997) The Influence of Company Characteristics and Accounting Regulation on Information Disclosed by Spanish Firms, *The European Accounting Review*, vol. 16, no. 1, 45-68.

【133】 GroÈjer, J. E., U. Johanson (1999) *Voluntary Guidelines on the Disclosure of Intangibles: A Bridge over Troubled Water?*, OECD, 9-21.

【134】 Guidry, F., A. J. Leone, S. Rock (1999) Earnings-Based Bonus Plans and Earnings Management by Business-Unit Managers, *Journal of Accounting and Economics*, vol. 26, 113-142.

【135】 Guimón, J. (2005) Intellectual Capital Reporting and Credit Risk Analysis, *Journal of Intellectual Capital*, vol. 6, no. 1, 28-42.

【136】 Guo, R., B. Lev, N. Zhou (2004) Competitive Costs of Disclosure by

Biotech IPOs, *Journal of Accounting Research*, vol. 42, no. 2, 319-355.
[137] Haniffa, R. M., T. E. Cooke (2002) Culture,Corporate Governance and Disclosure in Malaysian Corporations, *Abacus*, vol. 38, no. 3, 317-349.
[138] Harris, M. S. (1998) The Association Between Competition and Manager's Business Segment Reporting Decisions, *Journal of Accounting Research*, vol. 36, no. 1, 111-128.
[139] Healy, P. (1985) The Effect of Bonus Schemes on Accounting Decisions, *Journal of Accounting and Economics*, vol. 7, 85-107.
[140] Healy, P., A. Hutton., K. Palepu (1999) Stock Performance and Intermediation Changes Surrounding Sustained Increases in Disclosure, *Contemporary Accounting Research*, vol. 16, 485-520.
[141] Healy, P.,K. Palepu (1993) The Effect of Firms' Financial Disclosure Strategies on Stock Prices, *Accounting Horizon*, vol. 7, no. 1, 1-11.
[142] Healy, P., K. Palepu (2001) Information Asymmetry, Corporate Disclosure, and the Capital Markets: A Review of the Empirical Disclosure Literature, *Journal of Accounting and Economics*, vol. 31, 405-440.
[143] Ho S.,K. S. Womg (2001) A Study of the Relationship between Corporate Governance Structure and the Extent of Voluntary Disclosure, *Journal of International Accounting Auditing&Taxation*, vol. 10, no. 2, 139-156.
[144] Hofstede Geert (1980) Cultures Consequenoces, *Sage Publication*
[145] Holland, J., U. Johanson (2003) Value - Relevant Information on Corporate Intangible - Creation, Use, and, Barriers in Capital Markets-"Between a Rock and a Hard Place", *Journal of Intellectual Capital*, vol. 4, no. 4, 465-486.
[146] Holland, J. (1999) Financial Reporting, Private Disclosure and the Corporate Governance Role of Financial, *Journal of Management Governance*, vol. 3, 161-187.
[147] Holland, J. (2001) Financing Institutions, Intangibles and Corporate Governance, *Accounting, Auditing Accountability Journal*, vol. 14, no. 4,

497-527.

[148] Holland, J. (2003) Intellectual Capital and the Capital Market-Organization and Competence Accounting, *Accounting, Auditing Accountability Journal*, vol. 16, no. 1, pp. 39-48.

[149] Holland, J., P. Doran (1998) Financial Institutions, Private Acquisition of Corporate Information, and Fund Management, *The European Journal of Finance*, vol. 4, 129-155.

[150] Holtthausen, R., D. Larcker, R. Sloan (1995) Annual Bonus Schemes and the Manipulation of Earnings, *Journal of Accounting and Economics*, vol. 19, 29-74.

[151] Hooks, K. L., J. Moon (1993) A Classification Scheme to Examine Management Discussion and Analysis Compliance, *Accounting Horizon*, vol. 7, no. 2, 41-59.

[152] Hossain, M., H. B. Perera, A. R. Rahman (1995) Voluntary Disclosure in the Annual Reports of New Zealand Companies, *Journal of Internatinal Financial Management and Accounting*, vol. 6, no. 1, 69-87.

[153] Huges, P. J. (1986) Signalling by Direct Disclosure under Asymmetric Information, *Journal of Accounting and Economics*, vol. 8, 119-142.

[154] Jaggi, B., P. Y. Low (2000) Impact of Culture, Market Force,and Legal System on Financial Disclosure, *The Internatinal Journal of Accounting*, vol. 35, no. 4, 495-519.

[155] Jensen, M.C., W. H. Meckling (1976) Theory of the Firm:Managerial Behavior, Agency Costs and Ownership Structure, *Journal of Finance Economics*, vol. 3, 305-360.

[156] Jing, Li., R. Pike, R. Haniffa (2008) Intellectual Capital Disuclosure and Corporate Governance Structure in UK Firms, *Accounting and Business Research*, vol. 38, no. 2, 137-159.

[157] Kalay, A. (1982) Stockholder-Bondholder Conflict and Dividend Constraints, *Journal of Finance Economics*, vol. 10, 211-233.

[158] Kano, M., H. Uchida, G. F. Udell, W. Watanabe (2006) Information

参考文献

verifiability, Bank Organization, Bank Competition and Bank-Borrower Relationship, *RIET Discussion Paper*, vol. 06- E- 003, 1-33.

【159】 Kaplan, R.S., D.P. Norton (1996) Using the Balanced Scorecard as a Strategic Management System, *Harvard business review*, vol. 74, 75-87

【160】 Kim, W. C., M. Renee (1997) *Fair Process: Managing in the Knowledge Economy*, Harvard Business School Publishing Corporation. (邦訳 『組織のやる気を自発的に引き出すフェア・プロセス：協力と信頼の源泉』 Diamond ハーバード・ビジネス・レビュー vol.33 no.8, 68-83, ダイヤモンド社, 2008).

【161】 Knight, F. H. (1921) *Risk, Uncertainty and Profit*, Houghton Mifflin Co. (奥隅栄喜監訳『危険、不確実性及び利潤』文雅堂銀行研究社, 1969).

【162】 Lang, M., R. Lundholm (1993) Cross-Sectinal Determinants of Analyst Ratings of Corporate Disclosure, *Journal of Accounting Research*, vol. 31, no. 2, 246-271.

【163】 Lang, M.,R. Lundholm, (2000) Voluntary Disclosure and Equity Offerings: Reduction Information Asymmetry or Hyping the Stock, *Contemporary Accounting Research*, vol. 17, no. 4, 623-662.

【164】 Lev, B., T. Sougiannis (1996) The Capitalization, amortization, and Value - Relevance of R & D, *Journal of Accounting and Economics*, vol. 21, no. 1, 107-138.

【165】 Lev, B. (2001) *Intangibles: Management, Measurement, and Reporting*, Brookings Institution Press.

【166】 Malone, D.,C. Fries,T. Jones (1993) An Empirical Investigation of the Extent of Corporate Financial Disclosure in the Oil and Gas Industry, *Journal of Accounting Auditing Finance*, vol. 8, no. 3, 249-273.

【167】 Mautz, R. K. (1968) *Financial Reporting by Diversified Companies*, New York: FERF.

【168】 Mavrinac, S., T. Siesfeld (1998) *Measuring that Matter: An Exploratory Investigation of Investors' Information Needs and Value Priorities*, OECD, 1-25.

参考文献

【169】 Meek, G. K.,C. B. Roberts,S. J. Gray (1995) Factors Influencing Voluntary Annual Report Disclosures by U.S., U.K. and Continental European Multinational Corporations, *Journal of International Business Studies*, vol. 26, no. 3, 555-572.

【170】 MERITUM (2002) *Guidelines for Managing and Reporting on Intangibles*.

【171】 Mester, Loretta J. (1992) Traditional and nontraditional banking: An information-theoretic approach, *Journal of Banking and Finance*, Elsevier, vol. 16, no.3 (June), 545-566

【172】 Morris, R. D. (1987) Signalling, Agency Theory and Accounting Policy Choice, *Accounting and Business Research*, vol. 18, no.69 (winter), 47-56.

【173】 Myers, S.,N. Majluf (1984) Corporate Financing and Investment Decisions When Firms Have Information that Investors Do Not Have, *Journal of Financial Economics*, vol. 3, no. 2, 187-221.

【174】 Ng E. J.,H. C. Koh (1994) An Agency Theory and Probit Analytic Approach to Corporate Non-mandatory Disclosure Compliance, *Asia-Pacific Journal of Accounting*, vol. 1, 29-44.

【175】 Noe, C. (1999) Voluntary Disclosures and Insider Transactions, *Journal of Accounting and Economics*, vol. 27, 305-326.

【176】 Palepu, K. (1986) Predicting Takeover Targets: A Methodological and Empirical Analysis, *Journal of Accounting and Economics*, vol. 8, 3-36.

【177】 Milgram, P., J. Roberts (1992) *Economics, Organization & Management*, (奥野正寛ほか訳『組織の経済学』NTT 出版, 1997).

【178】 Petty, R., J. Guthrie (2000) Intellectual Capital Literature Review: Measurement, Reporting and Management, *Journal of Intellectual Capital*, vol.1, no.2, 155-176.

【179】 Pirchegger, B., A. Wagenhofer (1999) Financial Information on the Internet: A Survey of the Homepages of Austrian Companies, *The European Accounting Review*, vol. 8, no. 2, 383-395.

【180】 Prencipe, A. (2004) Proprietary Costs and Determinants of Voluntary Segment Disclosure: Evidence from Italian Listed Companies, *European Accounting Review*, vol. 13, no. 2, 261-280.

【181】 Press, E. G., J. B. Weintrop (1990) Accounting-Based Constraints in Public and Private Debt Agreements; Their Association with Leverage and Impact on Accounting Choice, *Journal of Accounting and Economics*, vol. 12, 65-95.

【182】 Raffournier, B. (1995) The Determinants of Voluntary Financial Disclosure by Swiss Listed Companies, *The European Accounting Review*, vol. 4, no. 2, 261-280.

【183】 Sanders, J.,S. Alexander,S. Clarks (1999) New Segment Reporting. Is It Working, *Strategic Finance*, vol. 81, no. 6, 35-38.

【184】 Savitz, A. (2008) *The Triple Bottom Line*, John Willy & Sons, Inc.

【185】 Scott, Jonathan A. (2004) Small Business and the Value of Community Financial Institutions, *Journal of Financial Services Research*, vol. 25, no. 2-3, 207-230.

【186】 Scott, T. (1994) Incentive and Disincentives for Financial Disclosure: Voluntary Disclosure of Defined Benefit Pension Plan Information by Canadian Firms, *Accounting Review*, vol. 69, no. 1, 26-43.

【187】 Singh, Z. J. Vander, L.W.Mitchell (2008) Determinants of Intellectual Capital Disclosure in Prospectuses of Initial Public Offerings, *Accounting and Business Research*, vol. 38, no. 5, 409-431.

【188】 Singhvi, S. S.,H. B. Desai (1971) An Empirical Analysis of the Quality of Corporate Financial Disclosure, *The Accounting Review*, vol. 46, no. 1, 129-138.

【189】 Skinner, D. (1994) Why Firms Voluntarily Disclose Bad News, *Journal of Accounting Research*, vol. 32, no. 1, 38-61.

【190】 Skinner, D. (1997) Earnings Disclosures and Stockholder Lawsuits, *Journal of Accounting and Economics*, vol. 23, 249-282.

【191】 Spence, M. (1973) Job Market Signalling, *Quartely Journal of Economics*, vol. 87, no. 3, 355-374.

【192】 Stein, J. C. (2002) Information Production and Capital Allocation: Decentralized versus Hierarchical Firm, *The Journal of Finance*, vol. 57, no. 5, 1891-1921.

【193】 Sveiby, K. E. (1997) *The New Organizational Wealth: Managing and Measuring Knowledge - Based Assets*, Berrett - Koehler Publishers, Inc. San Francisco

【194】 Sweeney, A. P. (1994) Debt-Covenant Violations and Managers Accounting Responses, *Journal of Accounting and Economics*, vol. 17, 281-308.

【195】 Teoh S. H., I.Welch., T.J.Wong. (1998) Earings Management and the Long-Run Market Performance of Initial Public Offerings, *The Journal of Finance*, vol. 53, no. 6, 1935-1974.

【196】 Treacy W. F., M.S. Carey (1998) Credit Risk Rating at Large US Banks, *Federal Reserve Bulletin*, vol. 84, no. 11, 897.

【197】 Trueman, B. (1986) Why Do Managers Voluntarily Release Earnings Forecasts?, *Journal of Accounting and Economics*, vol. 8, 53-72.

【198】 Uchida, H., G. F. Udell, N. Yamori (2006a) SME Financing and the Choice of Lending Technology, *Trade, and Industry (REITI) working paper*, vol. 06 - E -025, April.

【199】 Uchida, H., G. F. Udell, N. Yamori (2006b) Loan Officers and Relationship Lending Research Institute of Economy, *Trade, and Industry (REITI) working paper*, vol. 06 - E -031, June.

【200】 Uchida, H., G.F. Udell, W. Watanabe (2006c) Bank Size and Lending Relationships in Japan, *RIET Discussion Paper*, vol. 06-E-29.

【201】 Vergauwen, P., Bollen, E. Oirbans (2007) Intellectual Capital Disclosure and Intangible Value Drivers : An Empirical Study, *Management Decision*, vol. 45, no. 7, 1163-1180.

【202】 Verrecchia, R. (1983) Discretionary Disclosure, *Journal of Accounting and Economics*, vol. 5, 179-194.

【203】 Warner, J., R. Watts, K. Wruck (1988) Stock Prices and Top Management Changes, *Journal of Finance Economics*, no. 20, 461-493.

【204】 Watts, R. L., J. L. Zimmerman (1990) Positive Accounting Theory: A Ten Year Perspective, *The Accounting Review*, vol. 65, 131-156.

【205】 Weisbach, M. (1988) Outside Directors and CEO Turnover, *Journal of Finance Economics*, no. 20, 431-461.

【206】 Williams, S. M. (1999) Voluntary Environmental and Social Accounting Disclosure Practices in the Asia-Pacific Region:An International Empirical Test of Political Economy Theory, *The International Journal of Accounting*, vol. 34, no. 2, 209-238.

【207】 Williams, S. M. (2001) Is Intellectual Capital Performance and Disclosure Practice Related?, *Journal of Intellectual Capital*, vol. 2, no. 3, 192-203.

【208】 Zmijewski, M.,R. Hagerman (1981) An Income Strategy Approach to the Positive Theory of Accounting Standard Setting/Choice, *Journal of Accounting and Economics*, vol. 3, 129-149.

著者紹介
藤井 一郎（ふじい いちろう）
東海大学経営学部教授
大阪大学経済学部卒
多摩大学大学院経営情報学研究科修了（経営情報学修士）
筑波大学大学院ビジネス科学研究科博士後期過程単位取得済
東京三菱銀行（現三菱東京ＵＦＪ銀行）融資部調査役、㈱みどり合同
経営専務取締役を経て、現職
専門は、中小企業論、中小企業金融論
中小企業診断士（経済産業省登録）、地域活性化伝道師（内閣官房登録）
主な著書に「新版業種把握読本」（金融ブックス，2014）等がある

中小企業の情報開示

2015年5月31日　　　初版第1刷発行

著　者　　藤井一郎
発行人　　佐藤裕介
編集人　　三坂　輝　　アシスタント　　冨永彩花
発行所　　株式会社　悠光堂
　　　　　〒104-0045
　　　　　東京都中央区築地6-4-5　シティスクエア築地1103
　　　　　電話　03-6264-0523　　FAX　03-6264-0524
デザイン　小松宣之（株式会社　ステップ）
印　刷
製　本　　日本ハイコム　株式会社

Ichiro Fujii©2015
ISBN 978-4-906873-37-1　C3033　Printed in Japan

無断複製複写を禁じます。定価はカバーに表示してあります。
乱丁本・落丁本はお取替えいたします。